귀신
성경적, 역사적, 성령론적 접근
추방

귀신 추방 성경적, 역사적, 성령론적 접근
Exorcism: Its Biblical, Historical and Pneumatological approach

초판인쇄 2014년 3월 18일
초판발행 2014년 3월 21일

지은이 배본철
편집인 기독교학술원
기독교학술원 대표 차영배 **원장** 김영한 **이사장** 이영엽
편집기획 오성종
발행인 윤상문
디자인 여수정
발행처 킹덤북스
등록 제2009-29호(2009년 10월 19일)
주소 경기도 용인시 기흥구 동백동 백현마을 코아루 아파트 2204동 204호
문의 전화 031-275-0196 팩스 031-275-0296

ISBN 978-89-9415783-2 (03230)

Copyright@2014 배본철
이 책은 저작권법에 따라 보호받는 저작물이므로 무단전재와 복제를 금지하며,
이 책의 내용의 전부 또는 일부를 이용하려면 반드시 저작권자와 킹덤북스의 서면 동의를 받아야 합니다.

※ 잘못된 책은 구입하신 곳에서 교환하여 드립니다.
※ 책 가격은 표지 뒷면에 있습니다.

킹덤북스(Kingdom Books)는 문서사역을 통해 하나님의 나라를 확장하고,
한국 교회와 세계 교회를 섬기고자 설립된 출판사입니다.

귀신 추방

성경적, 역사적, 성령론적 접근

Exorcism
A Biblical, Historical and Pneumatological Approach

킹덤북스
Kingdom Books

발간사

개혁주의 성령은사론 연구서 단행본 시리즈를 발간하면서
김영한(기독교학술원장/숭실대 기독교학대학원 설립원장)

    기독교학술원(Academia Christiana)은 개혁주의 영성을 정립하기 위하여 1983년 차영배, 김영한, 오성춘, 이재범 교수를 중심으로 하여 창립되었다. 기본 정신은 복음주의와 개혁주의 신학의 전통을 받아들이면서 여기에 오늘날에도 지속하시는 성령의 역사를 인정하는 살아 있는 신학, 교회를 위하는 정통신학을 정립하고자 함이었다.
    이번에 이러한 정신을 제대로 살리기 위하여 그동안 수년 동안 연구하고 작업한 결실로서 영분별(靈分別, spiritual discernment), 은사(恩賜, charismata), 예언(豫言, prophecy), 방언(方言, glossolalia, tongue), 신유(神癒, divine healing), 축사(逐邪, exorcism) 등 영적 현상에 대한 보다 학문적인 연구서를 시리즈로 펴내게 되었다.
    본 연구서는 영분별, 은사, 예언, 방언, 신유, 축사 등 영적 현상에 대하여 성경적인 접근, 역사신학적 접근, 종교현상학적 접근, 조직신학적 접근 그리고 영성신학적 접근을 시도하였다. 그리고 이러한 접근은 기본적으로는 개혁신학적 관점에서 그 접근을 수행하였다.

    여기서 개혁신학적 접근이란 다음 4가지 특징적 관점으로 접근하는 것을 말한다.

첫째, 하나님의 절대주권을 인정한다. 하나님은 영적 현상의 모든 일에 있어서 주권적인 하나님이시라는 것이다. 개혁신학은 하나님과 사탄 이원론을 인정하지 않는다. 인도 유럽의 영적 투쟁론에 의하면 악한 영과 선한 영의 대등한 투쟁을 말한다. 그러나 이것은 성경적 견해가 아니다. 성경에 의하면 사탄의 권세조차도 하나님으로부터 위임받은 것이요 종국에는 심판받게 된다.

둘째, 인간의 전적 부패를 인정한다. 개혁신학은 인간이 하나님의 형상으로 지음을 받았으나 하나님의 계명에 대한 불순종으로 원래의 의로움과 순결함과 거룩함을 상실하고 타락하여 전적으로 부패하게 되었다는 것을 인정한다. 인간 스스로는 칭의나 성화나 어느 것도 얻을 수 없고 오로지 그리스도의 대속의 공로를 통하여 진정한 영성을 회복할 수 있다.

셋째, 예수 그리스도의 대속을 믿는다. 예수 그리스도를 통하여 인간은 그 원죄에서 벗어나 상실한 하나님의 형상을 회복하고 다시 낙원의 영광을 회복할 수 있다. 인간 영성의 목표는 그리스도의 영성이다. 그의 인성이 인간이 추구하는 이상적 인간성인 것처럼 영성의 진정한 목표는 그리스도의 인격(거룩함과 성결)을 닮아가는 것이다.

넷째, 성령 역사의 지속을 인정한다. 이러한 구속의 역사를 오늘날 믿는 자들의 마음속에 오셔서 적용하시고, 칭의와 성화를 주시는 살아계시는 성령의 역사를 인정한다. 성령은 초대교회에서만 역사하시는 것이 아니라 오늘날에도 믿는 자들의 마음속에 역사하시고 중생하게 하시고 칭의를 주시며, 성화의 사역을 일으키신다. 성령의 은혜를 통하여 인간은 진정한 성화와 성결의 사람이 되는 것이다.

그러므로 개혁주의 영성을 추구하는 기독교학술원은 정경의 완성과 교회 설립과 더불어 성령의 역사는 더 이상 필요 없게 되었다고 주장하는 은사 중지설(cessationism)이 아니라 성령께서 오늘날에도 오셔서 성경의 증언을 깨닫게 하시고 교회를 지속적으로 설립하도록 도우신다는 은사 지속설(continuationism)을 믿는다. 그러나 이 은사는 철저하게 주어진 성경의 증언의 한계 안에서만 사용되고 음미되고 수행되어야 한다.

찰즈 핫지(Charles Hodge), 워필드(Benjamin Warfield) 등 구 프린스턴 신학자들이 은사 중지설을 주장하였으나 동일한 개혁주의 신학자 18세기의 조나단 에드워즈(Jonathan Edwards)와 20세기의 마르틴 로이드 존스(Martin Lloyd Jones) 등은 목회사역자로서 성령의 생동적 사역이 오늘날에도 지속한다고 믿었다.

베드로는 오순절 설교에서 이러한 은사는 그 시대 사람들과 자녀들과 약속으로 부르심을 받은 자들에 관한 것이라고 명료하게 언급하고 있다. "이 약속은 너희와 너희 자녀와 모든 먼 데 사람 곧 주 우리 하나님이 얼마든지 부르시는 자들에게 하신 것이라"(행 2:39).

성령의 은사(영분별, 은사, 예언, 방언, 신유, 축사 등)는 성경 말씀에 따라서 믿는 신자들에게 주어진다. 무엇보다도 역사적 교회의 삶의 경험 가운데 성령 은사는 지속적으로 사역한 것이 가장 중요한 증거이다.

오늘날 한국 교회에 토론토 블레싱 운동(Toronto Blessing movement)이나 열광적인 신사도 운동(New Apostolic Reformation) 등이 들어와 영적으로 혼미스러운 상황을 연출하고 있다. 이때 우리는 사도 요한이 경고

로 주신 말: "사랑하는 자들아 영을 다 믿지 말고 오직 영들이 하나님께 속하였나 분별하라 많은 거짓 선지자가 세상에 나왔음이라"(요일 4:1)을 중심으로 받아들여야 한다.

기독교학술원의 개혁주의 성령은사론 연구서 단행본 시리즈는 개혁주의 영성신학의 관점에서 성령 은사에 관한 바른 지침을 제시하기 위해 집필되었다. 이 시리즈를 통하여 한국 교회가 다시 한 번 영적 성숙을 이루는 계기가 되기를 바란다.

이 시리즈가 나올 수 있도록 연구비를 제공해준 이영엽 이사장과 반도중앙교회에 감사드리며, 신학적으로 항상 연구논문을 같이 읽고 개혁신학의 관점에서 토론해 준 차영배 대표(전 총신대 총장), 학술원 연구프로젝트에 항상 관심을 가지시고 고견을 들려주신 박봉배 고문(전 감신대 총장), 오성종 기획실장(전 칼빈대 신대원장)과 책 출판을 위해 수고해 준 박봉규 사무총장(전 한장총 총무)에게 감사드리고 싶다.

그리고 종교개혁 전통을 귀중하게 여기고 교회를 위한 복음과 선교의 문서사역에 헌신하고 이러한 기독교학술원의 신앙적 고백에 동의하여 이 시리즈를 기꺼이 출판하기에 이른 킹덤북스(Kingdom Books) 대표이사 윤상문 목사의 섬김에 감사드린다.

2014년 2월 기독교학술원 연구실에서

여는 글

복음적 영성

현대의 물질주의 문명과 기술 사회가 인류의 전반적인 삶에 가져다 준 영향은 실로 지대하다. 이 점에 대해서는 오늘날 아무도 이론(異論)의 여지가 없을 것이다. 그러나 이에 대한 긍정의 의식과 함께 끊임없이 지적되어 온 것은 찬란한 물질문명의 광채 이면에 드리워진 인간의 정신적 양식의 고갈을 불러온 어두운 그림자에 대해서다. 현재 급속히 점증(漸增)되고 있는 영성(靈性) 분야에 대한 탐구의 경향성은[1] 이러한 현대인의 어두운 일면을 회복하려는 인간 본성의 갈급함을 반영한다.

'영성'이라는 말은 그 의미를 자세히 정의하기가 쉽지 않을 뿐 아니라, 또한 이 용어의 사용 범위도 매우 광범위한 것을 본다. 왜냐하면 영성에는 단지 기독교의 영성뿐 아니라 타종교의 영성 심지어는 여러 종족이나 문화의 다양성에 따라서도 영성을 분류할 수 있기 때문이다. 하지만 스탠리 그렌즈(Stanley Grenz)는 다음과 같이 영성에 대해 정의하였다;

> 영성이란 성령의 인도 아래서 −하지만 성결을 향한 신자의 협조와 더불어− 탐구하는 일이다. 그것은 그리스도와의 연합과 성령께 대한 복종의 힘으로서, 하나님의 영광을 향한 생명력 있는 삶을 추구하는 일이다.[2]

그런데 여기서 그가 말한 영성이란 전반적인 영성의 의미가 아니라 특

---

[1] 세계의 여러 교회 지도자들과 신학자들은 기독교의 역사에 있어서 21세기야말로 영성을 위한 시대라고 입을 모으고 있다. 이에 대한 참조는 배본철의 저서 Bonjour Bay, *Pneumatology in Historical Perspective* (Anyang: Sungkyul University Press, 2007), 119를 참조하라.

[2] Stanley J. Grenz, *Revisioning Evangelical Theology: A Fresh Agenda for the 21st Century* (Downers Grove, Ill.: Inter Varsity, 1993), 42.

히 복음적 영성(evangelical spirituality)에 국한시켜 말한 것임을 알 수 있다. 기독교 영성 분야에도 신비주의 영성, 금욕주의 영성 등 여러 차원에 대한 접근이 가능할 수 있기 때문이다. 하지만 우리의 논의의 중심은 성경이 말하고 있는 복음적 영성에 대해 규정하려는 것이다.

이런 점에서 볼 때, "신자의 성화되는 삶 속에 나타나는 성령의 내주와 신약성서적 성령의 은사의 활발한 전개"[3]라고 영성을 정의한 넬슨 기독교 사전(Nelson's Dictionary of Christianity)의 표현도 적절하다고 본다. 그리고 필자에게 복음적 영성의 정의에 대해서 묻는다면, "성령의 인격적인 내주하심 속에서 그분의 인도하심을 순간마다 따르는, 한 마디로 말해서 성령의 인도하심을 따르는 삶"[4]이라고 대답할 것이다. 그러므로 이 책에서 특별히 한정된 표현 없이 영성이라는 말을 사용할 때는 역시 복음적 영성을 가리키는 말로 독자들이 이해하면 될 것이다.

영성의 두 가지 차원

복음적인 시각에서 다루는 영성에 대한 연구는 크게 두 가지 차원으로 분류할 수 있다; 그 하나는 영성의 적극적인 차원을 다루는 성령(聖靈)에 대한 연구이다. 그리고 또 하나의 차원은 영성의 소극적인 면을 다루는 악령(惡靈) 또는 귀신에 대한 연구를 들 수 있다. 전통적 기독교 신학 내에서 이 두 가지 영역은 서로 달리 연구되어왔다고 본다. 그리고 서로 대치 국면에서 별도로 다루다 보니 마침내 영성에 대한 이원론적 신학 구조

---

[3] George Thomas Kurian (ed.), "Spirituality," *Nelson's Dictionary of Christianity* (Nashville, Tennessee: Thomas Nelson Pub., 2005), 644.

[4] 배본철, 「개신교 성령론의 역사」 (안양: 성결대학교 출판부, 2003), 232.

가 형성되어 온 것을 지적하지 않을 수 없다.

그런데 본질적인 면에서 볼 때 이 두 가지 연구의 영역은 서로 대치되고 배타적이라고 볼 수만은 없다. 그 이유는 이 두 가지 영역은 전체적인 풍요로운 영성의 세계를 표현하는 각각 두 가지 차원의 자료와 접근 방식에 의해서 달리 설정되기 때문이다.

그럼에도 불구하고 만일 이 두 영역을 배타적이고 이질적인 것으로만 다룬다면, 영성에 대한 연구는 이미 언급한 바와 같이 필연적으로 이원론적 대립의 구도를 보이게 될 것이다. 이것은 영성 연구에 있어서 큰 균열과 몰이해를 가져오는 위험한 시각이다. 바로 이 점이 성령과 악령에 대한 연구를 똑같은 하나님의 통치 안에서의 영성 연구로 설정해야 할 중요한 이유 중의 하나다.

이러한 전제 하에, 필자가 이 책에서 다루는 것은 전체적인 영성에 있어서의 소극적인 차원인 악령 또는 귀신들에 대한 주제다. 그리고 귀신론에 대한 논제 중에서도 특히 귀신 추방 또는 다른 말로 축사(逐邪, exorcism)에 대한 연구에 집중하고자 한다. 사실 귀신 추방의 문제는 귀신론의 영역 중에서도 가장 실제적이면서 또한 호기심을 불러일으키는 주제 중의 하나라고 본다. 그러나 단적으로 말하자면, 안타깝게도 이 주제의 영역은 진리를 왜곡시키는 마귀의 영향으로 인해 큰 오해와 속임수로 가려져 있는 부분이 대단히 많다고 본다.

예를 들어, 많은 사람들은 귀신 추방이라고 하는 것을 단지 귀신 들렸다고 생각되는 사람을 위해 기도하고 또 그 속에서 귀신을 몰아내는 행위 정도의 차원에서만 생각한다. 그러나 사실 귀신 추방의 영역과 그 사역의 차원은 매우 광범위하다. 추방 행위 자체는 실제 귀신 추방에 있어서 지극히 부분적인 한 단면에 불과하다.

그럼에도 불구하고, 안타깝게도 그 밖의 영역은 대부분의 사람들에게는 미지(未知)의 영역으로 남겨져 있는 부분이 많다. 그러므로 필자가 하나님께 간구하며 지혜를 얻고자 하는 바는, 세계의 역사 진행과 다양한 현상 속에 내재하는 이러한 어두움의 영역의 베일을 하나님 말씀의 계시와 성령의 조명 아래 벗겨낼 수 있기를 바라는 것이다.

인정할 수밖에 없는 것은, 현존하는 귀신론에 대한 연구의 결과물들 중에는 성경적으로 볼 때 진정성이 결여된 내용들이 상당히 많다는 점이다. 필자는 바로 이 점 때문에 글을 준비하는 동안 자료 선택에 있어서 매우 곤혹스런 마음을 많이 느꼈다. 귀신 추방에 대한 연구는 너무나 왜곡성이 짙은 여러 가지 자료들 중에서 분별력 있게 자료를 선택해야만 한다는 민감한 면과 함께, 또한 내용상 수많은 위험성을 내포할 수 있다고 하는 까다로운 면을 함께 지닌 어려운 작업이다. 이 점에 있어서 필자는 인간으로서의 영적 세계의 지식에 대한 유한성과 부족함을 한 없이 느끼면서 전지하신 하나님 앞에 겸허할 수밖에 없음을 자인한다.

앞에서 말한 바와 같이, 귀신론과 성령론은 기독교 영성신학의 소극적 면과 적극적 면을 각각 대표한다고 말할 수 있음에도 불구하고, 지금까지 귀신론 연구가 성령론의 틀 안에서 자라나지 못하고 별도로 진행되었다는 점은 매우 아쉽다. 이 주제에 대한 연구가 실용적인 효능은 물론 또한 진리에 부합된 결과를 얻기 위해서는 영성의 소극적 차원인 귀신론 자체만의 연구로는 충분하지 않다고 본다. 오히려 이 주제에 대한 접근에 있어서 영성의 적극적 차원을 다루는 연구인 성령론과의 비교와 조명의 기법을 각 주제마다 지속적으로 활용할 필요가 있다. 그래서 소극적 차원과 적극적 차원이 서로 조화를 이룰 때 비로소 그 풍요로운 영성을 표현함에 있어서 완성도를 높일 수 있다고 본다.

바로 이 점이 이 책이 지닌 주안점으로서, 기존의 귀신론 저술들이 전체적 영성 중의 어두운 면만을 집중하다가 이원론의 위험성에 빠져들 수 있는 경향성을 과감히 뛰어 넘었다는 점이다. 그래서 기독교 성령론의 유용한 연구 결과들을 정면에 내세워 암울한 이원론적 세계관을 극복했을 뿐 아니라, 동시에 풍요로운 영성의 밝은 면을 귀신론 속에 적극적으로 부각시켰다.

성경적, 역사적, 성령론적 접근

이 책이 지닌 강조점 가운데 한 가지는 귀신 추방에 대한 연구에 있어서 일반 정신병리학이나 종교사회학적으로만 다루려는 합리주의적 해석의 차원을 좀 더 넘어서려 한 점에 있다.[5] 그러나 이 말은 그러한 이론들과 연구 결과들을 전혀 무시하고 배제하였다는 의미는 아니다. 성경적으로 타당한 인문과학의 이론과 임상 결과들은 적극 수용했다. 그러나 거기에만 의존하지는 않고, 오히려 그 위에 귀신 추방에 대한 성경적, 역사적,

---

[5] 20세기 초부터 힘을 얻어 온 '의학적 모델'의 이론은 귀신들림이나 귀신의 영향으로 다루는 대신 정신병 또는 정신질환으로 해석해 왔다.
이에 대해 다음을 참조하라. P. H. Blaney, "Implications of the medical model and its alternatives," *American Journal of Psychiatry* (1975): 911-14.

경험적 자료들의 증거들과 함께 성령론의 분석 자료들을 대폭 활용하였다는 점이다.

사실 그 동안의 심리학적, 종교사회학적 연구의 결과물들은 전통적인 기독교 귀신론 연구에 있어서 어떤 취약한 점들이 보완되어야 할지를 제시해 준 공헌도가 있다.[6] 필자는 이러한 인문과학적 연구의 결과를 경청하며 또 이를 참고하지만 거기에 크게 기울어지지 않고자 노력하였다. 그 이유는 앞에서도 말한 바와 같이, 현대의 기독교 학계가 귀신론 연구에 있어서 너무 인문과학적 연구를 토대로 전개하는 경향이 있기에 이런 위험성을 극복하기 위해서다. 그런 방향에 너무 기울어진 나머지, 성경에 약속된 귀신 추방에 대한 역동성이 많이 제한 또는 위축되고 있는 심각한 실정이기 때문이다.

바로 이런 점을 극복하고자 무엇보다도 이 책은 성경의 진술을 토대로 하였다. 귀신에 대한 전체적인 성경의 정신과 함께 귀신에 대해 언급한 성경의 사례들을 주의 깊게 조사하였다. 이 부분에 있어서는 쿠르트 코흐(Kurt Koch)라든가 메릴 엉거(Merill F. Unger)와 같은 대표적인 성경적 귀신론 학자들의 연구에 많이 의존하였다. 그리고 이와 함께 필자의 사역 속에서 일어난 귀신 추방에 대한 경험적 사례들을 풍성하게 제시하였다. 그동안 사역하는 가운데 필자에게 이런 영적 경험의 사례들이 적지 않았

---

[6] 이 점에 대해서는 American Psychiatric Association, *Diagnostic and Statistical Manual of Mental Disorders* (Washington, D. C.: American Psychiatric Association, 1987)을 참조하라. 이 지침서는 미국 정신과 의사협회에서 정신장애의 여러 현상들과 문제점들을 귀신론과 비교하면서 심리학과 상담학적 대안을 마련한 것이다.

기에, 다행히 귀신 추방에 대한 목회적, 실천적인 교훈을 끌어내는 데에 큰 도움이 되었다.

그런가 하면 필자는 이 책에서 역사적으로 진전된 귀신론의 변화와 유형들을 정리하고자 노력하였다. 귀신론이 비록 교회사(敎會史)에 있어서 가장 큰 주제는 아니었을지라도, 필자는 종교사회학적 연구 방법보다는 차라리 교회사에 나타난 역사 해석법과 사료(史料)들을 통해 더 많이 주제에 접근하였다. 이를 위해 초대교회는 물론 고대 및 중세교회 교부들과 신학자들의 귀신론에 관한 사상과 사역들을 조사하였고, 더 나아가 종교개혁자들과 근세 및 현대교회 지도자들의 귀신 추방 관념들을 살펴보았다. 이러한 시도를 통해 필자는 교회사 속을 관통해 가는 귀신 추방 관념의 어떤 변화 내지는 진전의 축을 정리해 갈 수 있었다.

이런 점에서 볼 때 성령운동에 대한 연구를 계속해 온 필자가 지닌 확신은, 풍성한 귀신론 연구의 결실을 기하기 위해서는 이 연구가 복음적 성령론과 별도로 전개되어서는 안 될 것이라는 점이다. 마치 철로의 양 레일과도 같이, 성경적이면서도 또한 실제 사역에 유용한 귀신론 연구는 복음적 성령론과 그 길을 나란히 함께 가야 한다는 것이다.

그러므로 만일 복음적 성령론으로 조명해 주지 않는다면, 귀신론은 그 복음적 근거와 성경적 세계관이 매우 부족할 것이며 또한 전체적인 풍요로운 영성을 표현함에 있어서 필연적으로 미약할 수밖에 없다. 다행히 복음적 성령론에 대한 연구는 19세기 이후 여타 기독교 주제들 못지 않게 진전되어 왔으므로, 이 책에서 새롭게 시도되는 귀신 추방에 대한 성령론적 조명은 향후 귀신론 연구 방법론에 있어서 하나의 좋은 디딤돌이 되리라 본다.

　필자의 염원이 있다면, 이 책의 내용이 선교와 목회 현장뿐 아니라 성도들의 삶 속에서 일어나는 귀신들의 활동을 정확히 분별하여 그 거점을 분쇄함에 있어서 실제적인 교훈을 제시해 주는 시금석이 되기를 바란다. 그래서 독자들로 하여금 왜곡되지 않은 복음적 귀신론의 사상을 분명히 정립하고 또 이러한 근거 위에서 귀신 추방 사역을 활발히 전개할 수 있는 실용적인 지침서가 되었으면 한다. 이 책을 읽는 모든 독자들에게, 사도 바울이 에베소 교회를 위해 그러했듯이, 이러한 은혜와 능력이 넘치기를 기도한다.

　　우리 주 예수 그리스도의 하나님, 영광의 아버지께서 지혜와 계시의 영을 너희에게 주사 하나님을 알게 하시고 너희 마음의 눈을 밝히사 그의 부르심의 소망이 무엇이며 성도 안에서 그 기업의 영광의 풍성함이 무엇이며 그의 힘의 위력으로 역사하심을 따라 믿는 우리에게 베푸신 능력의 지극히 크심이 어떠한 것을 너희로 알게 하시기를 구하노라(엡 1:17-19).

배본철

목 차

발간사 · 4
여는 글 · 8

제 1 장 　귀신들의 정체 19
사탄과 귀신들의 실재성　20
사탄의 정체　31
귀신들의 조직과 활동　36
역사적으로 본 귀신들의 정체성　44

제 2 장 　죄악을 조장하는 귀신들의 활동 57
원죄와 자범죄　58
공로주의 구원관　61
미신적 전승　73
성결의 진리를 미혹함　81

제 3 장 　귀신들의 활동 경로 93
유혹의 경로들　94
복음 전파를 방해함　100
뉴에이지 운동과 오컬트　104
잠재의식과 꿈　113
성, 돈, 명예　119

제 4 장 　귀신들의 교회 공격 125
교회 공격의 실상과 목표　126
혼합주의 영의 교란　134
갱신주의 영의 독선　143
분리주의 영의 파당　148

제 5 장　귀신 분별법　159
귀신들림　160
귀신의 영향　169
영분별　172
귀신들림과 정신장애　177

제 6 장　귀신 추방의 실제　185
귀신추방의 능력　186
성령세례를 통한 추방　189
추방사역의 여러 종류　202
추방사역의 유의점　211

제 7 장　귀신 추방과 성령의 나타남　217
성령의 인도하심에 의한 추방　219
깨달음을 통해 나타남　227
방성을 통해 나타남　231
믿음의 행위를 통해 나타남　240

제 8 장　귀신들에 대한 궁극적 승리　247
복음적 세계관의 확립　248
미혹된 귀신론의 수정　258
전인적 구원의 길　266

참고문헌 • 285

제1장

귀신들의 정체

사탄과 귀신들의 실재성

비신화론화의 경향성

어떤 이들은 귀신들에 대한 성경의 진술을 더 이상 신뢰할 수 없는 신화로 간주하여 이를 비신화론(demythologization)의 대상으로 삼기도 하였다. 예를 들어, 루돌프 불트만(Rudolf Bultmann)은 성경에 있는 천사들이나 기적들에 대한 기록은 단지 성경 저자들 당시의 미신적 신념에 지나지 않는다고 보았다.[7] 그는 이러한 미신의 근원은 페르시아의 이원론에 근거한다고 보았다. 그러나 이러한 그의 이론은 성경의 귀신론이 하나님과 귀신들 사이의 영속적인 투쟁 관계를 지지하는 것이 결코 아니라는 점을 볼 때 그 논지의 설득력을 잃는다.[8] 성경에 나타난 귀신의 실재와 활동에 대한 진술은 하나님과 대립된 전투적 이원론을 지지하지 않으며, 오히려 주권적인 하나님의 통치와 섭리를 더욱 드러내는 근원적인 자료가 된다.

그런데 성경이 귀신의 실존에 대한 구체적인 논증에 지면을 할애하지 않은 이유는 무엇일까? 그 타당한 몇 가지 답변으로서 한 가지를 먼저 든다면, 이미 당시의 성경 기자들은 귀신들의 실존과 활동에 대해 의심하지

---

7   Rudolf Bultmann, "New Testament and Mythology," in *Kerygma and Myth*, ed. Hans Bartsch (New York: Harper and Row, 1961), 5.

8   Alfred Edersheim, *The Life and Times of Jesus the Messiah* (Grand Rapids: Eerdmans, 1945), 2:748.

않았기 때문에[9] 구태여 이 점에 대한 입증을 시도하지 않았다고 답할 수 있다. 밀라드 에릭슨(Millard J. Erickson)도 이 점에 대하여 "유대인들과 크리스천들은 천사들이 비물질적이거나 영적인 존재들이라고 믿고 오랜 동안 가르쳐왔다."[10]고 지지한다.

이러한 답변에 대해 좀 더 이해해 보자면, 귀신에 대한 인식 능력은 인간의 본능적 경험과도 일치한다는 점을 생각해 볼 수 있다. 예를 들어, 아직 세상의 합리적 사고나 논리의 영역을 접하지 못한 어린아이들은 오히려 영적 세계에 대한 뚜렷한 직감을 지니고 있음을 본다. 세계의 어느 문화권의 인간들에게 있어서도 어린 유아들이 지닌 영적인 것에 대한 인식력은 동일하다. 즉 인간이 생래적으로 하나님에 대한 지식이 있는 것과 마찬가지로, 영혼의 불멸이나 악한 초자연의 세계에 대한 인지력 또한 생래적인 것이라는 사실을 보여준다.[11]

또 한 가지 답변을 든다면, 성경은 하나님의 의도와 역사하심에 대한 관점에 초점을 맞추어 전개된 것이기 때문에, 세계의 어두운 면, 즉 귀신들의 활동에 대한 기술은 상대적으로 지면을 크게 할애하지 않는다고 본다. 예를 들어, 시련과 고난에 대한 성경의 진술을 보자. 인간에게 나타나는 고통이나 질병 그리고 위험 등에 대해서 어느 정도 귀신론과 연관 지어 해석할 수도 있을 것이다.

그러나 성경은 하나님 통치의 복음적 세계관에 바탕을 두고 사건을 해석하고 있기 때문에, 상대적으로 비록 귀신에 대한 자세한 언급이 없는

---

9 성경 기자들이 귀신의 실존과 활동에 대해 확신했다고 하는 점에 대해서는 Justin Martyr, Irenaeus, Tertullian과 같은 교부들의 다음 자료들을 참조하라; Justin Martyr, *Dialogue with Trypho, a Jew* (Christian Classic Etheral Library, 2006), chap. 30; Irenaeus, *Irenaeus: Against Heresies* (Christian Etheral Library, 2007), II:32:4; David Dalrymple (tr.), *The Address of Tertullian of Carthage to Scapula, Proconsul of Africa* (Edinburgh: Murray & Cochrane, 1790).

10 Millard J. Erickson, *Christian Theology* (Grand Rapids, Michigan: Baker Book House, 1992), 438.

11 L. T. Townsend, *Satan and Demons* (Cincinnati: Jennings and Pye, 1902), 43.

것은 자연스러운 일이다. 언급이 약하거나 또는 없다고 해서 성경이 그러한 일들 가운데 활동하는 귀신들의 존재를 전혀 인정하지 않는 것은 아니라는 점을 또한 유념할 필요가 있다.

그렇기 때문에 만일 시도하고자 한다면 얼마든지 고난이라는 한 가지 사건에 대해서 하나님 관점의 통합적(holistic) 차원 대신 귀신의 궤계와 활동을 소개하는 귀신론적 차원의 전혀 다른 차원의 해석이 가능할 수 있다. 그러나 시련과 고난에 대한 귀신론 중심의 해석은 자칫하면 극단적 이원론의 세계관으로 빠져 들어가는 것이기 때문에 위험하다. 그 대신 성경은 하나님 통치의 관점에서 통일된 세계관을 제시한다. 따라서 성경 안에서 성령론과 귀신론은 진리의 세계를 드러냄에 있어서 전혀 충돌하지 않고 완벽한 조화를 이루게 된다.

이원론적 세계관의 영향

또 다른 예를 들어,보자. 질병의 문제를 귀신들의 활동에 관계시킨다 할 때, 일단 이원론적 세계관에 물들어 있는 귀신론은 질병 발생의 복음적 의미를 왜곡시키는 것이므로, 우리는 이러한 이론이나 신념을 수용해서는 안 된다. 이러한 어두운 세계관의 이원론에 빠져 있는 사람들은 세계 속에서 일어나는 여러 가지 사건이나 현상의 밝은 면을 결코 보지 못한다.

그들은 무조건 귀신을 추방하고 나면 자기가 겪고 있는 힘든 고난에서 해방될 것이라고 기대한다. 이러한 신념은 곧 인간 스스로가 그저 자신이 편하고 원하는 대로 되어지는 것이 하나님의 뜻이라고 믿는 맹신(盲信)에 빠지게 된다. 이런 점에서 볼 때도, 성경 속에서 귀신들의 존재와 활동에 대해서 너무 부각된 설명을 하지 않은 것은 인간의 무지와 연약성을 고려한 하나님의 지혜라고 본다.

오히려 성경은 질병에 대한 하나님의 통합적 관점을 더욱 잘 반영하고 있다고 할 수 있다. 모든 질병이 다 마귀의 공격이라고 보는 이원론으로부터 모든 현상과 사건을 하나님의 주권과 통치 안에서 바라보는 통시적 세계관을 향한 전환이 성경에 나타난다. 질병으로부터 낫는 것만이 하나님의 뜻이라고 보는 것이 아니라 때로는 낫지 않음 속에 하나님의 인도하심이 있을 수도 있음을 성경은 인정한다. 그래서 오히려 질병의 시련 속에서도 하나님께 감사하며 또 하나님의 섭리를 이해할 수 있게 해준다. 따라서 성도들은 질병의 고난 속에서도 오히려 회개의 제목을 찾게 되며, 하나님의 주권 앞에서 겸허한 영혼을 지닐 수 있게 되며, 또한 크리스천의 성화(聖化)를 위한 하나님의 의도를 깨닫게 된다.

귀신의 인격성을 부정함

귀신에 대한 부정적 시각의 또 다른 예로서, 어떤 이들은 마귀와 귀신들의 인격성을 인정하려 하지 않는다. 폴 틸리히(Paul Tillich) 같은 신학자는 귀신을 인격적인 것으로 보지 않고 차라리 어떤 압제하는 사회적 힘이나 구조 같은 것의 상징으로 보았다.[12] 또 이와 유사하게 귀신들의 활동을 자연계의 질서나 법칙에 위배됨으로 생기는 하나의 자연적인 과정으로 보기도 한다. 따라서 이런 시각에 의하면 귀신들이 벌인 활동 결과에 대해서도 비인격적인, 단지 자연적인 법칙의 인과응보(因果應報)로만 해석하려 한다. 이들의 설명은 상당히 오래 된 17세기 유럽의 이신론 또는 자연신론(Deism)을 지지하는 이론적 근거에 기초를 둔다.

귀신들의 실존과 인격성을 부인하는 이런 사람들의 의식 속에는 역시 상대적으로 하나님의 주권적 인도하심과 인격성을 또한 부인하려는 경향성이 생기기 마련이다. 왜냐하면 귀신들의 인격성을 단지 세계 속에 있

---

12 Paul Tillich, *Systematic Theology* (Chicago: University of Chicago, 1957), 2:27.

는 부정적인 원리라고만 해석하는 데 사용되는 이론적 근거들은 또한 당연히 하나님의 인격성조차도 하나의 세계 운동의 긍정적 원리 정도로만 해석하게 되기 때문이다. 그러므로 이런 부정적 의식 속에는 복음적 신론(神論)의 자리가 전혀 마련되지 않는다.

한 마디로 말해서 이들은 악한 영적 세계의 성격에 대해서 간주하기를, 오직 세계 안에 내포되어 있는 하나의 소극적인 원리로서만 바라보는 것이다. 귀신론에 대한 권위자인 쿨트 코흐(Kurt Koch)는 현대의 과학계와 의학계의 이론 속에는 초자연적이란 것은 존재하지 않는다는 신념이 팽배해 있다고 평하면서, 이런 이론 체계에 의하면 귀신의 존재는 인정되지 않기 때문에 당연히 귀신들림이나 귀신의 영향이라는 개념도 설정될 수 없는 것이라고 비판하였다.[13] 이처럼 인문학적 연구에 의존한 귀신에 대한 이론들은 그 논지가 매우 모호할 뿐만 아니라 성경의 진술과도 배치될 경우가 많다. 그러므로 귀신론에 대한 신뢰성 있는 연구는 다른 어떤 자료보다도 더욱 성경에 나타난 진리의 내용을 근거로 해서 진전되지 않으면 안 될 것이다.

귀신들의 실존

그렇다면 귀신들은 과연 실재하는가? 이 질문에 대하여 어떤 이들은 심리학적 이론으로 합리화된 귀신론을 소개하거나 또 어떤 이들은 강신술(降神術)이나 마술적인 신념에 의해 채색된 귀신론으로 답하기도 한다. 그러나 우리의 기대는 성경적 답변을 원하는 것이다. 과연 성경에서는 귀신들이 존재하는 것으로 보는가? 이에 대한 명백한 답변은 '그렇다' 이다.

성경은 귀신의 존재와 그 활동에 대해서 분명하게 묘사하고 있다. 전

---

13 Kurt Koch, *Occult: Bondage and Deliverance* (Grand Rapids: Kregel, 1970), 11.

술한 바와 같이 성경에서 귀신들의 실존 여부에 대한 자세한 논의를 다루고 있지는 않다. 그러나 그러한 논의보다는 차라리 귀신의 존재와 활동을 묘사하는 많은 사실적 언급이 이미 많이 있기 때문에, 귀신론에 대한 신학적 설명과 이에 대한 정립을 시도하는 일은 필연적인 것이다. 따라서 성경적 귀신론에 대한 체계적인 고찰은 우리로 하여금 성경과 영적 세계에 대한 좀 더 폭넓은 안목을 가져다준다.

성경의 진술에 의하면, 마귀와 그와 함께 한 귀신들은 타락한 이후 하늘로부터 이 땅으로 쫓겨 내려오게 되었다. 그리고 현재까지 온 세상을 미혹하며 통치하는 세력을 행사하고 있다.

> 하늘에 전쟁이 있으니 미가엘과 그의 사자들이 용과 더불어 싸울새 용과 그의 사자들도 싸우나 이기지 못하여 다시 하늘에서 그들이 있을 곳을 얻지 못한지라 큰 용이 내쫓기니 옛 뱀 곧 마귀라고도 하고 사탄이라고도 하며 온 천하를 꾀는 자라 그가 땅으로 내쫓기니 그의 사자들도 그와 함께 내쫓기니라(계 12:7-9).

성경의 진술이 확실하게 마귀의 존재와 활동을 묘사함에도 불구하고, 세계의 많은 영역을 장악하고 있는 마귀의 가공할만한 위력에 대해 깨닫지 못하고 있는 크리스천들도 많다. 그 이유는 그들이 귀신들의 존재를 부인하는 현대의 합리주의와 과학주의적 사고와 신념에 의해 의도적이든 비의도적이든 간에 영향을 받았기 때문이다. 그들 속에는 영적 존재에 대한 생래적인 인식이 이미 존재함에도 불구하고, 이런 인식은 반대적인 이론이나 신념에 의해 손상 또는 혼탁해진다.

그러나 만일 그들이 성경에서 보여주는 "통치자들과 권세들과 이 어둠의 세상 주관자들과 하늘에 있는 악의 영들"(엡 6:12)의 통치와 능력에 대한 내용을 조금이라도 관심을 가지고 살펴본다면, 그들 자신이 얼마나 이 점에 대해 무지했었는지를 알 수 있을 것이다. 예를 들어, 신약성경을 통해 우리는 예수님의 공적 사역이 시작될 때 마귀의 세력과의 부딪침이 있었던 것을 알 수 있다. 이러한 부딪침은 그 후 예수님의 전 생애와 사역 그리고 십자가 죽음의 순간까지 지속적되었던 것을 확인할 수 있다.

> 죄를 짓는 자는 마귀에게 속하나니 마귀는 처음부터 범죄함이라 하나님의 아들이 나타나신 것은 마귀의 일을 멸하려 하심이라(요일 3:8).

이처럼 예수께서는 마귀의 세력을 파하시고 마귀에게 억압 받는 자들을 구출하시는 것을 중요한 사역으로 아셨다. 비신화론적 이론에서는 예수의 귀신 추방에 대한 사건을 하나의 순전한 상징으로 풀이하곤 하지만,[14] 그러나 귀신 추방의 사건들을 언급하지 않고서는 성경에 나타난 예수 그리스도의 사역을 충분히 설명할 길이 없을 정도로 중요하다.

질병과의 관련

성경의 사건들에서 우리는 귀신들이 인간에게 여러 가지 질병과 고통을 가져올 수 있다는 점을 보게 된다. "더러운 귀신에게 고난 받는 자들"(눅 6:18)이 있으며, 심지어는 "귀신이 그를 잡아 갑자기 부르짖게 하고 경련을 일으켜 거품을 흘리게 하며 몹시 상하게"(눅 9:39) 할 수도 있다. 초대교회 당시 복음이 증거될 때 "더러운 귀신에게 괴로움 받는 사람을 데리고 와서 다 나음"(행 5:16)을 얻기도 하였다.

우리가 귀신들과 질병과의 관계에 대한 위와 같은 성경의 교훈을 착념

---

[14] David Friedrich Strauss, *Das Leben Jesu* (Tübingen: Verlag Von C. F. Osiander, 1836), 2:21-52.

한다면, 적어도 오늘날 발생하는 많은 질병과 고통들의 원인 중에는 많던 적던 간에 귀신들과의 관련이 있을 수 있다는 점을 긍정할 수밖에 없다. 다음의 사례에서 보면 귀신들이 쫓겨 나가고 난 후 말 못 하던 사람이 말을 하게 되는 것을 본다.

> 예수께서 한 말 못하게 하는 귀신을 쫓아내시니 귀신이 나가매 말 못하는 사람이 말하는지라 무리들이 놀랍게 여겼으나..... 더러운 귀신이 사람에게서 나갔을 때에 물 없는 곳으로 다니며 쉬기를 구하되 얻지 못하고 이에 이르되 내가 나온 내 집으로 돌아가리라 하고 가서 보니 그 집이 청소되고 수리되었거늘 이에 가서 저보다 더 악한 귀신 일곱을 데리고 들어가서 거하니 그 사람의 나중 형편이 전보다 더 심하게 되느니라(눅 11:14,24-26).

이러한 예수님 당시의 사건은 인간의 여러 가지 질병의 원인 중에는 귀신의 영향에 의한 것이 많다는 점을 말해준다. 뿐만 아니라 한번 나간 귀신들은 다시 그 사람에게 들어올 수도 있으며, 그럴 경우에는 이전의 상태보다 질병이나 고통의 상황이 더 악화될 수도 있음을 말해준다.

필자가 어느 집회에서 귀신들을 추방하게 되었을 때 있었던 예를 들겠다. 기도를 받기 원하는 사람들이 차례차례 기도를 받을 때, 그 중의 어떤 이들에게서는 귀신들이 자기 정체를 드러내며 떠나가는 일이 있었다. 한 자매에게서 귀신의 존재가 드러났는데, 그 자매를 위해 기도할 때 그 자매는 소리를 지르며 뒤로 쓰러졌다. 그런데 그 다음 순간 그 자매는 또 다시 괴로워하며 고통을 호소했다.

나는 방금 추방되었던 귀신들의 존재가 다시 그 자매를 억누르고 있는 것을 알게 되었다. 여러 차례 추방 행위를 계속 했으나, 귀신이 떠나갔다고 확인했는가 싶으면 또 다시 들어와 괴롭게 하는 것을 보았다. 마침내 이 자매의 경우를 통해서 깨닫게 된 것은, 사람이 귀신에게 제공하였던 영혼의 자리를 진정한 회개와 예수님의 주권으로 채우지 않으면 얼마든지 다시 장악될 수 있다는 사실이었다.

귀신들의 초자연적 지식

다음의 사례에서 우리는 예수께서 귀신들을 추방하실 때 귀신들이 예수님의 하나님 아들 되심을 알아차렸다는 점을 볼 수 있다. 이러한 초자연적 지식은 귀신들이 영적 존재이기 때문에 가능한 일이다.

> 회당에 더러운 귀신 들린 사람이 있어 크게 소리 질러 이르되 아 나사렛 예수여 우리가 당신과 무슨 상관이 있나이까 우리를 멸하러 왔나이까 나는 당신이 누구인 줄 아노니 하나님의 거룩한 자니이다..... 여러 사람에게서 귀신들이 나가며 소리 질러 이르되 당신은 하나님의 아들이니이다 예수께서 꾸짖으사 그들이 말함을 허락하지 아니하시니 이는 자기를 그리스도인 줄 앎이러라(눅 4:33-34,41).

귀신들은 예수께서 온 세상을 위한 구원주가 되시며 또한 마지막 날의 심판주가 되실 것을 이미 안다. 그리고 자신들의 운명이 마지막 날에 어떻게 될지에 대해서도 이미 알고 있다. 이러한 사실이 전혀 놀라울 것이 없는 이유는, 귀신들은 마귀의 통치와 명령을 받는 초자연적 존재들로서 이미 세계 창조와 구원의 역사 그리고 종말과 심판에 관한 모든 비밀을 인식하고 있기 때문이다. 그러므로 귀신들이 예수님 앞에서 두려워 떠는 것은 어쩌면 지극히 당연한 일이 아닐 수 없다. 다음의 사례에서도 보면 귀신들은 예수님의 정체를 알아보았음을 본다.

> 예수를 보고 부르짖으며 그 앞에 엎드려 큰 소리로 불러 이르되 지극

히 높으신 하나님의 아들 예수여 당신이 나와 무슨 상관이 있나이까 당신께 구하노니 나를 괴롭게 하지 마옵소서 하니 이는 예수께서 이미 더러운 귀신을 명하사 그 사람에게서 나오라 하셨음이라 (귀신이 가끔 그 사람을 붙잡으므로 그를 쇠사슬과 고랑에 매어 지켰으되 그 맨 것을 끊고 귀신에게 몰려 광야로 나갔더라) 예수께서 네 이름이 무엇이냐 물으신즉 이르되 군대라 하니 이는 많은 귀신이 들렸음이라 무저갱으로 들어가라 하지 마시기를 간구하더니 마침 그 곳에 많은 돼지 떼가 산에서 먹고 있는지라 귀신들이 그 돼지에게로 들어가게 허락하심을 간구하니 이에 허락하시니 귀신들이 그 사람에게서 나와 돼지에게로 들어가니 그 떼가 비탈로 내리달아 호수에 들어가 몰사하거늘(눅 8:28-33).

이 성경 본문은 귀신들에게는 이름이 있을 수 있으며 또 한 번에 많은 귀신이 들릴 수 있다는 점 역시 알려준다. 이 본문에서 실제로 귀신들은 자기들의 이름을 '군대'라고 밝혔다. 그래서 실제로 귀신 추방 사역에 있어서 귀신들을 하나하나 구체적으로 추방하게 되는 경우들이 있다.

대개의 경우 예수 그리스도의 권세 앞에서 귀신들이 추방될 수밖에 없는 지경에 이르면 그들은 자기 정체를 숨기지 못한다. 귀신을 추방하는 사역자는 그 정체를 확실히 인식하지 못할지라도, 귀신들 스스로가 진리의 빛 앞에서 자신들의 정체를 노출하게 된다. 그리고 이 성경에 나타난 사건에서 귀신들은 심지어 동물들에게까지 들어갈 수 있다는 점도 확인된다. 그리고 또 다음의 사례를 볼 때 놀라운 점은 귀신들이 심지어 크리스천 사역자들을 알아보기도 한다는 사실이다.

우리가 기도하는 곳에 가다가 점치는 귀신 들린 여종 하나를 만나니 점으로 그 주인들에게 큰 이익을 주는 자라 그가 바울과 우리를 따라와 소리 질러 이르되 이 사람들은 지극히 높은 하나님의 종으로서 구원의 길을 너희에게 전하는 자라 하며 이같이 여러 날을 하는지라 바울이 심히 괴로워하여 돌이켜 그 귀신에게 이르되 예수 그리스도의 이름으로 내가 네게 명하노니 그에게서 나오라 하니 귀신이 즉시 나오니라(행 16:16-18).

귀신들이 사람들의 영적 상태를 알아차릴 수 있다는 점은 전혀 예외적인 일이 아니다. "악귀가 대답하여 이르되 내가 예수도 알고 바울도 알거니와 너희는 누구냐"(행 19:15)는 사례와도 같이, 귀신들은 영적 존재들이기 때문에 당연히 영적 세계에 대한 식별이 가능할 뿐 아니라 그 능력이 매우 뛰어나다.

실제 사역 현장에서 우리는 귀신들의 세력과 마주했을 때 귀신들이 상대방의 영적 상태를 종종 정확히 알아차리곤 한다는 점에 놀라곤 한다. 귀신들이 두려워하는 것은 인간이 지닌 어떤 신체적 능력이나 사회적 신분이 아니다. 교회 직분이나 경력도 아니다. 그들이 두려워하는 한 가지 상대는 복음의 진리로 무장하고 있는 거듭난 크리스천이다. 귀신들은 초자연적 영적 존재들이기 때문에 마주하고 있는 인간의 심리적, 영적 상태를 정확히 파악한다.

그러나 예수께서는 귀신을 추방할 수 있는 권세를 제자들에게 주시고 또 믿는 성도들에게도 주셨다. 귀신 추방의 능력은 믿는 자들이 복음을 증거할 때 따르는 "표적"(막 16:17)으로서, 그 권세는 "마귀의 일을 멸하려 오신"(요일 3:8) 예수 그리스도의 다 이루신 승리의 영역에 대한 바른 지식에 근거한다. 귀신을 추방하는 일은 예수 승리의 사실을 어둠의 세력을 향해 선포함을 통해 얻어지는 것이다.

칠십 인이 기뻐하며 돌아와 이르되 주여 주의 이름이면 귀신들도 우리에게 항복하더이다 예수께서 이르시되 사탄이 하늘로부터 번개 같이 떨어지는 것을 내가 보았노라 내가 너희에게 뱀과 전갈을 밟으며 원수의 모든 능력을 제어할 권능을 주었으니 너희를 해칠 자가 결코 없으리라 그러나 귀신들이 너희에게 항복하는 것으로 기뻐하지 말고 너희 이름이 하늘에 기록된 것으로 기뻐하라 하시니라(눅 10:17-20).

그러므로 성도들은 "마귀의 간계를 능히 대적하기 위하여"(엡 6:11) 영적인 무장을 갖추어 살아야 한다. 우리가 할 일은 하나님께 복종하고 다만 마귀를 대적하는 일이다(약 4:7). 우리의 힘과 지략으로 마귀를 대적해서는 안 되며 또 그를 대적할 능력도 우리에겐 없다. 그 능력의 비밀은 바로 죽음을 이기시고 승리하신 예수 그리스도의 십자가 대속의 공로를 마귀 앞에 선포함에 있는 것이다.

사탄의 정체

사탄, 마귀

성경에서 '사탄'(Satan)은 마귀를 가리키는 여러 용어 가운데 가장 대표적인 것으로서 원래 '대적하는 자'(adversary)라는 뜻을 담고 있는데,[15] 이 용어는 사탄이 하나님께 대하여 스스로 대적하는 자가 되었기 때문에 불려진다(슥 3:1). 사도 바울도 복음이 확장되는 진로에 있어서 여러 번 사탄이 그를 막았다고 했다(살전 2:18). 이 밖에도 사탄을 지칭하는 용어는 각기 사탄의 특성을 반영하는 약 40여 개의 다른 명칭들로서 소개된다. 그런데 이 단어의 의미가 가르쳐주듯이, 사탄의 가장 궁극적인 활동의 목표는 하나님과 하나님의 역사를 대적하는 일이다.

---

15 Kurian (ed.), "Satan", 612.

두 번째로 일반적인 용어인 '마귀'(Devil)라는 단어는 헬라어로 디아볼로스(διάβολος)로서, 이는 원래 '중상하다', '훼방하다'의 뜻을 지닌 디아발로(διαβάλλω)라는 동사에서 왔다.[16] 그런데 이 동사는 '분리'의 의미를 지닌 디아(διά)와 '내어 던지다'는 뜻인 발로(βάλλω)가 합해서 이루어진 단어이다. 사실상 마귀는 하나님과 성도들 사이를 이간질하며 비방하는 존재이며, 더 나아가서는 성도들과 교회를 타락시키는 일을 목표로 하고 있다. 에덴동산에서 뱀의 형상으로 나타난 마귀는 하와에게 하나님의 진실한 사랑을 의심하도록 함으로써, 인간이 하나님으로부터 타락하게끔 했다(창 3:1-6).

사탄 즉 마귀를 지칭하는 단어는 이 외에도 많이 있는데, 그 명칭들은 저마다 사탄의 악한 성품이나 행위를 잘 표현해 주고 있다. 예를 들어, '살인자'(요 8:44; 10:10)는 창세 이래로 그가 지녀온 살인적 성품과 파괴성을 말해준다. '우는 사자' 같이 두루 다니며 삼킬 자를 찾는다 함은 그가 지닌 강력한 능력과 잔악성을 표현해 준다(벧전 5:8). 또한 그는 '온 천하를 꾀는 자'로서, 수많은 계략과 속임수로 온갖 거짓 학설들을 퍼뜨려 천하 인류를 헛된 길로 미혹한다(계 12:9). 사탄은 또한 '용'으로서 표현되는데, 이것은 그가 지닌 위력과 신비를 말해주고 있으며(계 12:3,7-9), 또 '공중 권세 잡은 자'로서의 사탄은 그의 통치 하에 수많은 귀신들의 세력을 다스리고 있는 권력자임을 말해 준다(엡 2:2; 6:12). '뱀'에 대한 성구들(창 3:1; 사 27:1; 계 20:2)과 그리고 '옛 뱀'(계 12:9)이라는 이름은 에덴동산에 나타났던 뱀을 상기시켜 준다. 또 '시험자'라는 용어는 사탄이 수단과 방법을 가리지 않고 인간을 유혹하는 데서 특징을 보여준다(마 4:3; 살전 3:5).

---

16 James Strong, "διάβολος," *The New Strong's Expanded Dictionary of Bible Words* (Nashville, Tennessee: Thomas Nelson, 2001), 1035.

사탄의 타락

이와 같이 사탄은 가장 높은 천사 계층의 존재로서 하나님과 인간의 대적자가 되었다. 사탄이 하나님을 대적하고 타락하게 된 시기는 인류가 창조되기 전으로 보는데, 그 이유는 사탄이 에덴동산에서 뱀의 모습으로 나타나 하와를 유혹하여 타락하게 만들었기 때문이다. 그러나 사탄이 인간보다 얼마나 먼저 타락했는지에 대해서는 분명하지 않다. 일반적인 견해는 인간 타락 이전 긴 기간의 어느 시점일 것으로 본다. 다만 천사 타락의 시기를 창세기 1장 1절과 2절 사이로 보는 학자들도 있는데,[17] 여기에 비중을 둘 경우 사탄이 타락한 시기는 하늘과 땅의 창조 이후 어느 시점으로 설정될 수도 있다. 사탄의 본래적 상태와 타락에 대해 성경에서 가장 많이 사용되고 있는 곳은 다음 두 곳이다.

> 너 아침의 아들 계명성이여 어찌 그리 하늘에서 떨어졌으며 너 열국을 엎은 자여 어찌 그리 땅에 찍혔는고 네가 네 마음에 이르기를 내가 하늘에 올라 하나님의 뭇 별 위에 내 자리를 높이리라 내가 북극 집회의 산 위에 앉으리라 가장 높은 구름에 올라가 지극히 높은 이와 같아지리라 하는도다 그러나 이제 네가 스올 곧 구덩이 맨 밑에 떨어짐을 당하리로다(사 14:12-15).

> 인자야 두로 왕을 위하여 슬픈 노래를 지어 그에게 이르기를 주 여호와의 말씀에 너는 완전한 도장이었고 지혜가 충족하며 온전히 아름다웠도다 네가 옛적에 하나님의 동산 에덴에 있어서 각종 보석 곧 홍보석과 황보석과 금강석과 황옥과 홍마노와 창옥과 청보석과 남보석과 홍

---

17 Henry Thiessen, *Lectures in Systematic Theology* (Grand Rapids: Wm. B. Eerdmans Publishing Company, 1975), 195.

옥과 황금으로 단장하였음이여 네가 지음을 받던 날에 너를 위하여 소고와 비파가 준비되었도다 너는 기름 부음을 받고 지키는 그룹임이여 내가 너를 세우매 네가 하나님의 성산에 있어서 불타는 돌들 사이에 왕래하였도다 네가 지음을 받던 날로부터 네 모든 길에 완전하더니 마침내 네게서 불의가 드러났도다(겔 28:12-15).

여기서 이사야 14장은 바벨론 왕에 대한 이야기이고 에스겔 28장은 두로 왕의 이야기이기 때문에 사탄은 그 인물들을 의미한다고 보는 견해들이 있다. 하지만 사탄이 그 당시에 바벨론의 왕 그리고 두로의 왕이었다고 하는 학설에 대해서는 대부분의 복음주의 신학자들이 크게 거절하고 있다. 그 이유로서 우선 이 예언은 사탄이 지상의 어떤 지배자보다도 더욱 초월적인 존재라고 가리키기 때문이다. 특히 이사야 14장에 나타난 "지극히 높은 이와 같아지리라"(사 14:14)는 표현은 큰 능력을 지닌 어떤 영적 존재가 하나님을 대적하여 일어나는 것을 강하게 시사해준다.[18] 그리고 사탄이 이 세상 마귀적 시스템의 최고 힘과 관련된다면, 당연히 고대 바벨론이나 두로 역시 그 세력의 영역으로부터 분리될 수 없다고 보기 때문이다.

사탄의 운명

사탄이 타락하게 된 원인은 자신의 교만 때문인 것으로 확인된다. "네가 아름다우므로 마음이 교만하였으며 네가 영화로우므로 네 지혜를 더럽혔음이여 내가 너를 땅에 던져 왕들 앞에 두어 그들의 구경거리가 되게

---

18 Wayne Grudem, *Systematic Theology* (Norton Street, Nottingham: Inter-Varsity Press, 2011), 413.

하였도다"(겔 28:17; 사 14:13-14 참조). 사탄은 자신의 자유의지를 사용하여 고의적으로 하나님께 대한 반항을 선택하였다. 그래서 에덴동산으로부터 사탄의 심판의 형벌은 이미 정해지게 되었다.

> 내가 너로 여자와 원수가 되게 하고 네 후손도 여자의 후손과 원수가 되게 하리니 여자의 후손은 네 머리를 상하게 할 것이요 너는 그의 발꿈치를 상하게 할 것이니라 하시고(창 3:15).

이러한 사탄의 죄성이 인간에게 전가됨으로 인해 인간 역시 하나님께 대한 불순종의 경향성을 지니게 되었다. 결국 사탄은 자신의 교만 때문에 하나님의 사랑으로부터 쫓겨나 형벌 받을 운명으로 전락된 것이다. 사탄뿐만 아니라 그를 추종하는 귀신들도 그 모든 성품과 행위에 있어서 하나님께 대한 불순종과 죄악을 행하게 되었다. 그리고 사탄은 귀신들을 동원하여 인류를 죄악과 하나님께 대한 불순종의 길로 유혹하고 있다.

그러나 예수 그리스도께서는 성육신하여 우리의 죄를 대속하여 죽으시고 다시 부활하심을 통해 사탄의 모든 권세를 무력하게 하셨다. "통치자들과 권세들을 무력화하여 드러내어 구경거리로 삼으시고 십자가로 그들을 이기셨느니라"(골 2:15). 예수께서는 사탄에 대한 최종적인 심판을 통하여 "이 세상의 임금"(요 12:31)이 쫓겨날 것을 말씀하셨다. 이처럼 사탄이 집권할 수 있는 모든 근거는 예수 그리스도의 십자가 대속과 부활의 능력으로 말미암아 다 사라지게 된 것이다.

그러므로 이 복음의 진리를 확신하며 살아가는 이들 앞에 사탄의 능력은 아무런 힘도 쓰지 못 하게 되는 것이다. 원칙적으로 볼 때 그리스도의 죽으심과 부활의 결과로 인해 "형제들을 참소하던 자 곧 우리 하나님 앞에서 밤낮 참소하던 자"(계 12:10)인 사탄의 세력은 무능화된 것이다. 그렇다면 이제 사탄이 사용할 수 있는 최대의 무기가 있다면 이 사실을 속이고 미혹하는 일이다.

> 그 중에 이 세상의 신이 믿지 아니하는 자들의 마음을 혼미하게 하여 그리스도의 영광의 복음의 광채가 비치지 못하게 함이니 그리스도는 하나님의 형상이니라(고후 4:4).

이처럼 사탄이 인류를 미혹하는 최대의 목적은 할 수 있는 한 예수 그리스도의 복음을 혼미케 하여 구원의 능력을 영혼들에게 미치지 못하게 함에 있다. 사탄이 활동할 수 있는 능력의 거점은 진리에 대한 왜곡과 미혹을 통해 가려 놓은 인간 의식의 무지의 영역에 있다. 그러나 이러한 사탄의 활동은 영원하지 못하고 반드시 종말을 고하게 될 것이다. 사탄은 마침내 "천 년 동안 결박"(계 20:2)을 당하게 될 것이며, 그 이후 사탄은 결국에는 "불과 유황 못"(계 20:10)에 영원히 던져지게 될 것이다.

귀신들의 조직과 활동

용어의 구분

현대교회 내에서는 사탄 또는 마귀라는 말을 귀신이라는 말과 혼용하는 사례가 많다. 그런데 분명한 것은 이 두 말은 서로 다른 뜻과 성격을 지니고 있다. 그러므로 이 용어들을 구분하기 위해서 다음 세 가지 점을 유의하면 좋을 것이다.

첫째, 사탄과 마귀는 동일한 존재에 대한 서로 다른 표현이라고 할 수 있다. 어떤 이들은 사탄과 마귀를 다른 존재로 구분하는 경향이 있는데, 성경에 "큰 용이 내쫓기니 옛 뱀 곧 마귀라고도 하고 사탄이라고도 하며 온 천하를 꾀는 자"(계 12:9)라고 기록된 바와 같이, 사탄이나 마귀나 용이나 옛 뱀 등은 모두 동일한 존재에 대한 서로 다른 별명에 지나지 않는 다는 점을 알아야 한다.

둘째, 사탄이나 마귀에 대한 성경적 표현은 언제나 단수(singular)로서 표현되고 있다. 그 이유는 사탄 또는 마귀는 여럿이 아닌 유일한 존재임을 말해주는 것이다. 종종 마귀라는 용어를 '마귀들'이라고 표현하는 사례가 있는데,[19] 이것은 정확한 용법이라고는 볼 수 없다. 우리는 신앙생활을 하면서 가능한대로 마귀에 대한 복수 표현 대신 단수로 표현하기를 노력하고 또 남들에게도 그렇게 권장해야 할 줄로 안다.

셋째, 마귀와 귀신은 엄연히 다르게 표현되고 있다. 성경에서 마귀는 헬라어 디아볼로스($\delta\iota\acute{\alpha}\beta o\lambda o\varsigma$)라는 단수 표현의 단어를 사용하고 있는데 반해, 귀신들(demons)은 대부분 '다이모니아'($\delta\alpha\iota\mu\acute{o}\nu\iota\alpha$)라는 복수 표현의 용어를 사용하고 있다. 이런 점에서 볼 때 마귀와 귀신들은 결코 동일한 존재를 일컫는 말이 아니다.

원래 귀신들도 하나님께서 창조하신 천사의 부류에 속하고 있었다. 천사는 선한 천사와 악한 천사로 나눌 수 있는데, 귀신들은 악한 천사들과 동일시된다.[20] 천사(angel)라는 용어는 엄밀히 말하면 선한 천사들과 악한 천사들까지도 총칭하는 말이긴 하지만, 일반적인 용례로는 주로 선한 천사들을 일컫는 데 사용된다. 그러나 이와는 달리 귀신들(demons)이라는 말은 주로 악한 천사들을 일컫는 말이다.

기독교 이전의 이교도들의 신앙 속에서도 일반적으로 천사에 대한 두 가지의 분류가 나타나는 것은 사실이다. 선한 천사는 평화와 즐거움을 주

---

19 보편적인 예로서 찬송가 348장의 '마귀들과 싸울지라'를 들 수 있다. 이 곡의 원제는 *Battle Hymn of the Republic*이며, 그 원래 가사 내용 중에는 마귀에 대한 일체의 언급도 없다. 따라서 우리말 찬송가 제목이나 가사에 나오는 '마귀들'이라는 표현 자체가 근거가 없는 것이다.

20 혹자에 따라서는 귀신들을 죽은 사람의 영혼이라고 규정함에 따라 타락한 천사들과 구분하는 사례도 있으나, 이러한 견해는 복음적 귀신론의 정설로는 인정되지 않는다. 예를 들어, 다음을 참조하라: Alexander Campbell, *Popular Lectures and Address* (Philadelphia: James Challen and Sons, 1863), 381–82.

고, 귀신들은 잔인하고 죄악과 혼돈을 주는 것으로 묘사되고 있다. 그러나 이교도들이 말하는 선한 천사들도 역시 귀신들과 마찬가지로 마귀에게 종속되어 있기 때문에 그들 역시 귀신들과 다를 바 없다.

> 이 하나님의 피조물들은 그들이 하나님을 섬기느냐 아니면 사탄을 섬기느냐에 따라 선하거나 또는 악한 부류로 구별된다. 그들은 근본적으로 성경의 진술과 연관되어 있다. 그러므로 성경의 기록 속에서 천사에 관한 것을 떼어내게 되면 의미 있는 많은 역사적 사건들의 원인과 연속성을 왜곡하게 되며, 또한 인류와 관련이 있으면서도 이보다는 초월적인 도덕적 개념을 파괴시키게 될 것이 분명하다.[21]

존재와 활동

그러면 귀신들의 참 존재와 그 활동의 성격은 어떤 것일까? 성경에서 말하는 귀신들은 사탄 즉 마귀의 권위에 복종하여 사탄의 목적을 위해 조직되어진 악한 영들을 말한다. 귀신들 즉 악한 천사들은 원래 하나님의 피조물이기 때문에 영원 전부터 존재한 것은 아니다. 하나님께서 천사를 창조했다는 근거는 분명하다.

> 그의 모든 천사여 찬양하며 모든 군대여 그를 찬양할지어다 그것들이 여호와의 이름을 찬양함은 그가 명령하시므로 지음을 받았음이로다 (시 148:2,5).

구약성경에서도 이러한 귀신들의 존재와 특성은 인정되었으나 어디

---

21 C. Fred Dickason, *Angel: Elect & Evil* (Chicago: Moody Press, 1975), 19.

까지나 하나님의 통치 아래 있는 피조물로 전제된다. 하나님이 악한 영을 보내셨다는 말이나(삿 9:23), 여호와께서 부리시는 악령이 사울을 번뇌하게 했다는 기록은(삼상 16:14) 귀신들의 활동조차도 궁극적으로는 하나님의 통치와 섭리 안에 있다고 하는 점을 성경은 강조한다. 이것은 결국 기독교 신앙은 궁극적으로 이원론적 대립과 투쟁의 관점을 초월한 하나님 중심의 일원론적 세계관을 중시해야 한다는 점을 말해준다.

신약성경에서도 귀신들에 대한 언급은 본질적으로 구약성경의 전통적 개념을 따르고 있다. 원래 "모든 천사들은 섬기는 영"(히 1:14)으로서 하나님의 뜻 안에서 그들에게 맡겨진 일들을 감당하는 역할을 하도록 지음 받았다. 그러나 일부 천사들은 그들의 의지를 남용하여 하나님의 뜻에 역행하였다. 이 불순종한 천사들의 우두머리는 사탄 즉 마귀이며 그의 부하 조직들은 귀신들이다(엡 6:12).

예수 그리스도의 광야 시험에 나타난 두 종류의 명백히 대치되는 영적 실존은 곧 선한 천사들과 마귀였다(마 4:1,11). 그리고 예수께서 그의 공생애 사역에서 제일 먼저 행한 일은 곧 귀신을 추방하는 일이었다.

> 마침 그들의 회당에 더러운 귀신 들린 사람이 있어 소리 질러 이르되 나사렛 예수여 우리가 당신과 무슨 상관이 있나이까 우리를 멸하러 왔나이까 나는 당신이 누구인 줄 아노니 하나님의 거룩한 자니이다 예수께서 꾸짖어 이르시되 잠잠하고 그 사람에게서 나오라 하시니 더러운 귀신이 그 사람에게 경련을 일으키고 큰 소리를 지르며 나오는지라(막 1:23-26).

예수께서 행하신 모든 사역 속에 하나님이 함께 하신 증거 중의 하나는 마귀에게 눌린 모든 사람들을 고치신 것이었다(행 10:38). 그리고 예수께서는 선한 천사들과 악한 천사들 즉 귀신들의 최후 운명에 대해서도 다음과 같이 예언하셨다; "또 왼편에 있는 자들에게 이르시되 저주를 받은 자들아 나를 떠나 마귀와 그 사자들을 위하여 예비된 영원한 불에 들어가라"(마 25:41).

사도 바울은 악한 천사들 즉 귀신들의 무리를 통치자(정사)와 권세와 이 어두움의 세상 주관자들과 하늘에 있는 악의 영들로서 구분지었다(엡 6:12). 당시 사람들은 흔히 이런 천사 구분에 익숙했을 것이라고 보며, 오스월드 샌더스(Oswald Sanders)에 의하면 귀신들의 조직은 다음과 같이 구분된다;

> 통치자(정사; rulers)는 어떤 특정한 분야를 지배할 권세를 부여 받은 악한 천사계의 군주들로써, 이들은 정치적인 영역에서 활동한다. 권세(authorities)는 사탄의 충동으로 사람들에게 악을 행하도록 자극하는 힘있고 활동적인 귀신들을 의미한다. 이 어두움의 세상 주관자들은 마법, 점성술, 미신, 심령학 그리고 우상 숭배 등을 조장시키는 귀신들을 말한다. 이들의 목표는 사람들을 영적 흑암의 세계에 가두어 놓는 것이다. 하늘에 있는 악의 영들은 빛들의 천사로 가장하여 신앙의 세계 속으로 침투해 들어가는 영들이다. 이들은 진리와 거룩함으로부터 사람들을 미혹하여 악함과 타락에 빠져들도록 조장하는 영들이다.[22]

귀신들은 창세 이후로 공중권세를 잡고서 온갖 죄악으로 불신의 세계를 장악하고 있다. "그 때에 너희는 그 가운데서 행하여 이 세상 풍조를 따르고 공중의 권세 잡은 자를 따랐으니 곧 지금 불순종의 아들들 가운데서 역사하는 영이라"(엡 2:2). 특별히 이방 종교들은 마귀의 세력이 쉽게 접근할 수 있는 통로가 된다. 왜냐하면 이방 종교들에게서 나타나는 구원의 가르침들은 왜곡된 것이기 때문이다. 예수 그리스도의 이름 외에 다른

---

22 Oswald Sanders, *Satan Is No Myth* (Chicago: Moody Press, 1975), 59.

이로써는 구원을 받을 수 없기 때문이다(행 4:12). 그러므로 거듭난 크리스천들은 하나님께 속하지만 "온 세상은 악한 자 안에 처한 것이며"(요일 5:19), 귀신들은 의식적으로나 무의식적으로나 실제로 이교도들에 의해 섬김을 받는다.

미혹케 하는 영과 귀신들은 사람들로 하여금 그리스도께 대한 믿음에서 떠나도록 유혹한다(딤전 4:1). 이들은 선한 천사들과는 지속적인 대립과 전투 속에서 인류와 세계의 역사를 크게 좌지우지하고 있다. 그러나 이 말은 선과 악이 대립되는 이원론의 세계관을 지칭하는 말이 아니다. 왜냐하면 아무리 귀신들의 활동이 극열하다 해도, 이들 역시 전능하신 하나님의 주권적인 통치 속에 있기 때문이다. 때가 되면 이들은 하나님의 공의로운 심판의 형벌을 받게 될 것이다.

마귀를 대적하라

이러한 영적 실존에 대한 지식을 무시하고 신앙생활을 한다는 것은 이미 패배를 전제로 하고 영적 전쟁터에 나가 있는 것이나 마찬가지다. 존 웨슬리(John Wesley)는 그의 설교를 통해 다음과 같이 말했다: "이 세상에 활동하는 교활한 신(사탄)의 궤계는 하나님의 자녀들을 멸절시키려 힘쓴다. 만일 멸절시키지는 못한다 하더라도 적어도 성도들이 달려가야 할 경주를 혼란시키고 방해하여 고통스럽게 한다."[23] 그렇기 때문에 성경은 크리스천들이 영적 분별력과 능력을 가지고 마귀의 악한 세력에 대처해 나가야 함을 교훈하고 있다.

---

23 John Wesley, 'Satan's Devices,' *John Wesley's Forty-Four Sermons* (King's Lynn, Norfolk: The Epworth Press, 2005), 490.

끝으로 너희가 주 안에서와 그 힘의 능력으로 강건하여지고 마귀의 간계를 능히 대적하기 위하여 하나님의 전신 갑주를 입으라 우리의 씨름은 혈과 육을 상대하는 것이 아니요 통치자들과 권세들과 이 어둠의 세상 주관자들과 하늘에 있는 악의 영들을 상대함이라 그러므로 하나님의 전신 갑주를 취하라 이는 악한 날에 너희가 능히 대적하고 모든 일을 행한 후에 서기 위함이라 그런즉 서서 진리로 너희 허리띠를 띠고 의의 호심경을 붙이고 평안의 복음이 준비한 것으로 신을 신고 모든 것 위에 믿음의 방패를 가지고 이로써 능히 악한 자의 모든 불화살을 소멸하고 구원의 투구와 성령의 검 곧 하나님의 말씀을 가지라(엡 6:10-17).

왜냐하면 그리스도께서 십자가를 통하여 사탄에 대한 궁극적인 승리를 이미 이루셨기 때문이다(골 2:15). 크리스천의 삶 속에서 그리스도의 다 이루신 승리를 고백하며 적용할 때 그 승리의 확인을 할 수 있게 된다. 그것이 바로 마귀의 세력을 물리치는 능력이다. 그러나 사실 이 세상에는 이러한 그리스도의 승리에 대해 깨닫지 못하고 있는 크리스천들이 많다. 이런 이들을 대상으로 마귀는 우는 사자 같이 두루 다니며 삼킬 자를 찾고 있기 때문에, 크리스천들은 믿음을 굳건히 하고 근신하고 깨어서 마귀를 대적하는 삶을 살아야 한다(벧전 5:8-9).

그러면 도대체 우리가 대적해야 할 상대는 사탄인가, 마귀인가, 아니면 귀신들인가? 일반적으로 사탄이라는 용어는 마귀의 인간과의 투쟁 관계보다는 하나님과의 적대적 관계성을 표현할 때 더 자주 사용된 것으로 본다. "여호와께서 사탄에게 이르시되..... 사탄이 곧 여호와 앞에서 물러가니라"(욥 1:8,12). 그리고 예수께서 베드로에게 "사탄아 내 뒤로 물러가라"(마 16:23)고 하셨을 때도 하나님의 일을 거슬리고 방해하는 베드로의 속마음을 보신 것이다.

그런가 하면 마귀라는 용어는 주로 인간과의 투쟁 관계 속에서 많이 등장하는 용례를 본다. 이것은 마귀의 용어적 의미가 비방자(traducer), 거짓 고발자(false accuser) 그리고 중상자(slanderer)의 뜻을 내포하고 있는 것을 볼 때,24 대적자(adversary)의 의미를 지닌 사탄과는 다소간 구별된다. 성경은 크리스천들의 영혼 속에 "마귀에게 틈을 주지 말라"(엡 4:27)고 했다. 또 "마귀를 대적하라 그리하면 너희를 피하리라"(약 4:7)는 명령했다. 이러한 예를 통해 마귀라는 어휘는 인간과의 투쟁 관계 속에서 주로 등장하는 것을 본다.

귀신들은 하나님을 대적함에 있어서 마귀와 동일한 목적을 가지고 활동한다. 그런데 마귀의 활동이 매우 포괄적이고 전체적이라고 할 것 같으면, 그의 부하 조직인 귀신들의 활동은 매우 치밀하고 구체적으로 역사한다고 볼 수 있다. 그런데 이 말은 마귀의 활동과 귀신들의 활동이 서로 별개의 것이라는 말은 아니다. 단지 마귀의 전체적인 지령을 귀신들이 구체적으로 수행한다는 뜻이다.

마귀에게 틈을 주고 나면 귀신들이 침입하여 활동한다. 그러나 예수께서는 귀신들을 물리치셨고, 우리들에게도 귀신들을 쫓는 권세를 주셨다고 했다(막 16:17). 그러나 우리가 낱낱의 귀신들의 이름이나 활동 등을 정확히 분석해서 사용해야만 하는 것은 아니다. 하나님의 뜻을 반대하는 마귀의 궤계를 인식하게 되었다면, 영혼 속에 마귀에게 자리를 내주었던 죄악을 회개함으로 빼앗긴 영역들을 회복하고 즉시 마귀를 대적하면 된다. 귀신들의 수장으로서의 마귀를 대적하면 귀신들과도 역시 대적하는 관계가 된다. 그리고 마귀를 물리치면 귀신들은 자연적으로 물러나게 되는 것이다.

어떤 사역자들은 귀신 추방 사역에 있어서 귀신들의 정체를 자세하게

---

24 James Strong, "διάβολος," *The New Strong's Expanded Dictionary of Bible Words* (Nashville, Tennessee: Thomas Nelson, 2001), 1035.

노출시켜야 한다고 지나치게 강조하는 경우가 있는데, 필자의 견지에 의하면 그럴 필요까지는 없다고 본다. 예를 들어, 분명한 성령의 역사가 이미 감춰진 귀신들의 자리를 노출시킨 것을 깨닫게 될 때에는 그 승리에 대한 선포와 감사를 하면 된다.

그럴 경우 반드시 마귀를 대적하는 기도를 다시 해야 할 필요는 없다. 그것은 마치 우리가 거듭날 때 흑암의 영들을 물리치는 기도를 했기 때문에 예수 그리스도를 모시게 되는 것은 아닌 것과도 같은 이치다. 우리 영혼에 빛이 임하면 어둠은 자연히 사라지게 된다. 반드시 어둠을 몰아내는 기도가 필요한 것은 아니다. 바로 이 점이 성령의 사역과 귀신 추방의 사역은 서로 짝을 이룬다고 볼 수 있는 하나의 실증적인 증거다.

귀신론의 전개에 있어서 우리는 무엇보다도 그 논의를 성경을 근거로 해서 펼치지 않으면 안 된다. 그 이유는 올바르게 귀신론을 정의하기 위해서는 우리의 어떤 다양한 인간 경험이나 타종교의 신념과 의심스러운 설화 그리고 위험스런 신비학 즉 오컬트(Occult)의 진술 등을 의존할 수는 없기 때문이다. 그런 것들을 의지하는 한 우리는 명확하고 흔들리지 않는 귀신론의 결론을 결코 도출해 낼 수 없다. 귀신론의 영역은 인간의 일상과 상식과 이론을 뛰어 넘는 주제이기 때문에, 우리는 절대적인 권위를 하나님의 진리의 말씀인 성경에 두고 초이성적이며 초자연적인 영역에 대한 최종 잣대를 마련하지 않으면 안 된다.

역사적으로 본 귀신의 정체성

고대교회

고대교회 당시 귀신론은 아직 신학적 논의의 대상은 아니었다. 그리스도 교회의 정체성에 대한 근본적인 신념을 담은 기독론, 삼위일체론, 구원론 그리고 교회론 등을 신학화 하는 일이 더욱 시급한 당면과제였기 때문이다. 그러나 비록 신학적 중심 주제는 아니었을지라도, 귀신에 대한 주제는 세기를 걸쳐 가면서 고대교회사 속에서 지속적인 논제가 되어왔다.

당시의 크리스천들은 구약성경과 유대 묵시문학에 나타난 천사론에 대한 언급들에 친숙했다. 따라서 선한 천사와 함께 악한 천사들의 실존과 활동에 대해서도 이미 전제된 신념을 갖고 있었다. 더군다나 귀신들에 대한 예수 그리스도의 다 이루신 승리의 선언을 고백하며 귀신을 추방하는 일은 초대교회 크리스천들에게 있어서 명백한 전도의 도구였다(막 16:17; 행 5:16; 행 16:18).

귀신들은 이방 신들과 종종 연결되어 있었는데,[25] 이상스런 형태의 귀신론이 고대 셈족(Semites)의 귀신론에도 나타나고 있었다. 그들은 언제나 교회의 적으로 간주되어 왔다. 특이한 것은 성경에 나타난 귀신론은 어떠한 타종교나 신비술에 나타난 귀신 개념과도 분명한 대조를 보인다는 점이다. 이방 종교의 귀신론처럼 그렇게 조잡하지도 않고 또 인간의 호기심이나 요구를 만족시키기 위한 목적의 것도 아니었다.[26] 그 대신 악한 영의 세계에 대한 역사와 그들의 활동 그리고 그들의 종말에 대한 명확한 설정이 초대교회 신앙의 고백 속에 나타난다.

예수 그리스도의 사역에 있어서도 역시 마찬가지였다. 예수께서는 마귀의 왕국을 향하여 승리를 선포하셨고, 사도들도 역시 그 유업을 받았다. 귀신들림에 대한 신념은 초대교회 당시 광범위하게 퍼져 있었다. 따라서 귀신을 추방하는 일은 이방인들이나 유대인들이나 크리스천들에게

25　초대 기독교 변증가들은 다신교적인 이방 종교의 신들은 대개 귀신들과 동일시하였다. Everett Ferguson, *Backgrounds of Early Christianity* (Grand Rapids, Michigan: William B. Eerdmans Publishing Company, 2003), 237.

26　타종교의 귀신론과는 대조되는 기독교 귀신론의 특징에 대한 설명으로는 다음 자료를 참조하라: G. Edward Langton, *Essentials of Demonology* (London: The Epworth Press, 1949), 20-2; Merrill F. Unger, *Biblical Demonology* (Wheaton, Ill.: Scripture Press, 1952), 21-34.

나 보편적으로 인식되던 관행이었다.[27] 초대교회 당시 예수 그리스도의 이름으로 세례를 받는다고 하는 것은 필연적으로 이방 귀신들의 세력으로부터 해방되는 것을 전제로 하였다. 그리고 귀신 추방은 일반적으로 치유의 기도와 함께 병행해서 실시되곤 하였다.

고대교회의 저자들 가운데서 우리는 귀신들에 대한 승리의 고백을 많이 볼 수 있다. 2세기 중엽에 순교자 저스틴(Justin Martyr)은 선포하기를, "우리는 본디오 빌라도 밑에서 십자가에 못 박히시고 모든 귀신들과 악의 세력을 축출하시고 그 권세를 우리에게 주신 예수 그리스도를 믿습니다."[28]라고 하였다. 그 후 약 50여 년 후에 미누시우스 펠릭스(Minucius Felix)도 역시 자랑스럽게 선포하기를, 귀신 추방의 선언과 뜨거운 기도에 의해서 귀신들이 인간의 몸으로부터 추방된다고 하였다.[29] 허마스(Hermas)도 인간이 죄를 짓게 되는 것은 악한 귀신의 유혹을 받은 결과라고 보았다.[30]

귀신 추방의 행위는 기독교 내에서 왕성한 기세로 수립되어 널리 사용되었다. 공식적인 귀신 추방자들은 제3세기경에도 여전히 활발히 활동하였다.[31] 로마 제국 안에서 박해 받고 있던 크리스천들은 귀신에 들려 병든 사람들을 위해 기도해 주었고 그 결과 많은 사람들이 고침 받았다고 터툴리안(Tertullian)도 보고하였다.[32] 그는 귀신들은 지구상 어디든지 순식간에 이동하며 사악한 일을 저지르며 인간에게 질병을 유발시킨다고

---

27 Ferguson, 237.

28 Justin Martyr, *Dialogue with Trypho* 76, *The Writings of Saint Justin Martyr*, trans. by T. B. Falls, *Fathers of the Church* (New York: Catholic University of America Press, 1948): 6:269.

29 Minucius Felix, *Octavius* 27:5, trans. by G. H. Rendall, *Loeb Classical Library* (London: SPCK, 1919), 399.

30 Kirsopp Lake, *The Apostolic Fathers* (London: William Heinemann Ltd., 1976), 2:97.

31 T. A. Finn, 'Ritual Process and the Survival of Early Christianity', *Journal of Ritual Studies*, (1989): 3:69-89.

32 Tertullian, *To Scapula* 4, trans. by Rudolph Arbesmann, *Fathers of the Church* (New York: Catholic University of America Press, 1950): 10:173.

하였으며,33 귀신 추방의 능력은 어떤 크리스천이라도 다 사용할 수 있는 은사라고 보았다.

키프리안(Cyprian)도 고백하기를, 크리스천들이 참되신 하나님의 이름으로 귀신들을 다룰 때, 귀신들은 더 이상 견디지 못하고 정체를 드러내면서 사로잡았던 사람들의 몸으로부터 추방되었다고 하였다.34 그는 이어서 귀신들을 축출하는 성령의 능력에 대해서 강조하기를, 성령께서 영혼 속에 임재하기 시작하면 귀신들은 아무 힘도 쓰지 못하고 추방된다고 하였다.35

교부 아타나시우스(Athanasius)는 십자가 표시를 하는 것이 귀신을 쫓는 데에 유용할 수 있다고 보았다. 당시에는 일반적으로 사람들의 이마에 십자가 표시를 그으면서 쉿! 쉿! 소리를 하면서 귀신 추방을 하는 방법이 성행하였다. 그렇지만 그들에게도 언제나 즉각적이고 명료하게만 귀신 추방의 사역이 나타났던 것은 아니었다. 키프리안은 귀신을 추방하는 일이 어떨 때는 매우 고통스러운 일이기도 했다고 한다. 그리고 귀신들이 어떨 때는 즉각 추방되기도 하지만 또 어떨 때는 상당히 더디게 나가기도 했다고 전했다. 왜냐하면 귀신 들린 자의 믿음이나 치유자의 은혜 상태에 따라서 달라질 수도 있기 때문이라고 했다.36

카터(Charles W. Carter)는 어거스틴(Augustine)의 말을 소개하기를, 귀신들이 비록 몸을 소유하고 있는 것은 사실이지만 그 몸은 물질이 아니라고 하였다. 어거스틴은 마술이나 접신술 등을 행하는 자들은 모두 귀신

---

33 Alexander Roberts and James Donaldson (eds.), *The Ante Nicene Fathers* (Grand Rapids, Wm. B. Eerdmans Publishing Company, 1979): 3:36-7.
34 Cyprian, *That Idols Are Not Gods* 7, trans. by R. J. Deferrari, *Fathers of the Church* (New York: Catholic University of America Press, 1958): 36:355.
35 Cyprian, *Letters* 69:15, trans. by Rose B. Donna, *Fathers of the Church* (New York: Catholic University of America Press): 51:256.
36 Cyprian, *That Idols Are Not Gods* 7, *Fathers of the Church*: 36:355.

들과 교접하고 있는 자들이라고 보았다. 또 귀신들이 사람을 사로잡을 때에는 언제나 교활한 유혹과 기만을 사용한다고 했으며, 심지어는 어린아이들까지도 귀신들이 공격한다고 말했다. 그리고 그는 귀신들이 사람에게서 쫓겨나게 되는 일은 그리스도의 희생과 성령의 능력을 통해서 이루어지게 되는 것이라고 보았다.[37]

이 모든 교회사의 인물들이 함께 고백하는 것은, 비록 귀신들이 인간에게 고통과 불신을 퍼트리는 존재이지만, 그러나 크리스천들에게는 그 귀신들을 제압할 수 있는 능력이 있다는 것이다. 그리고 그 능력은 그들 자신에게 속한 것이 아니라 부활하신 그리스도로부터 샘솟는 대속의 능력이라는 확신을 그들은 갖고 있었다. 이처럼 고대교회의 교부들이나 교회 지도자들에게 있어서 귀신 추방의 사역은 일상적인 것이었으며, 두말할 나위 없이 그들의 경험은 그리스도의 다 이루신 승리에 기초하는 것이었다.

중세교회

중세교회의 신학자들은 일반적으로 위-디오니시우스(pseud-Dionysius)가 강조한 영계의 서열 분류를 많이 따랐다.[38] 피터 롬바드(Peter Lombard)는 위-디오니시우스를 따라 악한 천사계를 구분 지으면서, 악한 천사들의 창조, 본성, 타락 등에 대한 문제와 귀신들의 마술적 수단에 대해 연구하였다.

토마스 아퀴나스(Thomas Aquinas)는 비록 귀신들이 많은 지식을 갖

---

37 Charles W. Carter, *A Contemporary Wesleyan Theology* (Grand Rapids, Michigan: Zondervan Publishing House, 1983), 2:1086.

38 James Hastings (ed.), *Encyclopaedia of Religion and Ethics* (New York: Charles Scribner's Sons, 1981), 4:581.

고 있으나 진리에 이르기 위한 온전한 지식은 결여되어 있다고 보았다. 또 스스로의 강퍅함으로 인해 그들의 의지는 언제나 악한 방향으로 기울어져 사악한 일만을 도모할 뿐이다. 귀신들은 지옥과 공중의 이중적인 거주지를 갖고 있는데, 지옥에서 그들은 정죄 받은 자들을 괴롭히고, 공중에서는 사람들을 죄악과 질병과 환난 가운데로 이끈다. 그러나 아퀴나스는 하나님께서 귀신들에게 이 같은 일을 허락하시는 것은 사실이지만, 어디까지나 하나님께서는 이 모든 것을 하나님의 영원하신 뜻에 따라 통제하신다고 보았다.[39]

종교개혁 및 근세교회

종교개혁자 마틴 루터(Martin Luther)는 귀신들이 사람을 꿈이나 헛된 환상으로 괴롭히기도 하며, 때로는 한밤중에 일어나 거리를 헤매게 만든다고 보았다. 그는 귀신이 사람을 지배하는 형태를 신체적 지배(corporal possession)와 영적 지배(spiritual possession)의 두 가지로 구분하였다. 이 중에서 영적 지배는 신체적 지배보다 훨씬 심각한 상태로서 회복되기가 대단히 힘들다고 보았다.[40]

이러한 루터의 분류는 신체적 지배가 인간 몸에 질병을 일으키는 단계를 말한다면, 영적 지배란 인간의 의식과 정신활동의 영역을 지배하는 단계로 구분한다고 볼 수 있다. 물론 지배의 영역이 신체라면 좀 가벼운 지배이고 영혼이라면 좀 더 무거운 지배라고 단순히 규정할 수는 없겠다. 어떨 때는 신체에는 고통이나 질병이 없지만 영혼에는 심각하게 귀신의 억압이 있을 경우도 있기 때문이다.

---

39 Carter, 2:1086.
40 Carter, 2:1086.

루터의 기도로 인해 한 귀신 들린 소녀가 자유롭게 된 경우를 박스터(J. Sidlow Baxter)는 소개하였다; 루터가 그 귀신 들린 소녀의 머리에 안수하면서 요한복음 14장 12절 말씀을 의지하여 하나님께 기도하였다. 그리고 예수의 공로로 인해 악한 귀신이 소녀에게서 떠나가야만 할 것을 놓고 명령했을 때 그 귀신이 쫓겨났다.[41]

웨슬리(John Wesley)는 성경에 나타난 계시 외에는 귀신론에 관한 어떤 자료도 신뢰할 수 없다고 했다. 그가 활동하던 18세기 영국 교계에는 이신론이나 상식철학 등의 영향으로 인해 성경과는 대치된 합리적인 신념들이 유행하고 있었다. 그는 이러한 사조(思潮)들의 위험성을 간파하고 있었다. 그 대신 그는 성경적인 사고에 의해서 보면 귀신들은 타락한 천사들이며, 이러한 귀신들은 초자연적인 지식을 가지고 인류를 대적하고 있으며, 사람들의 마음속에 온갖 종료의 악한 유혹을 역사하여 범죄하도록 이끈다고 하였다.[42]

현대의 선교활동이나 복음 전도에서 잘 인용하는 귀신 추방에 대한 대표적인 사례 중에는 19세기 독일의 목사 블룸하르트(Johann Christoph Blumhardt)의 사역에 대한 것이 있다. 블룸하르트는 자신이 목회하는 한 교구의 디투스(Gottliebin Dittus)라는 여인의 극심한 질병을 접하게 된다. 다각도로 조사한 끝에 그는 최종적으로 이것이 예수께서 말씀하신 귀신 들림의 경우라고 판단하게 되고, 마침내 장기간 동안 그 문제를 해결하기 위해 분투하게 된다.

그러나 오랜 기도 끝에 크게 깨달은 것은, 자기에게는 아무런 능력이 없으며 오직 예수 그리스도만이 능력의 해답이라는 것이었다. 결국 예수

---

41 J. Sidlow Baxter, *The Divine Healing of the Body* (Grand Rapids, Michigan: Zondervan Publishing House, 1979), 76.
42 John Wesley, "Of Evil Angels," *The Works of John Wesley* (Grand Rapids, Michigan: Zondervan Publishing House, 1958), 6:371-80.

의 능력을 간절히 구하며 기도할 때, 마침내 '예수는 승리자'라는 고백과 함께 그 여인은 귀신으로부터 자유롭게 되었다.[43]

이 일을 시작으로 해서 블룸하르트는 질병 치유와 귀신 추방에 대한 사역에 임하게 되었으며, 그를 통하여 치유사역을 강조하는 독특한 영적 각성운동이 그의 교회를 중심으로 확산되었다. 그는 많은 경우에 있어서 육체적 질병의 뿌리가 귀신과 연관된 영적인 문제에서부터 비롯된 것으로 보는데, 이러한 그의 신념은 이후 많은 치유사역자들에게 큰 영향을 끼쳤다.

현대교회

20세기 이후 교회사의 가장 두드러진 특징 중의 하나는 초자연적인 성령의 능력과 은사에 대한 강조가 역사상 그 어느 때보다도 강조되고 있다는 점이다. 현재 오순절주의와 은사파 교회들이 제3세계 지역 선교와 교회에서 크게 성공을 거두고 있는 것은, 그리스도의 복음이 교리 논쟁이나 변론을 통해서가 아니라 성령의 능력을 통해서 확장되어진다고 하는 점을 여실히 보여주고 있기 때문이다. 존 심스(John A. Sims)가 지적한 바와 같이 꿈, 환상, 능력 대결, 성령의 여러 가지 나타남(manifestation of Holy Spirit) 등의 초자연적 성령의 능력을 의지함은 다원화 상황 속에서 효과적으로 사람들을 설득시키는 힘을 보여준다.[44]

현대교회사에서 귀신론 영역에 대해 가장 많이 다루고 있는 운동은 능력 전도(power evangelism)나 능력 대결에 대한 강조를 많이 하고 있는

---

43 블룸하르트의 귀신 추방 사건에 대한 상세한 기록은 Friedrich Zuendel, *The Awakening: One Man's Battle with Darkness* (Rifton, NY: The Plough Publishing House, 2011)을 참고하라.
44 John A. Sims, "Postmodernism: the Apologetic Imperative," Dockery, ed., 330-31. See note 12, 342; R. Larry Shelton & Alex R. G. Deasley, *The Spirit and the New Age*, Wesleyan Theological Perspectives (Anderson, Indiana: Warner Press, 1986): 5:93.

'제3의 물결'(the Third Wave)을 들 수 있다. 이 운동에서는 능력을 행하고 병을 고치며 귀신을 쫓아내는 일을 통해 하나님 나라를 확장하는 전도 사역에 크게 비중을 두고 있다.

제3의 물결 중 빈야드 신학(Vineyard Theology)은 피터 와그너(Peter Wagner)나 존 윔버(John Wimber)의 활동에 의해 크게 확장되었다. 그리고 조지 래드(George Eldon Ladd)는 하나님의 나라를 단지 복음전파의 용어로서만이 아니라, 사탄의 권세를 제압하는 하나님의 능력의 현존으로 해석하고 있다.[45] 바로 이러한 점에서 빈야드의 능력 대결 또는 능력 전도의 강조는 그 신학적, 성경적 기반을 제공받을 수 있다.

그러나 현대교회에 있어서 윔버의 귀신론은 많은 논제를 불러일으키고 있는데,[46] 그의 귀신론을 대략 소개하면 다음과 같다; 그는 '귀신들림'(demon possession)이라는 용어는 비성경적이라 하고,[47] 그 대신 '귀신의 영향을 받은'(being demonized)과 '심한 귀신의 영향'(severe demonization)의 둘로 구분하였다. 이것이 헬라어 성경에서 인간과 악령들 사이의 상호작용을 표현하는 올바른 용법이라고 강조했다. 그가 demonized라고 쓸 때에는 귀신의 속박을 받는 여러 단계를 지칭하는 것으로서, 예를 들면 여러 유혹들이나 도덕적 연약성의 습관적인 형태를 말한다.[48] 그리고 심각한 귀신의 영향이란 귀신들의 조종권에 종종 빠지는 단계로서 심각하게 왜곡된 행위나 악행이나 질병 등이 일어나는 것으

---

45 B. J. Oropeza, *A Time to Laugh: The Holy Laughter Phenomenon Examined* (Peabody, Massachusetts: Hendrickson Publishers, 1995), 67; 이 하나님 나라 신학(Kingdom Theology)의 해석은 George Eldon Ladd의 주제인데, 여기에 대해서는 그의 저작인 *A Theology of the New Testament* (Grand Rapids, Mich.: Eerdmans, 1974), 45-134에 가장 잘 나타난다.

46 Donald M. Lewis, "An Historian's Assessment," in *Wonders and the Word: An Examination of the Issues Raised by John Wimber and the Vineyard Movement* (ed. J. R. Coggins and P. G. Hiebert; Winnipeg: Kindred Press, 1989), 58f.

47 John Wimber, *Power Healing* (San Francisco: Harper & Row, 1987), 109.

48 Wimber, 110.

로 구분지었다.⁴⁹

윔버는 크리스천도 귀신에 들릴 수 있느냐고 하는 질문에 대하여 다음과 같이 답한다; 만일 그 질문이 만일 귀신이 크리스천을 완전히 지배할 수 있느냐를 묻는 말이라면, 그 대답은 아니라고 할 것이다. 하지만 귀신에 들린다고 하는 표현이 성경적이 아니라고 보기 때문에, 좀 더 성경적이고 진지한 질문으로서 크리스천도 귀신의 영향을 받을 수 있느냐고 묻는 말이라면, 그는 크리스천이나 비신자나 똑같이 귀신의 영향에 들 수 있다고 믿는다고 하였다.⁵⁰ 다시 말하자면, 경미한 귀신의 영향이든 또는 심각한 귀신의 영향이던 간에 해결책은 그리스도를 통한 구출의 사역이라는 것이다.⁵¹

지역적 영들과의 전투

윔버의 귀신론에 있어서 또 하나의 논제를 불러일으킨 것은 지역적 영들(territorial spirits)에 대한 것인데, 이것은 광범위한 지리적인 영역에 걸쳐서 영향을 주는 귀신들을 가리키는 말이다.⁵² 월레이스 벤(Wallace Benn)과 마크 버킬(Mark Burkill)은 윔버가 -펼쳐진 왕국을 사이에 두고 기적들과 능력 대결에 의해 두 신들이 전투하고 있는- 하나님과 사탄 사이의 형이상학적인 이원론을 구축하는 경향이 있다고 지적한다. 그리고 이러한 접근이 인류를 단순한 전당물로 제한할 뿐 아니라 인간의 모든 영역을 통치하시는 하나님의 우주성을 감소시킨다고 불만을 토로하였다.⁵³

---

49 Wimber, 110-13.
50 Wimber, 114.
51 Wimber, 123-25.
52 John Wimber with Kevin Springer, *Power Point* (San Francisco: Harper, 1991), 182f.
53 Wallace Benn and Mark Burkill, A Theological and Pastoral Critique of the Teachings of John Wimber," *Churchman* 101:2 (1987): 102.

필자 역시 웜버의 이원론적 지역적 영과의 전투 이론은 크게 비판 받아야 한다고 본다. 특정한 영역에는 마치 하나님의 통치가 미치지 못 하는 것으로 간주되는 신념은 필연적으로 이원론적 세계관에 빠지게 만들기 때문이다. 세부적으로 귀신들을 불러내고, 특히 그들에게서 정보를 얻어 내려 하고 또 귀신 추방 행위를 거쳐야만 하는 것이 아니다. 그리고 반드시 그 지역을 방문하여 땅을 밟으면서 해야만 효력이 있는 것도 아니다.

웨인 그루뎀(Wayne Grudem)도 역시 오늘날 성행하는 지역적 영들을 상대로 하는 영적 전쟁에 대해서 주의를 요하였다. 그러면서 다음과 같은 행위들은 성경의 지지를 받지 못한다고 지적하였다.[54]

(1) 복음 전하러 어떤 지역에 들어가면서 지역적 영들을 불러내는 일
(2) 지역적 영들에게 그 지역 귀신들에 대한 정보를 요구하는 일
(3) 귀신들로부터 자유롭게 되는 정보에 대해 믿고 또 가르쳐야 한다고 강조하는 일
(4) 복음을 전하기에 앞서 그 도시를 장악하고 있는 귀신적인 세력이 먼저 파괴되어야만 한다고 가르치는 일

그루뎀은 이런 행위보다는 즉시 그 지역에 복음을 전하는 편이 낫다고 하면서, 만일 귀신의 역사가 드러나게 되면 그때 가서 영적 전투를 선포하면 된다고 했다. 그러나 필자가 보기에 그루뎀의 교훈에는 실제 사역에 있어서 다소간의 불안함이 존재한다고 본다. 그 이유는 실제로 지역이나 공간에 따라 귀신들이 역사하는 정도나 활동의 양상이 다를 수 있기 때문이다. 예를 들어, 수백 년 동안 악한 주술과 신비술 등이 장악하던 지역은 복음으로 승리롭게 통치되고 있는 지역과 영적 상태가 다르다는 것은 매우 당연하다. 그리고 복음을 전하다가 나중에 귀신들의 역사를 직면하면

---

54 Wayne Grudem, *Systematic Theology* (Norton Street, Nottingham: Inter-Varsity Press, 2011), 421.

그때 가서 대처하면 된다는 것은 미리 대처해서 그들의 세력을 장악하는 것보다 지혜롭지 못하다는 것이다.

그러나 필자의 견해는 그루뎀과는 조금 구분이 된다. 지역을 관장해 온 악령의 세력 앞에, 복음 전파의 구체적 행동이 있기 전에, 먼저 그리스도의 복음이 이루신 승리와 하나님 나라의 통치에 대한 선포의 과정이 우리의 기도 속에 충분히 선행되어야 한다고 필자는 보기 때문이다. 무엇보다 이 일에 있어서 오히려 다 이루신 승리에 대한 선포와 큰 확신이 성령의 능력 안에서 중보의 모임 가운데 넘쳐날 때, 비로소 그 지역을 사로잡고 있는 악한 영의 세력들이 묶음을 풀고 도주하게 되기 때문이다.

교회사적 조명

이상에서 본 바와 같이, 우리는 교회사 속에서 귀신의 존재에 대한 신념은 물론 또 귀신 추방에 대한 많은 사례들을 볼 수 있다. 그런데 고대교회로부터 중세교회까지는 당시에 풍미하던 신화적 천사 관념, 물활론적(animistic) 세계관, 다소간 의인화(擬人化) 된 천사 관념, 그리고 영적 세계에 대한 계층 구조적 신념 등이 서로 복잡하게 얽혀져 기독교 나름대로의 귀신론을 형성하고 있었다. 그렇지만 이 시대의 크리스천들이 갖고 있던 귀신에 대한 신념은 성경에서 말하는 귀신론의 내용과는 상당한 거리가 벌어져 있었던 것도 사실이다.

종교개혁 이후에야 비성경적인 귀신론의 신념들이 성경적 잣대에 의해서 지적되기 시작하지만, 귀신론은 아직까지 종교개혁 신앙의 수립을 위한 주된 작업 대상은 아니었다.[55] 그래서 중세적 귀신 관념은 종교개혁

---

55 이 점에 있어서는 대표적 종교개혁가인 루터나 칼빈이나 쯔빙글리 역시 마찬가지였다. 가톨릭 교회와의 대립 속에서 그들의 주된 연구 영역은 구원론, 교회론, 성경해석법, 성례론 등에 집중하고 있었기 때문이다.

시대의 일반 대중들 속에 여전히 지배적인 신념이었다. 그런데 얼마 후 계몽주의를 맞이한 유럽의 기독교계에서는 그들의 눈에 비합리적이고 미신적으로 비친 귀신론의 정체성 자체를 의심하는 분위기가 짙어져 가고 있었다. 그러나 그렇다고 해서 귀신론이 완전히 역사의 무대에서 사라져버린 것은 아니었다. 그 결과 후에 복음적 부흥운동을 맞이한 기독교계에서는 성경적인 관점에서 귀신론을 다시 세워가면서 이러한 신념을 부흥운동의 강조점들 속에 삽입해 나갔다.

한편 자유주의신학자들은 상징화, 비신화론화를 통하여 귀신론 자체를 폐기시키는 방향으로 일을 서둘렀고, 이러한 학문적 경향성을 현대의 정신분석학이나 의학 등에서는 전폭적으로 지지하고 인용해 왔다. 그러자 마침내 귀신론에 관하여 현 세계는 극렬한 양 시각의 차이를 보이게 되었는데, 그 하나는 귀신론 자체에 대한 부정적 해석이라면, 또 하나는 현대의 은사주의적 부흥운동을 통하여 새롭게 활기를 띠게 된 매우 적극적인 성격의 귀신론이다. 그렇지만 윔버와 같은 이로 대표되는 적극적 귀신론의 강조 속에는 상대적으로 이원론적 세계관의 암울함이 짙게 깔려 있다고 하는 약점이 있다.

이렇게 교회사적으로 귀신론을 조명해 볼 때, 복음적인 귀신론을 확립해 가는 일에 있어서 현재 우리에게 진지하게 요청되는 몇 가지 과제가 있다고 할 수 있다. 첫째 과제는 합리주의적 신념으로 인해 귀신론을 부정하는 세계인들의 세계관 속에 성경에서 말하는 귀신의 존재와 활동에 대해 소개하는 일이다. 둘째는 여러 가지 혼합된 영성으로 인해 왜곡된 귀신론의 허상으로부터 성경에서 말하는 올바른 귀신론의 이해와 신념으로 교정해가는 일이다. 그리고 마지막으로는 현대교회에 급증하고 있는 이원론적 귀신론의 한계를 넘어서 하나님 통치 관점에서의 통일된 세계관으로 귀신론을 조명해 나가야 할 과제인 것이다.

제2장
죄악을 조장하는 귀신들의 활동

원죄와 자범죄

원죄

인간에게는 누구나 영혼이 있으며 하나님을 알 수 있는 생래적(生來的)인 지각이 인간의 영혼 속에 내재(內在)하고 있다(롬 1:19-20). 그러므로 인간은 크리스천이든 불신자이든 간에 하나님이 계시다는 것을 안다. 그런데 이런 지각이 있음에도 불구하고 많은 이들이 하나님이 없다고 말하는 것은, 귀신들의 영향으로 인해 생긴 교만과 죄악 또는 무신론 등으로 인해 그들의 혼이 혼미해진 까닭에 하나님에 대한 영의 지각을 인식하지 못하기 때문이다(시 14:1; 롬 3:10-12). 그러나 그렇다고 해서 그들이 심판 날에 하나님을 몰랐다고 핑계치는 못하게 될 것이다.

이처럼 인간이 처음부터 하나님을 알았다는 것은 사실이지만, 그러나 마귀는 유혹을 역사하여 범죄하게 함으로 인간으로 하여금 하나님을 거슬려 "진리를 막는 사람들"(롬 1:18)이 되게 하였다. 이러한 불순종의 죄가 첫 사람에게뿐 아니라 모든 인류에게 전해졌다. 그러므로 인간에게는 이러한 유전된 죄의 성품, 즉 하나님의 뜻을 고의적으로 거역하는 의지가 있다. 이것이 바로 원죄(Original Sin)다.[56] 그리고 이러한 경향성은 두말

---

56 George Thomas Kurian (ed.), "Original Sin," *Nelson's Dictionary of Christianity* (Nashville, Tennessee: Thomas Nelson Pub., 2005), 516.

할 나위도 없이 애당초 하나님을 거역하고 불순종했던 타락한 천사인 사탄의 죄성이었다.

죄악으로 타락한 인간은 하나님께 감사하며 경외하는 대신, "하나님을 알되 하나님을 영화롭게도 아니하며 감사하지도 아니하고 오히려 그 생각이 허망하여지며 미련한 마음이 어두워졌나니"(롬 1:21)라는 말씀처럼 영혼이 어둠으로 가득 찼다. 더 나아가서 타락한 영혼은 우상 숭배의 죄악에 빠지게 되는데, 우상 중 첫 번째의 것은 바로 "사람"(롬 1:23)이다. 인간은 무엇이든지를 향해 예배하게끔 지어져 있는데, 만일 하나님을 예배하지 않는다면 사람 즉 자기 자신이라도 섬기게 된다. 이러한 모습이 바로 아담으로부터 이어 받은 부패성의 근원이다. 자기를 숭배하는 삶, 그것이 바로 원죄의 뿌리인 교만이다.

자범죄

우상 숭배의 결과가 부도덕으로 이어지는 것은 단지 백지장 하나의 차이일 뿐이다. 자기 자신을 섬기게 되면 심판에 대한 두려움도 없이, 자기 자신의 욕망과 뜻을 따라 살게 된다. 그리고 여기에서 자범죄(actual sins)의 많은 열매들이 자라나게 된다. 자범죄에 대한 사전적 의미는 "하나님께 대한 반항과 그분의 뜻을 고의적으로 무시하는 것"[57]이다. 이런 점에서 볼 때 로마서 1장 19절부터 23절까지가 인간의 원죄를 다루었다면, 24절부터 마지막 32절까지는 자범죄의 열매들을 다루었다고 할 수 있다.

다음은 로마서에서 사형에 해당한다고 하나님이 정하신(롬 1:32) 타락한 인간의 자범죄의 목록들이다; 불의, 추악, 탐욕, 악의가 가득함, 시기, 살인, 분쟁, 사기, 악독이 가득함, 수근수근함, 비방함, 하나님이 미워하시

---

57 Kurian, "Actual Sin," 6.

는 자, 능욕함, 교만함, 자랑함, 악을 도모함, 부모를 거역함, 우매함, 배약함, 무정함, 무자비함(롬 1:29-31).

성경의 또 다른 부분을 통하여 이러한 자범죄들의 목록을 좀 더 살펴보자. 예수께서는 사람의 마음에서 나와서 사람을 더럽게 하는 악한 생각은 다음과 같은 것들이 있다고 말씀하셨다; 음란, 도적질, 살인, 간음, 탐욕, 악독, 속임, 음탕, 흘기는 눈, 훼방, 교만, 광패(막 7:20-23). 그리고 사도 바울은 하나님의 나라를 유업으로 받지 못할 육체의 일들은 다음과 같다고 열거하였다; 음행, 더러운 것, 호색, 우상 숭배, 술수, 원수를 맺는 것, 분쟁, 시기, 분냄, 당 짓는 것, 분리함, 이단, 투기, 술 취함, 방탕함(갈 5:19-21).

가장 무서운 하나님의 심판은 이러한 죄악의 행위를 하나님이 '버려두시는'(롬 1:24,26,28) 일이다. 하나님의 가장 무서운 진노는 하나님이 불을 내려 진노하심이 아니라 내버려 두심으로 나타난다. 그들이 쾌락주의(롬 1:24)와 성적 악용(롬 1:26)에 빠져 계속적인 죄악의 길로 나아갈 때, 하나님은 마귀와 악한 영들을 심판하실 마지막 심판의 날까지 그들을 내버려 두신다.

> 하나님을 모르는 자들과 우리 주 예수의 복음에 복종하지 않는 자들에게 형벌을 내리시리니 이런 자들은 주의 얼굴과 그의 힘의 영광을 떠나 영원한 멸망의 형벌을 받으리로다(살후 1:8-9).

그러나 귀신들은 인간들이 죄를 합리화하고 조장시키도록 유인한다. 귀신들은 유혹, 의심, 죄책감, 두려움, 좌절, 질병, 시기, 자만, 비방, 그 외에도 가능한 모든 수단을 써서 크리스천들이 죄로부터 다시 돌이키지 못하도록 힘을 쓴다.[58] 유혹에 걸려 이러한 죄들을 회개치 않고 계속적으로

---

58 Wayne Grudem, *Systematic Theology* (Norton Street, Nottingham: Inter-Varsity Press, 2011), 415.

짓는 자들은 사형에 해당한다는 하나님의 정하심을 그들은 양심으로 이미 안다. 그러나 양심의 정죄를 받으면서도 죄악을 계속 행한다. 죄악 중에 가장 악한 죄악이 있으니, 그것은 자기들만 행할 뿐 아니라, 남을 죄짓도록 인도하고 충동하는 것이다.

> 그들이 이 같은 일을 행하는 자는 사형에 해당한다고 하나님께서 정하심을 알고도 자기들만 행할 뿐 아니라 또한 그런 일을 행하는 자들을 옳다 하느니라(롬 1:32).

마귀는 할 수만 있으면 한 사람이라도 더 죄악의 늪으로 빠져들게 만든다. 마귀는 이미 자기의 포로가 된 자들을 사용하여, 가장 그럴 듯한 이론과 달콤한 유혹으로 하나님이 지으신 고귀한 영혼들을 노략질한다. "도둑이 오는 것은 도둑질하고 죽이고 멸망시키려는 것뿐"(요 10:10)이라는 예수님의 말씀과도 같이, 마귀의 포로가 되어 있는 이들은 그 길이 멸망의 길이라는 것을 알고 있다. 그럼에도 불구하고 자신의 힘으로는 이미 어찌할 수 없어 그 길을 계속 달려갈 뿐이다. 누가 그들을 구원할 수 있을 것인가?

공로주의 구원관

초대교회

마귀는 인간이 구원 받는 길이 하나님을 의지하지 않고 인간 스스로의 능력에 의해서 가능하다고 미혹해 왔다. 이것은 마귀가 인류의 역사 앞에 펼쳐 놓은 최대의 속임수이고, 온 인류는 이 미혹과 궤계에 철저히 속아 왔다. 교회 역사상 오직 영적으로 깨어 있는 교회들만이 복음을 통하여 구원의 물줄기를 전달 받아 왔을 뿐이다.

하나님의 구원의 경륜은 사도들을 통하여 신약성경이 기록되던 초대교회에 힘 있게 계시되었다. 특히 하나님은 사도 바울을 사용하셔서 하나님께서 예비하신 복음적 구원의 길을 체계적으로 정리하게 하셨다. 그는 은혜의 의와 율법의 의를 서로 대조하였다. 그의 결론은 우리가 율법을 완전히 지키려 노력한다고 해서 구원받는 것이 아니라, 하나님의 은혜를 통해서 하나님을 기쁘시게 해 드리는 것, 즉 그분의 용서를 받아들임을 통해 값없이 의롭다함을 받는다는 것이다(롬 4-5장). 그리고 의롭다함 받은 자는 죄 사함 받은 감사와 기쁜 의욕 속에서 성령의 능력을 힘입어 율법의 요구를 이루는 행위의 삶을 살아가게 된다는 것이다(롬 8:1-4).

이처럼 진정한 구원은 하나님의 예비하신 구원을 믿음으로 받아들이는 '믿음 모티브'와 이러한 하나님의 은혜를 믿는 믿음에 근거해 영혼과 삶 속에 열매 맺는 '행위 모티브'의 양 차원을 함께 지닌다. 이러한 진정한 구원에 대한 예수 그리스도의 가르침은 사도 바울뿐 아니라 요한이나 야고보 그리고 베드로 등 다른 사도들을 통해서도 일관성 있게 가르쳐지고 있었다.

여태까지 교회사에 나타난 여러 구원론 논쟁의 배경 속에는 이 믿음 모티브와 행위 모티브 사이의 긴장 관계가 보인다. "이 양자의 대립이 바울과 어거스틴으로부터 중세를 거쳐 종교개혁 논쟁의 중심이었을 뿐 아니라 심지어 지금까지도 계속된다."[59] 이 중에서 전자가 너무 극단화될 때는 자유방임주의가, 후자가 너무 극단화될 때는 공로주의(功勞主義) 구원관의 오류가 나타난다.

미혹의 영의 속임수는 이 두 가지 극단 속에 함께 활동한다. 첫째는 자

---

59 William C. Placher, *A History of the Christian Theology* (Philadelphia: The Westmeinster Press, 1983), 15.

유방임주의다. 믿음으로 얻는 구원의 은총을 오해한 나머지, '행위는 아무래도 좋다'는 방종 의식을 갖게 하여 결국에는 범죄의 삶으로 이끌고 가려는 것이 귀신들의 술책인 것이다. 성경은 은혜 안에서 산다고 해서 죄 가운데 거하는 것은 절대 마땅치 않다고 단언한다(롬 6:1-2). 그럼에도 불구하고 현대교회 안에는 예수 그리스도의 죄 사함의 은총이 너무도 큰 나머지 신자들의 과거의 죄는 물론 앞으로 지을 죄까지도 다 용서를 받았다고 하는 왜곡된 구원론이 유행하고 있다.

그리고 이른바 '영원구원 보장설'이라고도 불리는 잘못된 교리가 소개되고 있는데, 그것은 과거의 어느 시점에 예수님을 구주로 영접했다면 그 구원은 영원토록 무효화 될 수 없다고 하는 내용이다. 그들이 자주 사용하는 대표적인 성구 중에는 요한복음 5장 24절이 있는데, 예수님을 영접한 자는 이미 '사망에서 생명으로' 옮겨졌기 때문에 그 정체성에는 변함이 없다는 것이다. 하지만 아무리 합리적인 이론을 앞세운다 하더라도 죄악을 합리화 하는 신념은 그 자체가 하나님의 은혜와 또 구원의 목적과는 대치되는 마귀적인 것이다. 왜냐하면 예수는 "자기 백성을 그들의 죄에서 구원할 자"(마 1:21)이시기 때문이다.

또 한 가지 미혹의 영의 속임수는 공로주의 구원관 속에도 나타난다. 분명히 하나님은 사도들을 통하여 아가페 모티브(agape motive)의 믿음으로 얻는 구원의 은총을 사도들을 통해 계시해 주셨다.[60] 그럼에도 불구하고 이 진리를 왜곡시키려는 마귀의 집요한 공격과 술책은 마침내 교회의 구원 신앙을 왜곡시켜 허물어 내리기 시작하였다. 그러면 장구한 교회의 역사 속에 어떻게 마귀의 활동이 암울한 구원관의 거대한 물줄기를 형성해왔는지 살펴보자.

---

60 Anders Nygren은 교회사를 관통하는 구원론의 세 가지 줄기로서 아가페(agape)와 에로스(Eros) 그리고 카리타스(Caritas)의 세 가지 모티브를 제시하였다; Anders Nygren, *Agape & Eros*, tr. Philip S. Watson (Chicago: The University of Chicago Press, 1953)

고대 및 중세교회

거짓된 구원론을 조장하는 마귀의 역사는 교회의 역사 안에 일찌감치 개입되었다. 그리고 기독교 사상사의 흐름 속에 공로주의 구원관의 큰 줄기를 형성해 놓았다. '공로주의 구원관'이란 구원을 이루기 위하여 무언가 인간 차원에서의 공로나 수단이나 선행 등의 노력 등을 힘쓰는 동기를 말한다. 이에 반하는 구원관은 '복음적 구원관'이라고 할 수 있는데, 이것은 하나님께서 예수 그리스도 안에서 이루신 공로를 값없이 적용하여 죄인이 의롭다 여김 받아 구원을 얻게 되는 것을 말한다.

공로주의 구원관의 원초적 발단은 사탄이 자신의 교만으로 인해 타락하여 하나님을 불순종하던 때에 기인한다. 이 사탄 즉 마귀는 에덴동산에서 이러한 경향성을 아담과 하와에게 주입시켜서, 그들로 하여금 스스로의 힘에 의해 눈이 밝아져 하나님처럼 되어보겠다는 공로주의를 형성하게 하였다(창 3:5). 그리고 더 나아가서 마귀의 전략은 아담의 후손들을 유전된 원죄의 부패성에 머물게 하는 것이었다. 이렇게 죄악에 오염된 인간의 역사 속에 공로주의 구원관을 형성시키는 것은 마귀에게는 어려운 일이 아니었고 또 이미 타락한 인간의 부패성에도 잘 어울리는 것이었다.

제2세기 사도교부(Apostolic Father)의 시대를 맞이한 기독교회는 주위에 산재해 있는 이교(異敎) 신앙을 조종하고 있는 미혹된 영의 여러 신념과 철학들에 마주하게 된다. 플라토(Plato) 철학의 신비주의, 유대교의 율법주의, 스토아 철학의 도덕주의, 영지주의의 이원론적 금욕주의 등으로 인해 공로주의적인 구원관의 영향을 강하게 받게 되었다. 그러자 이미 이 시대의 교회에서는 바울의 이신칭의(Justification by Faith) 교리를 거의 찾아볼 수 없게 되었으며, 그리스도의 은혜는 종종 새 율법(nova lex)으로 간주되었다.[61] 그리고 자선, 금식 그리고 선행(善行) 등이 구원의 문

---

61 배본철, 「세계교회사: 성령, 일치, 선교」 (서울: 도서출판영성네트워크, 2009), 91.

제와 관련되어 중시되고 있었다.

　이러한 공로주의 구원관이 교회 내에 가르쳐지고 또 믿어지게 된 데에는 얼마 후 터툴리안(Tertullian)의 영향을 간과할 수 없다. 그는 세례 후의 범죄는 값을 치러야만 한다는 공적의 신학(theology of merit)을 많이 말했다. 그러나 터툴리안 뿐만 아니라 고대교회의 교부들은 일반적으로 이러한 노선에 서 있었다. 이렇게 하여 고대교회의 구원론은 급속히 공로주의로 전락하게 되었다.

　내리막길로 치달아가던 고대교회의 왜곡된 구원론의 흐름에 한 줄기 밝은 빛줄기를 선사한 인물은 힙포의 어거스틴(Augustine of Hippo)이었다. 그에게서 볼 수 있던 '믿음 모티브' 구원관은, 비록 성경적인 구원관에 근접했을지라도, 서방교회의 전통에서 볼 때는 매우 특이하게 취급될 수 있었다. 터툴리안이나 키프리안(Cyprian) 그리고 암브로스(Ambrose) 등 종래 서방신학자들의 공로주의적 구원관과는 달리, 어거스틴은 하나님의 주권과 예정사상을 개입한 믿음 모티브 경향성을 발전시켰던 것이다.

　어거스틴은 공로적 구원론의 허상을 깨뜨리고 성경적 구원론의 중요한 일면을 찾아내는 데 성공했다. 그것은 인간의 노력의 결과가 아니라 하나님의 절대 주권적인 은혜에 의해서만 구원을 받을 수 있다는 점을 그의 구원론에 부각시킨 것이다.

　그 후 어거스틴주의(Augustinianism)는 펠라기안주의자들(Pelagians)과의 논쟁에서는 비록 승리를 하였지만, 그러나 그레고리(Gregory) 1세 교황 이후 서방 가톨릭교회는 다시금 옛 전통을 따라 중세교회에 이르기까지 어거스틴주의 구원론을 따르지 않고 공로주의 구원관에 가까운 반(半)펠라기안주의(Semi-Pelagianism)의 노선을 줄곧 따랐다.[62] 그러자 미

62　배본철,「세계교회사: 성령, 일치, 선교」, 159-60.

혹된 신념의 세계를 박차고 빛을 발하던 어거스틴의 구원론은 오래지 않아 중세교회 속에서 그 면목을 상실하게 되었고, 종교개혁자들에 의해 어거스틴의 사상이 다시 후광을 받기까지는 구원론의 주류에서 멀리 밀려나 있게 되었다.

공로주의 구원론의 종합적 체계화는 13세기 중세교회의 대표적 신학자인 토마스 아퀴나스(Thomas Aquinas)를 통해서 나타난다. 그는 인간의 구원은 하나님의 은혜에 의해서 믿음, 소망, 사랑의 덕을 실천할 수 있는 것에서 이루어진다고 보았다. 은혜에 대한 아퀴나스의 해석은, 은혜가 주입됨으로써 인간의 본성은 회복될 수 있는 것이라고 하였다.[63] 의롭게 되어가는 것은 인간의 점차적 회복의 과정이며, 인간은 자기의 구원에 필요한 분량보다 더 많은 공적을 쌓을 수 있다고 보았다.

이처럼 고대교회와 중세교회는 구원론에 있어서 사실상 공로주의를 하나님의 은혜를 믿는 믿음보다 더욱 중시했다. 교회의 구원 신앙을 파선시키는 일은 마귀에게 있어서 가장 중대한 일이었으며, 이 일의 성사를 꾀하기 위해 마귀는 온갖 이교 신앙의 영향, 세속화의 경향성, 일반 군중들의 심리, 교회의 제국주의화 등 여러 가지 방책을 활용해 왔다. 이렇게 해서 마귀적인 공로주의 구원관의 어두운 역사는 교회사의 초기부터 중세교회를 질식해 들어가게 되었다.

종교개혁

종교개혁의 삼대 원리라고도 불리는 오직 성경(Sola Scriptura), 오직 은혜(Sola Gratia) 그리고 오직 믿음(Sola Fide)의 불타는 정신으로 시

---

63 Thomas Aquinas, "Whether a man can will or do good without grace," *Aquinas: On Nature and Grace*, ed. A. M. Fairweather (Philadelphia: The Westminster Press, 1965), 140-41.

작된 종교개혁은 천수백년 간 공로주의 구원관으로 교회의 목을 졸라온 마귀의 쇠사슬을 풀어내기 시작한 위대한 성령의 역사였다. 중세교회의 공로주의 구원관에 대한 반동(反動)으로서 종교개혁시대의 개신교도(Protestant)들은 어거스틴의 강조점을 따라 구원론의 믿음 모티브에 새로운 강조점을 두었다. 즉 믿음으로 의롭다함을 얻는다는 교리에 초점을 맞추고 구원론을 편 것이다.

종교개혁자 마틴 루터(Martin Luther)는 인간이 제 아무리 행위나 공적을 쌓는다 할지라도 자기의 구원을 위해 아무런 여분(餘分)이나 전가될 만한 것도 없다는 결론에 도달했다. 왜냐하면 누구 하나도 충분한 은총을 얻을 수도, 충분한 공적(功績)을 세울 수도 없고 또한 충분한 금욕을 실행할 수도 없기 때문이라는 것이다.[64] 그러므로 구원받는 자는 그 공적에 의해 선택되는 것이 아니라, 성부 하나님의 매개자(媒介者)인 그리스도의 은총에 의해 선택된다. 즉 값없이 주어지는 은혜에 의해 그들의 의(義)를 인정받게 된다는 것이다.

이러한 루터의 신념을 뒷받침한 것은 우선 성경 자체의 진술이었고 그 다음에는 고대교회 어거스틴의 가르침이었다. 이러한 믿음 모티브의 구원론을 존 칼빈(John Calvin)도 열렬히 지지했다. 그런데 묘한 대조가 이들 종교개혁의 대표자들 사이에 나타났다. 그것은 구약 율법에 대한 태도가 루터의 경우에는 '오직 믿음'에 의해 파생될 수 있는 율법의 정죄적 사용 쪽에 강세를 두었다면, 칼빈은 율법의 용도를 구원 이전과 이후 신자의 삶에 있어서 매우 중요한 것으로 강조하였다는 점이다.[65] 이런 점에 있어서 본다면 칼빈의 구원론에는 행위 모티브가 루터보다는 더 많이 내재되어 있다고 말할 수 있을 것이다.

---

64 배본철, 「세계교회사: 성령, 일치, 선교」, 275.
65 John Calvin, *Institutes of the Christian Religions*, John T. McNeill (ed.) (Spring Arbor Distributors, n. d.), II:7:12.

루터의 칭의론이 곧 행위무용론의 위험을 야기시켰기 때문에, 루터 교회 내에서는 믿음과 행위 중 어느 편을 더 강조할 것인가에 대한 논쟁이 곧 발생하게 되었다. 루터의 에라스무스(Erasmus)와의 자유의지론 논쟁은 그 가장 대표적인 경우이며, 이 점에 있어서 루터는 필립 멜랑히톤(Philip Melanchthon)과도 입장의 차이를 보였다.[66]

한편 칼빈주의자들도 역시 알미니우스(Arminius)와 같은 자유의지의 옹호자를 만나 칼빈주의 예정론과 구원론에 큰 도전을 받게 된다. 이러한 알미니우스의 노선은 극단적인 믿음 모티브에 대한 행위 모티브의 반동현상으로 이해할 수 있다.[67] 그러나 알미니안주의(Arminianism)의 구원론은 인간의 선행(善行)이나 공적에 의한 구원의 가능성을 명백히 정죄하고 있다. 전적으로 하나님의 은혜에 의해서만 구원은 가능하다고 보는 것이다.

알미니우스는 말하기를, "하나님의 은혜에 힘입지 않고는 인간의 자유의지가 어떠한 진리나 선행을 시작할 수도 없고 또 완성할 수도 없다"[68]고 강조하였다. 그리고 이 은혜를 받는 방법에 있어서 개개인의 자유의지와 선택의 책임이 요구되는데, 이러한 우리들의 모든 태도와 처지를 아시는 하나님께서는 바로 이를 근거로 해서 구원 받을 자와 멸망 받을 자를 예정하시는 것이다. 그러므로 구원에 대한 책임은 언제나 인간에

---

66 니이브(J. L. Neve)는 멜랑히톤의 1521년 *Loci Communes Rerum Theologicarum*이나 1531년의 아우그스부르크 신앙고백에서는 아직 멜랑히톤의 신인 협동의 개념이 체계화 되지 못하고 있었으나, *Loci* 1535년 판에서는 인간 의지에 관해서 루터와의 견해 차이가 나타난다고 보았다. J. L. Neve,「기독교 교리사」(서울: 대한기독교서회, 1990), 394-96.

67 여기서 알미니우스의 노선을 고대교회 펠라기우스의 공로주의 구원관과 동질의 것으로 오해해서는 안 된다. 펠라기안주의(Pelagianism)는 구원에 있어서 하나님의 절대 주권을 부인하고, 그 대신 인간의 자유의지의 선택은 물론 행위와 공적이 필요하다고 보았다. 이 점에서 볼 때 펠라기안주의는 극단화된 행위 모티브가 결국엔 공로주의 구원관으로 왜곡된 전형을 보여주는데, 이러한 성격은 어거스틴주의(Augustinianism)와 전적으로 대치될 뿐만 아니라 또한 성경에서 말하는 진정한 구원의 정신으로부터도 멀리 빗나간 것이었다.

68 Arminius, "A Letter Addressed to Hippolytus A Collibus," *The Works of James Arminius* (Kansas City, Missouri: Beacon Hill Press of Kansas City, 1986), 2:700-701.

게 있게 된다는 것이다. 이러한 알미니안주의는 전적인 믿음 모티브에 근거하면서도 이 모티브 속에 행위 모티브를 적극 포함시킨 것으로 이해할 수 있다.

한편, 가톨릭교회에서는 종교개혁에 반대하는 반종교개혁(Counter-Reformation) 운동이 일어나 트렌트(Trent) 회의를 통하여 가톨릭의 신앙을 확고히 하였다. 그래서 개신교에서는 자연인이 죄로 인해 자유를 잃어버렸다고 보지만, 가톨릭에서는 단지 약화된 것으로 해석하였다. 그리고 개신교에서는 죄를 하나님으로부터의 분리를 가져오는 불신앙으로 보지만, 가톨릭에서는 죄를 하나님의 율법을 위배한 행위로 본다. 신자의 구원 문제에 있어서, 칭의(稱義)란 단지 믿음만이 아니라 믿음과 함께 소망과 사랑이 있어야 한다. 이와 같이 가톨릭교회에서는 현재까지 율법적인 죄관(罪觀)과 함께 공로주의 구원관의 성격을 강하게 지니고 있다.

근세교회 이후

17세기 청교도들은 진정한 칼빈의 후예라고 할 수 있을 정도로 칼빈주의를 따르고 또 이를 발전시켰다. 청교도들은 칼빈이 수립한 구원론적 토대 위에 확신(確信)의 교리를 부가하여 더욱 정교하며 합리적인 신념의 근거를 제시하였다. 즉 그들은 참으로 중생한 자들에게는 어떤 증거가 주어진다고 믿었다.[69] 크리스천은 우선 자기가 은혜 가운데 있는지 자신의 체험을 통해서 분명히 알아야 할 것이고, 외부적으로는 이에 따른 도덕적 삶의 열매를 맺어야 한다. 이처럼 만일 칭의가 성화를 낳게 만드는 것이라면, 반대로 성화는 칭의의 증거가 되는 것이다.

---

69 J. I. Packer, *A Quest for Godliness* (Wheaton, Illinois: Crossway Books, 1990), 180.

그들은 때로 이 확신을 믿음의 열매로 때로는 믿음의 특성으로 말하기도 하였다. 이러한 청교도들의 구원론은 분명 루터나 칼빈의 복음적 구원관에 근거하면서도, 성화의 삶과 도덕적 열매를 구원론에 직결시킨 점은 믿음 모티브 속에 행위 모티브를 수용한 셈이 된다.

이러한 수용적 경향성은 18세기의 존 웨슬리(John Wesley)에게서 더욱 드러나 보인다. 그의 구원론 속에 크리스천의 완전(Christian Perfection)이라는 도약점이 보이는 것은 청교도들의 구원의 확신 교리와 직결된 것으로 보아야 한다.[70] 다시 말해서 웨슬리는 자유의지론에 있어서는 알미니우스의 견해를 따랐지만, 확신의 교리에 있어서는 청교도적 전통에 서 있다는 점이다.

칼빈주의와의 논쟁으로 인하여, 오직 믿음에 의한 칭의(稱義)와 선행의 필요성에 대한 웨슬리의 동시적인 강조는 가벼운 신인협동설(Synergism)의 방향을 피할 수가 없었다. 그러나 그의 이러한 신학적 사고의 변증은 그로 하여금 바울과 야고보를 서로 적절한 위치에 배열하면서, 오직 믿음에 의한 칭의론과 이로 인해 필연적으로 발생하는 선행의 중요성을 똑같은 강도로 주장할 수 있게 하였다.

19세기의 찰스 피니(Charles Finney)도 비록 개혁주의 신학의 체계위에 서 있던 사람이지만, 그는 오벌린 완전주의(Oberlin Perfectionism)의 선구자로서[71] 참 신자에게 나타나야만 할 변화된 윤리적 삶에 강조점을 두었다. 그래서 그리스도의 구속 사역은 신자들에게 성화된 삶의 능력을 부여하는 것으로 가르쳤다. 성결이란 우리의 모든 힘과 관심을 그리스도

---

70 배본철,「개신교 성령론의 역사」(안양: 성결대학교출판부, 2003), 59-60.
71 Charles Finney는 특별한 영적 체험을 거친 후, 두 번째 축복을 체험하는 일이 이 세상에서 가능하다고 가르치기 시작했다. 이렇게 해서 그와 그의 오벌린 대학(Oberlin College) 동료들은 이른바 '오벌린 완전주의'(Oberlin Perfectionism)라고 불리는 가르침을 전하기 시작했다. 오벌린 완전주의에 대한 자세한 소개를 위해서는 Timothy Smith, "The Doctrine of the Sanctifying Spirit: Charles Finney's Synthesis of Wesleyan and Covenant Theology", *Wesleyan Theological Journal* (Spring, 1974), 92-113을 참조하라.

께 헌신하고, 자유의지와 믿음을 활용하여 성화된 삶을 살아가는 능력으로 이해하였다.

이러한 피니의 사상은 분명 구파 장로교회의 전통적 노선에서는 거북스러운 것으로서, 19세기 미국적 상황 속에서의 변화된 요청에 부응하기 위한 개혁파 구원론의 새로운 해석학적 시도로 보인다. 개혁주의 구원론의 적극적인 면을 더욱 강조한 피니의 사상은 신자의 성결의 단계를 강조한 19세기 후반의 '더 높은 삶'(the Higher Life) 운동과 케직(Keswick) 운동에 큰 영향을 미쳤다.

복음적 구원관

원래 신약성경에 나타난 사도들의 구원관은 성화와 행위의 모티브를 간과하지 않으면서도 믿음 모티브를 강조하는 양 차원을 함께 지닌 것이었다. 그러나 이러한 복음적 구원관의 믿음과 행위의 모티브는 한 세기가 지나기도 전에 행위 모티브를 극단적으로 강조한 공로주의 구원관으로 전향해 간다. 이렇게 된 데에는 전술한 바와 같이 교회가 마귀적인 궤계에 미혹된 결과였고, 그 구체적인 영향이 영지주의와 스토아주의와 유대교 등의 공로주의적 구원관이었다.

그래서 교회는 온갖 선행과 공적 그리고 참회의식들을 도입하게 되었으며, 마침내 매우 어두운 관념의 죄론과 구원론을 형성하게 되었다. 그리고 잠시 후 어거스틴의 예정론과 하나님 주권의 구원관은 다시금 복음적 믿음 모티브를 회복하는 듯하더니, 여전히 중세 가톨릭교회는 공로주의 구원관에 강세를 두었다.

이런 점에서 종교개혁은 폭발적으로 일어난 복음적 구원관에 있어서의 믿음 모티브의 회복이라고 할 수 있겠다. 아쉬운 점은 루터의 구원론에 복음적 구원관의 양 차원 중의 하나인 행위 모티브가 칼빈에 비해 상대적으로 약하다는 점이다. 물론 가톨릭교회의 공로주의 구원관에 반격하기 위해 전력을 기울인 그의 가르침이 자연히 믿음 모티브에 강세를 띨 수밖에 없었다고 하는 것은 이해할 만하다. 이런 이유로 인해 루터는 자신의 칭의 중심의 구원론을 로마서 6-8장에 나타난 바울의 성화론에 이르기까지 확장시키기는 힘들었을 것이다.

그러므로 진정한 복음적 구원관은 믿음 모티브가 행위 모티브를 품고 있는 것이어야 한다. 그것은 믿음 위에 행위를 첨가해야 구원에 이른다는 말이 아니라, 믿음으로 하여금 진정한 은혜의 상태 즉 행위를 열매 맺는 믿음이 되도록 해야 한다는 점이다. 이러한 구원관이 바로 하나님께서 사도들을 통해 계시하신 복음적 구원관이다.

그러나 마귀는 이러한 구원관을 왜곡시키고 혼탁하게 하려고 모든 수단과 방법을 다해 온 힘을 쏟고 있다. 이러한 마귀의 가공할만한 힘의 영향력은 교회의 역사 속에서 이미 확인할 수 있다. 그러나 놀랍게도 종교개혁을 통해 복음적 구원론을 향한 새로운 빛줄기가 공로주의 구원론의 어둠을 뚫고 비추기 시작했다.

복음적 구원의 신앙이 고백되는 진정한 하나님의 나라는 계속 확장되어가야 한다. 세계 도처의 여러 종교들과 문화 속에 깊숙이 내재된 공로주의 구원관을 들추어내어 복음적 구원관으로 이끄는 일, 그것이 바로 미혹된 구원 신앙으로부터 세계를 구출하는 일이다. 그리고 복음의 능력을 경험하지 못하고 있는 교회들을 깨워 믿음 모티브와 행위 모티브가 적절히 조화를 이룬 복음적 구원관으로 무장시키는 일, 그것이 바로 귀신들의 영향으로부터 온전히 승리하는 강건한 크리스천과 교회를 일으키는 일이다.

미신적 전승

가톨릭교회의 전승

귀신들의 활동은 여러 가지 미신적(迷信的) 사상이나 관습 그리고 의식 등을 교회 내에 퍼뜨려왔다. 이러한 활동의 목표는 여러 가지 미신적 행위와 신념들을 통해 복음을 흩트리며 교회의 올바른 경건생활을 왜곡시키기 위해서다. 이러한 미신들이 교회 내에 스며들 수 있도록 문을 열어준 것은 가톨릭교회의 전승(傳承)의 문제를 거론하지 않을 수 없다. 구원을 향한 신앙이 하나님의 말씀인 성경의 계시에 의존하기보다는 인간들이 만든 전통에 의존하도록 하는 것은 마귀의 고등 책략 중의 하나임에 틀림없다.

가톨릭교회에서는 전통적으로 그들 신념의 기반을 성서(Biblia Sacra)와 성전(聖傳; Traditio Sacra)에 두고 있다는 것은 이미 잘 알려진 사실이다. 트렌트 공의회(Council of Trent)에서는 개신교의 '오직 성경'(Sola Scriptura)의 원리에 반박하였다. 처음 트렌트 회기 때 '이 진리는 부분적으로는 기록된 책들 속에 그리고 또 부분적으로는 전통들 속에 담겨져 있다'고 작성하였다. 그런데 회의 진행 중 이 작성된 문구에 대한 문제점이 지적되었다. 그러자 제4차 회기 때에는 '부분적으로'(partly)라는 두 단어가 삭제된다. 그래서 '이 진리는 기록된 책들과 전통들 속에 담겨져 있다'고 단순화시켰다.[72]

가톨릭교회에서는 복음이 성경뿐 아니라 전통을 통해서도 전해진다고 주장하는 이유로서 다음 두 가지를 들었다; 첫째, 복음을 전달함에 있어서 성서적 자료가 불충분하다. 둘째, 성전(Traditio Sacra)이 비록 기록된 것

72　Josef R. Geiselmann, "Scripture and Tradition in Catholic Theology," *Theology Digest* 6 (1958): 73-8.

은 아니지만 근본적으로 성서와 유사하며, 성서적 자료의 불충분성을 보완(補完)한다.

이것은 곧 가톨릭교회의 성서와 전승 사이의 관계를 규정짓는 설명이다. 그 내용으로서 우선 구약의 외경은 전통적인 성서와 같은 권위를 지닌다고 하였다. 또한 전승도 성서와 같은 권위를 지닌다고 했다. 그리고 진정한 성서 번역은 오직 벌게이트(Vulgate) 역만을 승인한다.

무엇보다 거룩한 어머니 교회(Mother Church)만이 성서를 해석할 수 있는 권위를 지닌다고 한다. 그 결과 모든 교직자들은 거룩하며 보편적이며 사도적인 가톨릭교회가 모든 교회의 어머니이며 여왕임을 인정한다. 따라서 예수 그리스도의 대리자이며 사도들의 왕자인 성 베드로의 후계자인 로마 감독에게 진정한 복종을 바칠 것을 맹세하지 않으면 안 되도록 법제화하였다.

이러한 전승 중심의 가톨릭 신앙은 필연적으로 귀신들이 활동하기 좋은 둥지로 변하고 말았다. 귀신들은 얼마든지 세속적 사상들과 이교적 신념들을 유행시켜 교회의 전승에 편입시켜 나갈 수 있었다. 아무리 성경적인 근거가 없는 사안이라 할지라도, 많은 이들이 지지하고 또 성직자단에서 동의하면 교황은 또 하나의 전승으로 교회 앞에 발표를 해 왔다. 그래서 교회는 '교황무오설'(敎皇無誤說)에 따라 그 전승을 지켜야 하는 것이다. 이렇게 해서 만들어진 수많은 전승들은 가톨릭교회가 존속하는 한 무효화 될 수 없다. 이로써 마귀는 하나님의 자녀들에 맞선 영적 전쟁에 있어서 매우 유리한 고지를 이미 확보했다.

그러므로 가톨릭교회의 구원관은 개신교에 비해 공로주의적 성격이 강하다. 개신교에서는 자연인이 죄로 인해 자유를 잃어버렸다고 보지만, 가톨릭에서는 단지 약화(弱化)된 것으로 해석하였다. 개신교에서는 죄를 하나님으로부터의 분리를 가져오는 '불신앙'으로 보지만, 가톨릭에서는 죄를 하나님의 율법을 위배한 행위로 본다. 이와 같이 가톨릭에서는 율법적인 죄관(罪觀)을 지니고 있다. 신자의 구원 문제에 있어서, 칭의(稱義)란 단지 믿음만이 아니라, 믿음과 함께 소망과 사랑이 있어야 한다고 가르친다.

성례전은 '그 자체의 힘으로부터'(ex opere operato) 그것에 저항하지 않는 사람에게 효력을 미친다.[73] 즉 성례를 받는 자의 주관적 상태는 별로 개의치 않는다. 그래서 그리스도의 몸은 아무런 효험 없이도 주어지며, 성별(聖別)된 떡은 숭배의 대상이 된다. 일반 신도들에게 포도주를 금하는 까닭은, 모든 떡 조각 가운데는 그리스도의 실체가 임재하는 것으로 보기 때문이다. 따라서 떡을 떼는 것만으로도 충분한 성만찬이 이루어진다고 하는 이론에 의해서 정당화되었다. 그러므로 개신교에서처럼 단지 성례전이 신앙을 돋우는 힘만을 지니고 있는 것이 아니라, '성례전 없이는 구원이 없다.'

성전(聖傳) 곧 전승(傳承)에 대한 설명은 1962년의 제2차 바티칸(Vatican) 공의회 때 더욱 확실히 명문화되었다. 이 공의회 결정사항 중 계시헌장(啓示憲章) 제2장은 '하느님 계시의 전달'에 대한 내용이다. 여기에 보면 트렌트(Trent) 공의회 때의 결정을 따르면서도 좀 더 구체적으로 설명하였다;

> 성전과 신구약성경은 마치 거울과 같은 것으로서, 지상을 순례하는 교회는 하느님을 계신 그대로 얼굴을 대면하여 뵈올 때까지(요한 I, 3:2) 그 거울에서 하느님을 관상(觀相)하며 모든 것을 받는다(V.7)..... 사도들로부터 받은 이 성전은 성신의 도우심으로 교회 안에서 발전한다..... 이 성전으로 말미암아 교회의 성경전서를 식별하며, 성경 자체가 성전 안에서 한층 더 깊이 인식되고 끊임없이 생활력을 갖는다

---

73 Joseph Pohle, *The Sacraments: A Dogmatic Treatise*, ed. Arthur Preuss (St. Louis: B. Herder, 1942), 1:73.

(V.8)..... 성경은 성신의 영감을 받아 기록된 하느님의 말씀이며, 성전은 주 그리스도와 성신께서 사도들에게 위탁하신 하느님의 말씀이다(V.9).[74]

그렇다면 전승에 대한 가톨릭의 주장은 다음과 같아질 수 있다; 즉 성경은 넓은 의미에서의 전승 안에 포함되어 있고, 좁은 의미에서의 전승은 성경에 의해서 그 정통성을 보장받는다. 총체적으로 본다면, 인간 구원에 관한 모든 진리는 '전승 안에서 이해된 성경'에 근거를 두고 있다. 이러한 주장은 필경 전승 안에서 계속 발전되어온 교의(敎義)들을 통해서 이와 관계된 성경의 내용을 해석할 수 있다는 뜻이다.

교회론에 관한 '이방인들의 빛'(Lumen Gentium) 문서의 제8장에 '그리스도의 신비와 성 교회에서 본 하나님의 성모 복자 성 처녀 마리아의 역할'로 표제가 붙여진 문서는 성경을 중시하는 기독교인들이 함께 동의할 수 없는 내용들이 담겨 있으며,[75] 신적인 계시에 관한 교리적 헌장인 '하나님의 말씀'(Dei Verbum)에 보면 전승이 여전히 지나칠 정도로 큰 비중을 차지하고 있는 실정이다.[76]

이 공의회가 전승 위에 성서를 전례로 삼기는 하지만, 그 성서는 반드시 전승과 권위 기관에 의하여 설명된 것을 통하여 비추는 바의 교리에 의하여 해석되어지는 것이어야만 한다는 원칙을 세우고 있다. 그러나 전승이 비록 처음에는 성서와 동등한 입장에 서 있다고 해도 결코 거기서 끝나지 않는다. 그 다음 단계는 전승이 오히려 성서 위에 올라서게 된다.

웨인 그루뎀(Wayne Grudem)은 교회가 언제든지 성경의 충족성을 인정하지 않게 되면 다음과 같은 두 가지 오류에 빠지게 된다고 지적하였

---

74 「제2차 바티칸공의회 문헌」,〈계시헌장〉 2:7-9, 성 베네딕또 수도원 역 (서울: 한국천주교중앙협의회, 1981), 154-6.
75 「제2차 바티칸공의회 문헌」,〈교회에 관한 교의 헌장〉, 116-26.
76 「제2차 바티칸공의회 문헌」,〈계시헌장〉, 151-65.

다; 첫째, 성경 자체의 가르침을 경시하게 된다. 둘째, 성경에 반대되는 무언가를 가르치기 시작하게 된다. 이것은 교회가 언제나 경계해야 할 위험 요소다.[77] 그래서 이론적으로는 성서와 성전을 두 개의 권위의 기둥으로 인정한다고 하지만, 실제에 있어서는 성서 자체가 성전 안에 포함되어질 수밖에 없다는 것을 교회는 역사를 통해서 경험하게 된다. 그러므로 그 이후로부터 지금까지 로마 가톨릭은 그와 같은 짐을 계속 떠맡아 왔다.

미신적 신념

가톨릭교회에서는 오랜 시간을 흘러오면서 여러 가지 비성경적인 전승들을 많이 만들어 왔다. 미신적인 이방종교의 관념이나 의식들이 구원을 위해 필요한 중재물로 소위 성전(聖傳)이라는 미명하에 교회에서 환영을 받게 되었다. 교회는 이 때문에 성자(聖者) 숭배, 천사 숭배, 연옥설(煉獄說), 유골과 유물 숭배, 성당 숭배, 성화(聖畵) 숭배, 성지순례, 마리아 숭배, 죽은 자를 위한 기도, 그리고 극단적인 성직자 구분 의식 등 비성경적인 사고(思考)와 관습들이 왕성하게 유행하게 되었다. 이러한 미신적인 의식들과 관념은 귀신들이 부정적인 신념의 틀을 확산시키기에 매우 좋은 터전을 이루어준다.

이 중에서도 연옥설은 현재까지도 가톨릭교인들의 구원의 신앙을 두렵게 하며 천국에 대한 소망을 어둡게 하는 가장 대표적인 미신적 산물이다. 연옥설은 교회 내에서 중(重)한 죄(mortal sin)와 경(輕)한 죄(venial sin)를 구별해 나감에 따라 더욱 체계화 되어가기 시작했다.[78] 중한 죄란 성령 훼방, 배교(背敎), 우상 숭배, 살인 등의, 영혼을 죽여 지옥에 이르게

---

77 Wayne Grudem, *Systematic Theology* (Norton Street, Nottingham: Inter-Varsity Press, 2011), 132.
78 배본철, "Catholic 연옥설의 형성 요인에 대한 연구," 〈성결대학교 교수논문집〉 (1991): 248.

하는 죄를 말하며, 또한 경한 죄란 하나님이나 교회의 법에 의해서 용서받을 수 있는 작은 과오(過誤)들이라고 말한다. 이와 같은 관념은 죄에 대한 깊은 인식을 지니고 있던 제2세기 교회에 이미 팽배해 있었으며, 특히 중세교회의 토마스 아퀴나스에 의해 더욱 체계화되었다.

물론 경한 죄 때문에 영원한 지옥의 형벌을 받는 것은 아니지만, 거룩하신 하나님은 어떠한 악이라도 차마 보시지 못하기 때문에, 인간은 천국에 이르기 전에 반드시 그 영혼이 순결해져야만 한다. 그러므로 경한 죄들의 정화(淨化)를 위해서, 그리고 영혼의 순화(純化)를 위해서 일시적인 연옥은 필연적으로 존재해야 한다는 것이다.

허버맨(Herbermann)은 이 신념이 보편된 인간성 안에 깊이 뿌리 박혀 있는 것이므로, 유대인들이 이를 받아들였고, 또 기독교가 생기기 훨씬 전에도 이미 이방인들에 의해서도 은연중에 받아들여진 것이라고 연옥설을 변호하였다.[79] 결국 성경에도 없는 연옥 사상을 가톨릭에서는 사람들에 의해 중시되던 전승을 따라 필수적인 교회의 교리로 만들어 왔다. 그 결과 수많은 교인들이 이러한 허구적 신념에 매여 올바른 성경적 구원의 소망을 갖지 못하게 되었다.

전승을 신앙의 표준(regula fidei)으로 지키는 문제는 성경 자체의 증언에서도 명백히 거부되고 있다. 예수께서는 바리새인과 서기관들이 하나님의 계명보다는 사람의 유전(遺傳)을 지킨다는 점을 지적하시면서 여러 차례 꾸짖으셨다(마 15:3-9; 막 7:8-13). 그 유대인들이 성경을 떠난 이유는 여러 회의들의 결정과 전승을 신앙의 안내자 격으로 받아들였기 때문이다.

가톨릭교회도 역시 같은 실수를 범해 왔다. 그들 역시 전승을 따라가기 위해서 성경의 진리를 타협해 왔다. 예수 당시에 바리새인들이 사람

---

79 Charles Herbermann, "Purgatory," *The Catholic Encyclopedia* (New York: The Universal Knowledge Foudation, Inc., 1913): 7:576.

의 교훈을 따르면서 하나님의 계명에 복종치 않은 것은, 오늘날 가톨릭이 '성경 자체의 증언'에 착념하기 보다는 실제로 전승에 더 많은 자리를 내어주고 있는 형편과 다를 바 없다.

현대에도 귀신들은 여러 가지 미신적 신념과 의식들을 통해 올바른 신앙의 길을 왜곡시킨다. 예를 들어, 수 세기 동안 가톨릭교회의 지배를 받아 왔던 지역들에서는 가톨릭 신앙이 그들의 토속신앙과 여러 가지 불건전한 미신들과 혼합되어 문화화 되어 있는 모습들을 볼 수 있다. 예를 들어, 중남미의 국가들은 대부분 가톨릭 국가이긴 하지만, 거의가 이름뿐인 가톨릭교도들이고 복음의 능력은 이들 가운데 미미하기 이를 데 없다. 오래된 가톨릭 문화에 토속 종교와 정령 신앙 등이 섞여서 매우 혼탁한 영성이 지역 전역에 흐르고 있다.[80]

1534년 이그나시우스 로욜라(Ignatius Loyola)에 의해 설립된 예수회(Jesuit)의 정신과 활동은 이러한 혼합주의를 부추기는 데 한 몫을 했다. 이 선교회는 대개의 경우 기독교와 각지의 풍습을 결부시킨 혼합주의적 방법을 서슴지 않았다. 인도에서는 힌두교의 성전(聖典) 베다에도 기독교 정신이 깃들어 있다고 했으며, 일본에서는 기독교 의식이 일본의 사자(死者) 숭배 의식과 비슷하다는 것을 강조하여 수천 명의 개종자를 획득했다. 중국에서는 개종자들이 조상 숭배를 계속하는 것을 허용했다. 그들은 미신적인 사상, 혼합된 사고로 변질된 신념 등 이상한 혼합주의(混合主義)로 인해 가톨릭 내부에서조차 많은 비난을 받게 되었다.

---

80 배본철, 「다스리심」 (서울: 도서출판영성네트워크, 2009), 147.

아프리카의 혼합 신앙

미신적 신앙으로 인한 폐해는 아프리카 지역도 예외는 아니어서, 수많은 토속 종교들과 정령 신앙들이 기독교 신앙과 어지럽게 혼합되어 있는 양상들을 본다. 예를 들어, 치유에 대한 아프리카인들의 관념을 들자면, 질병에는 자연적 원인뿐 아니라 영적인 원인이 있는데, 그것은 자신의 죄악의 결과이거나 아니면 무당이나 주술사들에 의한 악한 영향의 결과라고 본다. 그러므로 이런 영적 영향을 제거하기 위해서는 주술이나 귀신 추방이 필연적이라고 생각한다.[81] 그들의 토속적 신앙이 유입된 기독교나 이슬람교의 신앙과 섞이면서 아프리카 특유의 혼합 신앙을 만들어왔다.

아프리카의 많은 지역에서는 이미 오래 전부터 이런 혼합 신앙이 습관화되었기 때문에, 어디서부터 어디까지가 기독교 신앙이고 또 어디까지가 타종교인지 분별하기가 대단히 어렵다. 특히 무분별한 은사운동과 혼합적인 영성의 이단적 영향들이 이곳의 개신교를 혼미시키고 분열시키고 있는 터라, 올바른 복음을 정립시켜 나가는 일이야말로 매우 절실한 일이 아니라 할 수 없다.[82] 귀신들이 펼쳐 놓은 이러한 혼합주의와 미신적 전승의 어둠을 몰아낼 수 있는 유일한 치유책은 복음적 세계관으로 무장시키는 일 밖에는 없다.

---

81 Kingsley Larbi, "Healing," *Africa Bible Commentary*, ed. Tokunboh Adeyemo (Nairobi, Kenya: Word Alive Publishers, 2006), 447.
82 필자는 아프리카 지역에 일반화된 기독교 영성의 문제점으로서 기복주의, 혼합주의, 기도만능주의, 잘못된 신유 관념, 성경의 자의적 해석, 은사주의와 육감주의 등 여섯 가지를 다음 책을 통해 지적하였다: 배본철, 「다스리심」, 76-7.

성결의 진리를 미혹함

거룩함의 길을 방해함

귀신들의 활동이 불신자들에게만 국한될 것이라고 생각하는 것은 대단한 오해이다. 이런 생각은 매우 위험하며 영적인 중요한 영역을 귀신들이 침입할 수 있도록 허용하는 결과를 초래한다. 이 부분에 대해 무지한 결과, 사람들은 여러 가지 시련이나 인간관계 속의 갈등 또는 위험 등의 어려움에 봉착하게 될 때 이런 일들을 영적으로 잘 대처하지 못하고 분별력을 잃게 된다.

이렇게 될 때 결국 이 모든 일 배후에 있는 마귀의 영향력은 간과한 채, 세상적인 판단 기준과 인간의 수단과 방법으로 일을 처리하기 쉽다. 그러나 만일 배후에 있는 어둠의 세력을 알아차린다면 우리는 먼저 예수 이름의 권세를 사용하여 그들을 대적하게 될 것이고, 결국 모든 문제의 근원은 드러나게 되며 하나님의 방법으로 승리를 경험하게 될 것이다.

크리스천의 거룩함에 대해서도 그렇다. 거듭난 크리스천은 성결의 길을 추구해야 할 것을 이미 복음 안에서 요청 받고 있다. "하나님의 뜻은 이것이니 너희의 거룩함이라 곧 음란을 버리고"(살전 4:3). 이 거룩함이 없이는 아무도 주를 보지 못하리라고 성경은 경고한다(히 12:14). 그러나 귀신들은 크리스천이 거룩함에 이르는 것을 몹시 싫어한다. 왜냐하면 크리스천의 영혼이 거룩해지면 질수록 귀신들이 장악할 수 있는 영역은 줄어들어가기 때문이다. 그래서 귀신들은 크리스천들에게 죄의 유혹을 가져다주고 또 그들로 하여금 죄를 합리화시키고 조장하도록 유도한다.

성결의 길을 방해하는 귀신들의 활동의 실체를 벗겨내는 일은 오직 복음의 진리와 성령의 능력을 통해서만 가능하다. 우선 거듭난 크리스천들은 자신의 영혼 속에 여전히 죄성의 실체가 활동하고 있다는 사실을 겸허히 인정해야 한다. "만일 우리가 죄가 없다고 말하면 스스로 속이고 또 진리가 우리 속에 있지 아니할 것이요"(요일 1:8).

죄성이 살아있다는 증거는 내 영혼 속에 인식된 알려진 하나님의 법을 고의적이거나 또는 습관적으로 불순종하는 경향성이 내게 있는지를 점검해 보면 즉시 알 수 있다. "만일 내가 원하지 아니하는 그것을 하면 이를 행하는 자는 내가 아니요 내 속에 거하는 죄니라"(롬 7:20). 죄악의 실체가 존재하고 있다는 것을 인정하고 하나님의 방법으로 해결 받기를 원하지 않고서는 결코 귀신들이 펼쳐 놓은 죄의 함정에서 자유롭지 못할 것이다.

육과 영의 갈등

귀신들에게 영향을 받고 있는 죄성의 영역을 조명함에 있어서 청교도(Puritan) 신학자들이 남긴 저술은 유용한 가치가 있다. 그들이 가장 자주 사용한 설교 주제는 죄에 대한 책망이었다.[83] 청교도들의 영성(靈性)에서 강하게 나타나는 것은 개인적인 죄와 결함에 대한 강한 의식과 영적 자기 반성의 실천이었다. 그러므로 종종 겸손과 자기 비하(卑下)는 참된 영성의 표시로 인정되었으며, 설교자들은 성도들에게 실제로 '자신의 죄악된 본성을 증오하라'고 외쳤다. 왜냐하면 그리스도를 사랑하면 할수록 더욱 내적으로 자신을 더욱 싫어하게 되기 때문이라는 것이다. 특히 영혼의 강퍅함(obstinateness of heart)은 청교도들에게 지독한 죄로 간주되었다. 어떤 죄보다도 영혼의 강퍅함과 냉냉함과 공허함은 더 애통할 만한 것이라고 간주되었다.

청교도들에게 있어서 참된 중생(重生)의 은혜는 어떤 믿음의 열매 또는 증거가 나타나는 것으로 보았는데, 이는 중생한 자들의 영혼 속에 지

---

[83] 그들이 죄 문제 다음으로 많이 사용한 설교 주제는 거룩한 삶의 소명, 구원의 소명, 그리스도의 인격과 사역, 교회와 가정에서의 가족관계에 대한 것이었다.

속되는 참된 회개와 은혜를 사모하는 마음 그리고 온전한 사랑 가운데 나아가기를 열망하는 마음 등이다.[84] 그런데 이 은혜와 더불어 인간의 심령은 전투장으로 변하는 것이라고 보았다. 이 전투에서 육(옛 사람)은 영(새 사람)의 주권을 뺏기 위해 지칠 줄 모르고 싸운다. 크리스천은 육과의 충돌 없이 영을 만족시킬 수 없다.

> 육체의 소욕은 성령을 거스르고 성령은 육체를 거스르나니 이 둘이 서로 대적함으로 너희가 원하는 것을 하지 못하게 하려 함이니라(갈 5:17).

우리 주위에는 성령을 받아 거듭났으면서도 여전히 육신의 욕구에서 해방 받지 못하여 무기력하고 방황하는 영적 삶을 살아가는 크리스천들이 대단히 많다. 귀신들의 첫 번째 방어선은 사람들이 예수 그리스도의 구원의 빛 앞에 나오지 못하도록 속임수로 그들의 영혼을 가리는 일이다. 그런데 이 방어선이 무너졌을 때 귀신들의 두 번째 방어선이 있다. 그것은 이미 예수 그리스도를 믿는 믿음에 들어온 사람들을 가능한대로 거룩한 은혜에 이르지 못하도록 방해하는 일이다. 수많은 크리스천들이 구원의 신앙을 고백하고 있지만 그러나 승리하는 삶의 간증을 확보하지 못하고 살아가고 있다.

그것은 하나님의 뜻이 아니요 성경의 교훈도 아니다. 그들이 이러한 승리로운 영적 단계에 올라가지 못하고 방황하거나 혼미스런 생활을 하고 있다면, 그러한 삶의 이면에는 귀신의 책략이 조종하고 있는 것이다. 이러한 부자유 속에 있는 이들의 영적 상태를 성경을 통해 조명해 보면 다음과 같다.

84　Louis Dupre & Don E. Saliers (eds.) *Christian Spirituality* (London: SCM Press, 1989), 3:304.

> (5) 육신을 따르는 자는 육신의 일을, 영을 따르는 자는 영의 일을 생각하나니 (6) 육신의 생각은 사망이요 영의 생각은 생명과 평안이니라 (7) 육신의 생각은 하나님과 원수가 되나니 이는 하나님의 법에 굴복하지 아니할 뿐 아니라 할 수도 없음이라 (8) 육신에 있는 자들은 하나님을 기쁘시게 할 수 없느니라(롬 8:5-8).

육신을 좇는 자는 육신의 일을 생각한다(5절). "하나님 중심이 아니라 언제나 자기의 이기적인 욕망 중심으로 모든 일을 생각한다."[85] 성령의 일을 분별하지도 못하고, 기도를 해봐도 온통 잡다한 생각과 욕망으로 방해를 받아 장시간 깊이 기도하지 못한다. 생활 속에서 성령의 인도하심을 받으며 살아간다는 것이 무엇인지 알지 못한다.

육신의 생각은 사망이다(6절). 육체적으로는 살아 있으나 영적으로는 하나님을 향하여 죽어 있다. 하나님의 영광과 기쁘신 뜻을 삶 속에서 찾아 확신하며 살지 못한다. 매사에 죄악과 헛된 욕망과 자아 중심적인 생각을 따라 결정하게 된다. 결국엔 자기 자신만을 위한 삶, 죄와 정욕 그리고 불안과 좌절감, 열등감, 시기 등으로 영혼이 온통 얼룩져 있다.

육신의 생각은 하나님과 원수가 된다(7절). 성경 말씀이나 설교 말씀의 내용과는 거리가 멀다. 이런 자들에게 하나님께서 양심을 통해 책망하시곤 한다. 하나님을 좋으신 하나님으로 느끼지 못한다. '벌주시는 하나님!', 즉 두려운 하나님에 대한 의식이 강하다.

육신의 생각에 머물고 있는 자들은 하나님의 법에 굴복치 않는다. 그리고 그렇게 할 수도 없다(7절). 양심의 가책과 설교 말씀을 듣고도 회개하여 하나님께 즐겨 순종치 못한다. 육신의 생각에 거하는 한 성령의 생각과 일치할 수 없기 때문이다.

---

85 Bonjour Bay, *Pneumatology in Historical Perspective*, 17.

육신에 있는 자들은 하나님을 기쁘시게 할 수 없다(8절). 아무리 육신의 생각과 욕망을 따라 신앙생활하려 해도 자기 자신도 만족스럽지 않다. 그 결과 정죄감과 신앙적 무기력이 찾아올 수밖에 없다.

귀신들의 견고한 진

이상에서 본 바와 같이 육신에게 끌려 살아가는 자들은 결국 마귀가 조종하는 영역 속에 끌려 다닌다. 그들이 비록 예수 그리스도를 부인하지 않는다 할지라도, 그들의 영혼과 삶은 마귀가 조종하는 세력으로부터 자유롭지 못한 것이다. 그들은 자기중심적이며(5절), 온갖 죄악에 매여 있으며(6절), 종종 하나님과 대적하는 사고를 하며(7절), 하나님의 법에 굴복하지도 않기 때문에(7절), 결국 하나님을 기쁘시게 하는 삶으로부터 실패를 거듭한다(8절). 이러한 그들의 특성에는 현저히 마귀적인 요소가 짙게 깔려 있음을 알 수 있다.

그러면 귀신들은 영원히 크리스천들의 '옛 사람'(old being)을[86] 정당한 자신들의 거처로 확보하는가? 이에 대한 답변은 '그렇다' 또는 '아니

---

[86] '옛 사람'이란 신자 안에 내재하는 죄악된 본성 또는 죄악으로의 경향성을 상징하는 말이다. '옛 사람의 죽음'을 통해 거룩함에 이르게 된다는 것은 성경에 나타난 분명한 교훈이다. 그런데 역사적으로 이에 대한 해석은 웨슬리안파와 개혁파 사이에서 크게 대치되어 왔다. 웨슬리안파에서는 성경대로 옛 사람의 즉각적인 처리가 가능하다고 보는 입장이고, 개혁파 쪽에서는 옛 사람이 실제적으로 죽어 죄성이 더 이상 발동하지 않는 단계는 있을 수 없다는 것이다. 그러나 웨슬리안 성결운동과 개혁파의 케직(Keswick) 계통은 조화점을 찾을 수 있다. 웨슬리안 성결운동의 '죄성제거설'(Eradication)은 영적 사실의 차원을 강조하는 성결론이다. 왜냐하면, 성결의 근원은 성경에서 말하는 '그리스도와 함께 죄에 대하여 죽었다'고 하는 영적 사실에 대한 믿음을 강조하기 때문이다. 이 점을 강조할 때 당연히 '죄성제거설'이 나올 수밖에 없다. 한편 케직의 노선은 경험의 차원을 강조하는 성결론이다. 이 노선은 구체적인 경험을 통해 어떻게 죄의 유혹을 이겨나가는가에 대한 경험의 차원을 강조한 것이다. 다시 말해서 '죄가 죽었다'고 외치더라도 죄의 유혹을 받지 않는 사람은 없는 바와 같이, 죄의 유혹은 경험의 차원이다. 그렇다면 '이미 죽었으니까'의 영적 사실의 차원을 적용하여 경험적으로 죄의 유혹에서 승리하는 경험을 사는 것이 바로 이 두 노선상의 조화점인 것이다. 그러므로 영적 사실과 경험의 차원은, 결코 상호 논쟁의 대상이 아닌, 성결론의 충족한 이해를 위해 함께 길을 가는 것이다. 배본철, 「52주 성령학교」(서울: 문서선교성지원, 2005), 65-6.

다' 이다. 먼저 크리스천들이 그리스도 안(In Christ)에서 이루어진 영적인 승리의 내용에 대해서 무지할 때는 '그렇다' 이다. 그들은 이미 영적으로 예비된 승리의 세계에 대해 철저히 눈에 닫혀 있기 때문에, 그들의 옛 사람은 여전히 귀신들이 활동할 수 있는 주요 무대가 된다.

그러나 크리스천들이 그리스도 안에서 이루어진 승리의 내용에 대해서 밝히 눈을 뜨고 난 다음에는 '아니다' 이다. 크리스천들은 밝은 지식을 갖춘 이후 그 지식에 근거해서 고백하고 주장하게 된다. 이럴 때 귀신들은 정체가 드러나게 된다. 그러면 마침내 장악하고 있던 모든 무장을 풀고 물러나게 되는 것이다. 그렇다면 이처럼 중요한 그리스도 안의 영적 승리란 도대체 어떤 내용인가? 로마서 6장은 예수 그리스도와 크리스천이 성령의 매개를 통해서 연합된 사실을 계시하고 있다. 12절부터 14절까지를 살펴보자.

> (12) 그러므로 너희는 죄가 너희 죽을 몸을 지배하지 못하게 하여 몸의 사욕에 순종하지 말고 (13) 또한 너희 지체를 불의의 무기로 죄에게 내주지 말고 오직 너희 자신을 죽은 자 가운데서 다시 살아난 자 같이 하나님께 드리며 너희 지체를 의의 무기로 하나님께 드리라 (14) 죄가 너희를 주장하지 못하리니 이는 너희가 법 아래에 있지 아니하고 은혜 아래에 있음이라(롬 6:12-14).

본문은 성령에 의해서 지배되는 삶의 능력에 대한 실제적인 지침이다. 본문에서 우선 오해되기 쉬운 중요한 단어들이 셋 있다. 그것은 자신, 죄 그리고 몸(지체)이다. 이 세 가지는 종종 동일시되어 혼동되기도 하는데, 미묘한 심리학적 용법으로서 그 기능이 구별된다. '자신'은 진정한 나, 즉 자아를 말한다. 자신은 생각하고 느끼고 결정한다. 죄, 그것 역시 내 안에서 일하지만 '자아'는 아니다. 죄는 원래 나 자신이 아니며 본질상 마귀적인 것이다. 그러나 자아가 너무나 죄와 친숙해져 있기에, 마치 죄가 나 자신인 줄로 착각하며 산다. 몸, 그것은 나의 몸이다. 나의 몸은 자아가 아니다. 원래 몸 자체는 하나님이 창조하셨기에 선하다. 그런데 자아가 죄에 매이게 되면 몸은 죄악의 통로가 된다.

그러면 진정한 나 '자신'은 누구인가? 하나님의 관점에서 보면, 처음 창조되었을 때 하나님의 영광을 노래하던 에덴동산의 자유로운 상태의 자신이었다. 자신은 하나님의 뜻에 복종하고 즐거운 주님과의 교제 속에서 완전한 자유와 행복을 맛보고 있었다. '나의 몸'의 여러 기능들은 나 '자신'에게 전적으로 복종하고 있었다. 자신은 하나님께 복종하고 몸은 자신에게 복종하는 것, 그것이 완전한 자유의 상태이다.

그러나 마귀의 유혹으로 인해 죄가 들어오고, 하나님께 범죄하여 타락한 이후의 '자신'의 형편은 달라졌다. 자신은 하나님 대신 마귀적 영향인 죄에게 복종하게 되었다. 그러자 나의 몸 역시 죄로 인해 오염되게 되었다. 그러나 그 책임은 몸에게 있는 것이 아니다. 하나님의 뜻을 싫어하고 죄에게 복종한 나 자신이 문제의 근원이다. 금욕주의자들 가운데는 몸을 죄악시하며 몸의 자연적인 욕구마저도 죄악시하는 이들이 많이 있었다.[87] 그러나 성경적인 성결의 관념은 '자신'이 죄에서 자유로워지면 '몸'은 자연적으로 죄로부터 해방되는 것이다. 그러므로 나 자신이 죄에서 벗어나도록 해야 한다! 그것이 더러운 영의 속박으로부터 벗어나는 근본적인 길이다.

그 다음으로 다룰 것은 '죄'다. 죄는 윤리적 용어다. 도덕적으로 깨끗한 삶은 중요하다. 그러나 더욱 신중하게 다루어야 할 것은 이들 배후의 영적 힘이다. 죄의 배후 힘에는 마귀가 있다. 그러면 죄란 무엇인가? 죄를 표현하는 헬라어 단어들이 많지만, 본문에는 하마르티아($ἁμαρτία$)라는

---

[87] 예를 들어, 영지주의자들 중에 극단적인 금욕주의를 생활화하는 자들의 모습에 대해서는 다음을 참조하라: Benjamin Walker, *Gnosticism: Its History and Influence* (Wellingborough, Northamptonshire: The Aquarian Press, 1983), 107-11.

가장 많이 사용되는 단어가 나타난다. 이 단어의 의미는 "과녁을 못 맞추는 것"[88]인데, 즉 하나님으로부터 지음 받은 인간들이 하나님의 뜻을 맞추지 못하는 것을 말한다.

본문에서 죄와 대조되는 단어는 '의'이다. 하나님께서 기뻐하시는 '의'란 단순한 도덕적인 차원의 것이 아니다. 만일 하나님께서 도덕적인 의를 기뻐하신다면 타종교나 안 믿는 사람들이 행하는 선이나 의로운 행위도 역시 받아들일 만 했을 것이다. 그러나 종교개혁자 루터는 참된 의란 그리스도의 은혜로 용서함 받은 자가 기쁜 의욕으로 행하는 것이라고 보았다. 반면에 거듭나지 못한 자가 행하는 선행은 오히려 하나님 앞에 악한 것이라고 했다. 그러므로 하나님이 보시는 것은 인간 영혼 속의 근본적인 동기다. 문제는 죄악의 열매들보다도 죄가 주장하는 영혼의 상태에 있는 것이다.

본문에서 '몸'은 '자신'과는 구별된다. 몸 그 자체가 악한 것은 아니다. 원래는 '몸'이 하나님의 뜻을 따라 순종하는 '자신'에게 복종하는 존재였지만, '자신'이 하나님 대신 죄의 법에 굴복하게 되자, 몸도 역시 죄의 법에 지배받게 되었다. 그러자 몸은 마치 죄악의 도구와 통로처럼 변질되었다. '몸'은 불의의 무기 또는 의의 무기가 된다. 죄에게 바치면 마귀가 좋아하는 불의의 무기로, 하나님을 향해 바치면 의의 무기가 된다. 죄가 왕 노릇, 주인 노릇하는 몸은 그 누구도 이를 제어할 수 없다. 영적 전쟁의 승리와 실패는 결국 이 무기인 몸을 어떻게 잘 갈고 닦아 효과적으로 사용하느냐에 달려 있다.

그런데 이 몸은 반드시 누군가에게 드리게 된다. '자신'을 누군가에게 드리면 자연히 몸도 드리게 되는 것이다. 그러므로 몸의 사욕(lust)을 순

---

[88] James Strong, "ἁμαρτία," *The New Strong's Expanded Dictionary of Bible Words* (Nashville, Tennessee: Thomas Nelson, 2001), 935.

종하게끔 몸을 계속적으로 죄에게 드리지 말고($παριστάνετε$ 현재 명령형) 단번에 네 자신을, 그리고 너의 몸(지체)을 의의 무기로 하나님께 드리라 ($παραστήσατε$ 단순과거 명령형). 그러면 몸은 '자신'에게 복종하여 하나님을 기쁘시게 하는 무기가 된다는 것이다.

그러면 우리의 '자신'을 하나님께 드릴 수 있는 근거는 어디에 있는가? 계속해서 로마서 6장 6절을 보자. "우리가 알거니와 우리의 옛 사람이 예수와 함께 십자가에 못 박힌 것은 죄의 몸이 죽어 다시는 우리가 죄에게 종 노릇 하지 아니하려 함이니"(롬 6:6). 여기서 십자가에 못 박힌 것은 나의 자아(ego)가 아니고 나의 옛 사람(old being, old self)이다. 옛 사람이란 이전에 죄의 법을 따라 살던 옛 '자신'이다. 옛 '자신'은 죽고 이제는 새 '자신'으로 산다는 것이다. '죄의 몸이 죽는다'는 것은 '몸'이 죄에 대해서는 이제 단번에 쓸모없이 되었다는 것이다. 그리고 그 목적은 '다시는 우리가 죄에게 계속 지배를 받지($δουλεύειν$ 현재형) 않기 위해서다. 이를 위해서 '누군가와 함께 못 박혔다'($συνεσταυρώθη$).

헬라어 성경에는 다만 누군가와 함께($σύν$) 못 박혔다는 것만이 나타난다. 영어성경(NIV)에는 '그와 함께'(with him)라고 되어 있다. 그렇다면 나의 옛 사람과 함께 십자가에 못 박힌 자가 과연 누구겠는가? 우리말 성경에는 '예수와 함께'라고 되어 있다. 우리의 옛 사람과 함께 십자가에 못 박히신 분은 오직 예수 그리스도이심이 그 다음 절에 "만일 우리가 그리스도와 함께 죽었으면 또한 그와 함께 살줄을 믿노니"(8절)라고 함으로써 증명이 된다. 그리고 '십자가에 못 박혔다'는 동사는 부정과거 수동태로 표현되었으므로, 못 박혀진 사건은 예수 그리스도가 십자가에 못 박힘을 당한 바로 그 사건을 가리킨다. 또한 부정과거형 표현은 이 사건이 미완료된 일이 아니라 단번에 이루어진 일임을 명시하는 것이다.

6절에서 '우리가 알거니와'라는 말은 우리의 거룩함의 근거가 이러한 '예수와 함께 십자가에 못 박힌' 영적 사실에 대한 확실한 앎으로부터 시작되는 것임을 강조하는 것이다. 누가 예수의 십자가 죽음의 사건을 부인할 수 있는가? 아무도 없다. 그렇다면 예수와 함께 우리의 옛 사람이 십자가에 못 박혔다는 것을 부인할 수 있는 이가 누구인가? 아무도 없다. 그렇다면 우리는 우리의 옛 사람이 이미 예수와 함께 죄에 대하여 죽었다는 것을 안다. 그러므로 우리 '자신'은 더 이상 '죄'에 끌려갈 이유가 없다. '자신'을 하나님을 향해 드리기만 하면 된다. 그러면 우리의 '몸'은 하나님의 무기가 되는 것이다.

마귀의 궤계

이렇게 분명한 영적 사실을 귀신들은 어떻게 해서든 거듭난 크리스천들에게 알지 못하게 하려고 총력을 기울이고 있다. 마귀의 궤계는 두 가지가 있다. 첫째는 크리스천이 하나님 말씀의 진리를 착념하지 못하게 하는 일이다. 마귀는 크리스천이 교회 봉사하는 일이나 선교하는 일보다 성경을 통해 진리를 똑바로 깨달아가는 일을 가장 두려워한다. 진리를 통해 어둠의 일들이 밝혀지는 순간 마귀가 펼쳐 놓은 모든 거짓과 속박의 진영은 해체되기 때문이다.

둘째는 성결의 진리를 온갖 헛된 이론과 그릇된 신념을 가지고 왜곡시키는 일이다. 그 대표적인 그릇된 신념이란 다음과 같다; 크리스천은 이미 의롭다함 받은 존재이기 때문에 실제로 의로워지려 해서는 안 된다고 가르치거나,[89] 크리스천은 죄성이 너무나 깊기 때문에 죽을 때까지 결코 거룩해질 수 없다고 가르치는 것[90] 등이다.

아무리 합리적인 논거(論據)를 내세운다 해도 성도의 성화(聖化)의 길

---

89 John N. Darby, *Review of R. Pearsall Smith on 'Holiness Through Faith'* (Boston: F. G. Brown, 1873), 26.

90 Henry Ironside, *Holiness: The Fails and The True* (New York: Leizeaux Brothers, 1912), 128.

을 왜곡하거나 방해하는 것은 참된 구원의 진리라 할 수 없다. 왜냐하면 예수님은 모든 영혼을 "그들의 죄에서 구원할 자"(마 1:21)이시기 때문이다. 그러나 누구든지 진리에 근거한 올바른 영적 사실에 근거해서 살아가게 되면 더 이상 마귀의 거짓된 속임수에 빠져 살아가는 일이 없게 된다. 거룩한 삶의 근거는 우리를 자유케 하시는 진리이신 예수님의 속성에 있기 때문이다(요 8:32).

제3장

귀신들의 활동 경로

유혹의 경로들

귀신들의 침입

귀신들은 여러 가지 방법으로 인간에게 침입하는 경로를 갖는다. '이 어둠의 세상 주관자들'(엡 6:12)은 이 세상에 존재하는 모든 능력과 기구와 신념과 사상들을 통해 자신들의 세력을 넓혀가려 한다.[91] 그들의 소유권은 매우 광범위하며 강력하다. 심지어는 예수 그리스도에게까지 마귀는 자신의 통치 영역을 과시하면서 유혹하였다; "마귀가 또 그를 데리고 지극히 높은 산으로 가서 천하만국과 그 영광을 보여 이르되 만일 내게 엎드려 경배하면 이 모든 것을 네게 주리라"(마 4:8-9).

사실 거듭난 크리스천들은 하나님의 자녀가 되는 권세를 이미 받았고(요 1:12), 또 하나님의 성령이 그들 속에 성전 삼고 거하시기(고전 3:16) 때문에 근본적으로 크리스천은 귀신들이 침입하지 못하도록 하나님의 보호를 받는 특권을 지니고 있다. "하나님께로부터 난 자는 다 범죄하지 아니하는 줄을 우리가 아노라 하나님께로부터 나신 자가 그를 지키시매 악한 자가 그를 만지지도 못하느니라"(요일 5:18). 그런데 이 특권은 안타깝게도 성도들의 진리에 대한 무지와 불신앙으로 인해 가리어져 있는 경

---

91 Gregory A. Boyd, *Satan and the Problem of Evil: Constructing A Trinitarian Warfare Theodicy* (Downers Grove, Illinois, 2001), 201-2.

우가 많다.

그러나 이 진리를 확실히 알고 난 후 믿음을 통해 받아들이게 되면 능력은 활성화된다. 그러므로 크리스천은 진리에 대한 신앙고백과 자유의지의 적극적인 행사를 통하여 이러한 권리와 능력을 누려야 한다.

불신자들의 경우에 있어서는 근본적으로 미혹의 영에 의해 마음이 혼미하게 되어 진리가 가리어져 있는 상태다(고후 4:4). 그러나 불신자들도 공정하고 양심적인 마음가짐을 가지고 자신의 자유의지를 잘 활용한다면 귀신들이 장악하는 세력의 정도를 어느 정도까지는 낮출 수 있다.

예를 들어, 늘 단정한 정신으로 자신의 삶을 근신하며 살아가는 이들은 귀신들에게 침해 받는 영역이 어느 정도는 축소될 수 있다. 그렇지만 귀신들의 세력으로부터의 근본적인 해방은 불신자에게 있어서 불가능하다. 왜냐하면 그들 속에는 뿌리 깊은 죄성의 문제가 해결되지 않았기 때문이다.

> 기록된 바 의인은 없나니 하나도 없으며 깨닫는 자도 없고 하나님을 찾는 자도 없고 다 치우쳐 함께 무익하게 되고 선을 행하는 자는 없나니 하나도 없도다(롬 3:10-12).

이러한 원리는 우리 안의 양심의 활동과도 비길 수 있다. 거듭나지 못한 사람이 제 아무리 양심적으로 살려 해도 역시 영혼 속의 악을 떨쳐버리지 못한다. 이와 같이, 비록 고상한 도덕과 절제력을 활용하며 살아간다 할지라도 거듭나지 못하면 귀신들의 영향으로부터 완전히 자유로울 수는 없다.

그러나 하나님께서는 복음 안에서 성령의 사역을 통해 회개의 역사가 일어나도록 하시는데, 이때 인간은 회개에 있어서 매우 능동적인 역할을 하게 된다. 성령께서는 우리가 죄의 길을 버리도록 양심을 각성시키신다.

거듭나지 못한 자의 양심은 자신의 자유의지를 변화시키기 힘들지만, 거듭난 자는 성령의 도움 속에서 충분히 할 수 있다. 그 이유는 그의 각성된 양심이 자유의지를 선으로 향하게끔 하기 때문이다.[92]

귀신들이 사람을 장악함에 있어서 죄를 짓도록 하는 것은 기본적인 요새를 만드는 일이다. 죄는 우리 영혼의 방어벽을 허물어 귀신들이 침입할 수 있도록 허용하는 일이 된다.[93] 실례로, 미움, 분노, 원한, 용서치 못함, 정욕, 음란, 간음 그리고 술 취함 등의 죄악은 귀신들에게 문을 크게 열어 준다.

"분을 내어도 죄를 짓지 말며 해가 지도록 분을 품지 말고 마귀에게 틈을 주지 말라"(엡 4:26-27)는 말씀의 의미는 분노가 죄의 통로가 될 수 있으며 또한 오랜 동안 해결되지 않는 분노는 마귀의 공격에 노출될 수 있는 위험성을 지닌다는 것을 뜻한다. 장시간 동안 풀지 않는 분노의 감정은 영혼의 내면 깊숙한 곳에 큰 상처를 주게 된다. 이런 상처는 곧 허물어진 장벽과도 같은 역할을 해 주는데, 마귀는 이런 정서적인 약점을 통로로 하여 우리의 영혼에 자신의 세력을 펼쳐갈 수 있다.

마귀의 공격을 받아 허물어진 우리 영혼의 방어벽을 다시 수축하는 일은 그 상처의 기억을 잊으려 애쓴다고 해서 되는 것이 아니다. 오직 죄에 대한 회개와 헌신을 통해서만 그 허물어진 벽은 복구되어진다. "만일 우리가 우리 죄를 자백하면 그는 미쁘시고 의로우사 우리 죄를 사하시며 우리를 모든 불의에서 깨끗하게 하실 것이요"(요일 1:9). 하지만 꼭 유념해야 할 점은, 복구된 이후 경건생활에 힘쓰지 않으면 안 된다는 사실이다. 왜냐하면 회복된 그 영혼이 다시 하나님의 말씀과 성령으로 채워지지 않

---

92 Charles Lloyd Cohen, *God's Caress; The Psychology of Puritan Religious Experience* (New York: Oxford University Press, 1986), 106.

93 Robert Hillman, Coral Chamberlain & Linda Harding, *Healing and Wholeness* (Oxford: Regnum Books International, 2002), 75.

으면 다시 귀신들의 공격을 받을 수 있으며 오히려 더 심한 경우가 될 수도 있기 때문이다(마 12:43-45).

크리스천으로서 우리는 이런 죄의 문제를 심각하게 다루어야 한다. 우리는 보통 죄의 문제를 인간과 인간과의 관계, 또는 하나님과 인간과의 관계 속에서만 생각해 온 경향이 많다. 그러나 좀 더 영적인 면에서 죄악의 문제를 고찰해 보면, 행동이나 말이나 의도에 있어서나 죄가 행해지는 영역은 마귀의 속임수와 공격의 직접적인 목표물이 된다는 점을 알 수 있다.

죄의 영역을 밝혀주는 것은 진리의 빛이다. 그런데 하나님께서는 하나님과 진리에 대한 지식이 없음으로 백성에게 멸망이 온다고 지적하셨다. "내 백성이 지식이 없으므로 망하는도다 네가 지식을 버렸으니 나도 너를 버려 내 제사장이 되지 못하게 할 것이요 네가 네 하나님의 율법을 잊었으니 나도 네 자녀들을 잊어버리리라"(호 4:6). 그러므로 우리가 마귀의 전략에 대해 주의하고 우리 자신을 말씀과 성령으로 방어할 때 우리는 넉넉히 마귀의 궤계를 파하고 하나님의 능력 가운데서 안전할 수 있다.

유혹

죄를 짓게끔 하기 전에 귀신들은 먼저 유혹을 던져서 하나의 경로를 삼는다. 사실 모든 유혹에 빠지는 이유는 우리들 자신의 선택과 세상의 영향 때문이기도 하지만, 또한 영적인 면에서 본다면 그 배후에는 언제나 귀신들의 계략이 도사리고 있는 것이다. 이 유혹은 먼저 인간 영혼의 부패한 죄성을 매개로 하여 다가온다(렘 17:9). "또 이르시되 사람에게서 나오는 그것이 사람을 더럽게 하느니라 속에서 곧 사람의 마음에서 나오는 것은 악한 생각 곧 음란과 도둑질과 살인과 간음과 탐욕과 악독과 속임과 음탕과 질투와 비방과 교만과 우매함이니 이 모든 악한 것이 다 속에서 나와서 사람을 더럽게 하느니라"(막 7:20-23). 그리고 우리 안에 있는 죄를 향한 경향성이 발생할 때 우리는 자유의지로 그 유혹을 받아들여 범죄하게 되는 것이다.

> 오직 각 사람이 시험을 받는 것은 자기 욕심에 끌려 미혹됨이니 욕심이 잉태한즉 죄를 낳고 죄가 장성한즉 사망을 낳느니라(약 1:14-15).

이 본문에서 우리는 유혹이 죄악을 발생시키는 과정을 자세히 살펴 볼 수 있다. 먼저 인간이 유혹에 넘어가게 되는 것은 자기 안에 있는 욕심이 유혹의 동기에 끌려가기 때문이다. 그러므로 영혼의 욕심으로부터 정결해진 영혼에게는 아무리 유혹이 다가와도 그 사람에게는 더 이상 유혹이 아닌 것이다. 이 욕심은 유혹을 끌어들여 결국 의지적인 죄악을 낳게 한다. 마치 산부가 임신하여 마침내 태아를 출산하듯이, 유혹의 씨앗은 죄악을 출산하는(give birth to sin) 것이다. 더 나아가 이 죄악이 계속 자라나면, 즉 회개치 않음 속에 습관적인 죄악으로 자라나면, 죄악이 장성하게(full grown) 되면 영원한 사망으로 향하게 된다는 것이다.

성경은 유혹이 발생되는 가장 근원적인 원인이 마귀의 영향으로부터 시작됨을 알려주고 있다. 마귀는 그리스도를 광야에서 직접적으로 유혹했다. "그 때에 예수께서 성령에게 이끌리어 마귀에게 시험을 받으러 광야로 가사"(마 4:1; 참조 4:1-11). 그리고 사탄은 아나니아로 하여금 거짓말을 하게끔 했다. "베드로가 이르되 아나니아야 어찌하여 사탄이 네 마음에 가득하여 네가 성령을 속이고 땅 값 얼마를 감추었느냐"(행 5:3). 그런가 하면 사탄은 다윗이 인구 조사를 하여 죄를 짓도록 유혹하기도 했다. "사탄이 일어나 이스라엘을 대적하고 다윗을 충동하여 이스라엘을 계수하게 하니라"(대상 21:1). 이처럼 우리가 육신의 정욕과 세상의 욕망에 넘어질 때, 마귀는 우리를 더욱 조종하고 장악할 발판을 얻게 된다.

> 이 세상이나 세상에 있는 것들을 사랑하지 말라 누구든지 세상을 사랑하면 아버지의 사랑이 그 안에 있지 아니하니 이는 세상에 있는 모든 것이 육신의 정욕과 안목의 정욕과 이생의 자랑이니 다 아버지께로부터 온 것이 아니요 세상으로부터 온 것이라(요일 2:15-16).

인간을 넘어뜨리기 위한 마귀의 유혹은 첫 사람 아담에게 주어졌던 유혹이나 광야에서 예수 그리스도를 유혹했던 유혹과 함께 하나의 뚜렷한 특성을 제시하고 있다. 아담에게 주어진 유혹은 창세기 3장에서, 예수께 주어진 유혹은 마태복음 4장에서, 그리고 모든 인간에게 주어지는 유혹은 요한일서 2장에서 그 대표적인 패턴을 찾아볼 수 있다.[94]

에덴동산에서 아담이 마귀에게 걸려 넘어진 유혹의 첫 번째 성격은 먹음직도 하다는 욕구에서 비롯된 것이었다. 그런데 이 유혹의 성격은 40일 금식 이후의 예수께도 주어졌는데, 극도로 허기진 예수께 마귀는 이 돌 덩어리로 떡을 만들어 먹으라는 유혹을 한 것이다. 그리고 우리 인간에게 주어지는 유혹의 첫 번째 성격 역시 육신의 정욕(cravings of sinful man)이다.

두 번째 유혹의 성격은 아담의 눈에 보암직하다는 것이었다. 이것은 아담의 소유욕을 자극한 것이다. 마귀는 예수님께 자기에게 절만 하면 천하 영광을 다 주겠다고 했다. 그리고 인간에게는 이것이 바로 안목의 정욕(lust of his eyes)이다.

세 번째 유혹은 아담에게는 지혜롭게 할 만큼 탐스럽기도 한 것이었으며, 예수께는 성전 꼭대기에서 뛰어내려 천사들이 받쳐주는 모습을 사람들에게 보여주라는 유혹이었다. 인간에게는 이것이 바로 이생의 자랑(boasting of what he has and does)인 것이다.

---

94 아담과 하와에게 주어진 유혹(창 3장)과 예수께 대한 유혹(마 4장) 그리고 크리스천들에게 다 가오는 유혹(요일 2장)의 공통성은 그 유혹 모두가 세상 또는 세상에 있는 것들을 매개로 하고 있다는 점이다. 그 근원적 권세는 곧 마귀로부터 비롯됨을 확인할 수 있다.

첫 번째 인간인 아담은 이 세 가지 성격의 유혹에 그대로 걸려들어 마침내 하나님의 말씀을 어기고 범죄하게 되었다. 그러나 예수께서는 하나님께 순종함으로 마귀의 유혹에 대하여 매번 승리하셨다. "한 사람이 순종하지 아니함으로 많은 사람이 죄인 된 것 같이 한 사람이 순종하심으로 많은 사람이 의인이 되리라"(롬 5:19). 그리고 예수께서 유혹에서 승리한 도구는 바로 하나님의 말씀이었다.

우리 인간에게도 똑 같은 성격의 유혹이 마귀로부터 다가오고 있다. 이러한 세 가지 성격의 유혹으로부터 스스로의 힘에 의해 자유로울 수 있는 인간은 이 세상에 아무도 없다. 그러한 유혹에서 승리할 수 있는 단 하나의 길은 오직 하나님의 말씀으로 무장을 하고 마귀를 대적하는 길 뿐이다.

복음 전파를 방해함

방해공작

사탄은 그리스도의 복음을 가로 막고 하나님의 나라가 확장되지 못하게 하기 위하여 활동한다. "그 중에 이 세상의 신이 믿지 아니하는 자들의 마음을 혼미하게 하여 그리스도의 영광의 복음의 광채가 비치지 못하게 함이니 그리스도는 하나님의 형상이니라"(고후 4:4). 개개인의 삶에서 사탄은 인간이 그리스도를 영접하지 못하도록 마음을 혼미케 하며, 또한 구원 받은 신앙이 성장하지 못하도록 온갖 방해를 한다.

이런 방해공작은 종종 질병을 일으키거나, 어려운 시련을 당하게 하거나, 갑작스런 사고를 만나게 하는 일 등 여러 가지로 일어날 수 있다. 성경에서 마술사 엘루마는 바울과 바나바가 복음 증거하는 일을 직접적으로 방해하였다. "이 마술사 엘루마는 (이 이름을 번역하면 마술사라) 그들을 대적하여 총독으로 믿지 못하게 힘쓰니"(행 13:8). 그리고 점치는 여종이 바울의 복음 전파를 방해한 사례 등을 들 수 있다.

> 우리가 기도하는 곳에 가다가 점치는 귀신 들린 여종 하나를 만나니 점으로 그 주인들에게 큰 이익을 주는 자라 그가 바울과 우리를 따라와 소리 질러 이르되 이 사람들은 지극히 높은 하나님의 종으로서 구원의 길을 너희에게 전하는 자라 하며 이같이 여러 날을 하는지라 바울이 심히 괴로워하여 돌이켜 그 귀신에게 이르되 예수 그리스도의 이름으로 내가 네게 명하노니 그에게서 나오라 하니 귀신이 즉시 나오니라(행 16:16-18).

마귀의 계략을 파함

수년 전 필자가 필리핀의 어느 마을에 가서 전도부흥집회를 인도하는 날이었다. 함께 한 모든 전도요원들이 몇 주간 기도로서 준비하고 있었지만, 무언가 마귀의 계략이 우리를 가로막으려 하는 것을 느끼고 있었다. 우리는 출발하기 전 단단히 기도로 무장을 하기로 했다.

그런데 그 마을로 이동하기 전, 함께 하기로 한 아내가 갑자기 머리가 너무 아파서 집회에 가기 힘들겠다고 내게 말했다. 나는 마귀의 속임수가 우리 주위에 어른거리는 것을 느꼈다. 그래서 나는 단호히 그러나 부드러운 어조로 아내에게 다음과 같이 대답했다.

"마귀의 장난이오. 당신이 집회에 참석하기만 하면 머리 아픈 것이 사라질 거요."

"아멘."

아내는 극심한 고통에도 불구하고 믿음으로 행하기로 했다. 악령의 역사는 그날 우리 앞에서 마치 미쳐 날뛰는 것 같았다. 그 마을을 향해 앞서 가던 우리 일행 중의 한 지프차에 어떤 아이가 갑자기 뛰어들어 교통사고를 치르게 되었다. 다행히 경미한 사고라 아이는 크게 놀란 것 외에는 별 상처가 없었다. 그러나 이 일로 인해 집회 전에 몇 사람이 경찰서와 병원을 뛰어다녀야만 했다.

마을에 도착하여 집회 준비를 하는데, 이번엔 빔 프로젝트가 고장이 난 것을 확인했다. 멀쩡하던 것인데 아마 비포장도로를 이동 중에 무언가 잘못 된 모양이다. 예배 직전까지 스텝들이 손을 써보았지만 여전히 먹통이었다. 빔 프로젝트가 안 되면 찬양 가사를 띄울 수 없고, 전도부흥집회라서 사람들이 찬양을 잘 모르기 때문에 가사를 보지 않고는 따라 할 수도 없었다. 모든 것이 느슨하게 풀어진 분위기가 되어버렸다.

'완전히 비상사태다. 기도 밖에 없다.'

말씀 전할 시간이 다가오는 동안 나는 계속 속으로 기도하고 있었다. 그리고 마귀가 두텁게 쳐놓은 진을 예수의 이름으로 파하기 시작했다. 이윽고 나는 강단으로 나갔다. 그리고는 곧바로 설교의 본문을 읽었다.

> 내 영혼아 여호와를 송축하라 내 속에 있는 것들아 다 그의 거룩한 이름을 송축하라 내 영혼아 여호와를 송축하며 그의 모든 은택을 잊지 말지어다 그가 네 모든 죄악을 사하시며 네 모든 병을 고치시며 네 생명을 파멸에서 속량하시고 인자와 긍휼로 관을 씌우시며 좋은 것으로 네 소원을 만족하게 하사 네 청춘을 독수리 같이 새롭게 하시는도다(시 103:1-5).

말씀에 기록된 바와 같이, 하나님은 우리의 죄악을 사하시고 우리 영혼을 구원하시는 분이시며, 모든 병을 고치시고 악한 귀신들의 권세에서 우리를 해방시키는 분이시며, 그리고 우리의 삶을 참된 기쁨과 능력으로 넘치게 하시는 분임을 간단명료하게 소개했다. 그리고 곧바로 기도의 제목들을 주고 기도의 시간으로 들어갔다.

예수 그리스도의 이름으로 마귀의 진이 무너질 것을 명령했다. 육체의 질병이 치유됨을 선포하고 더러운 귀신들의 속박이 풀렸음을 또한 선포했다. 그러자 무언가에 무겁게 눌려있던 것 같던 분위기가 갑자기 바뀌면서 모두들 뜨겁고 간절하게 기도를 드리기 시작했다.

그날 영광스럽게도 교회에 안 다니던 많은 사람들이 예수님을 믿기로 결단하고 앞으로 나왔다. 나는 그분들을 위해 한분씩 머리에 손을 얹고 기도를 해드렸다. 기도 받은 후에 많은 분들이 병 고침을 받았다고 놀람과 더불어 하나님께 감사하면서 속에 손을 들어 표시했다. 또 하나 놀라운 일은 그렇게도 아팠던 아내의 두통이 예배드리는 가운데 거짓말처럼 사라졌다는 사실이다.[95]

이처럼 마귀는 우리가 복음 증거하는 일을 직접 방해하고 차단하려 한다. 그 일을 위해 자기가 장악하고 있는 모든 능력과 궤계를 동원할 수도 있는 것이다. 이런 마귀의 공격 때문에 아직 이 방면에 미숙한 복음 전도자들에게는 큰 두려움과 혼란이 일기도 한다. 하지만 우리가 전능하신 하나님을 신뢰하고 또 성령의 인도하심을 담대히 따르기만 하면 우리는 이미 다 이루신 예수 그리스도의 승리를 우리의 사역 속에서 영광스럽게 확인하는 일이 일어난다.

주님의 승리를 경험하는 일은 우리에게 언제나 즐겁고도 새 힘에 넘치는 일이 아닐 수 없다. 성경은 이미 우리에게 이 모든 영적 싸움의 승리에 대한 교훈을 제시해 주고 있다. 그리고 "그 따르는 표적으로 말씀을 확실히 증언"(막 16:20)하게 하는 "성령의 나타나심과 능력"(고전 2:4)이 복음 전하는 자들에게 있다는 사실을 분명히 인식한다면, 우리는 그 어떠한 마귀의 궤계와 공격에도 불구하고 하나님 나라의 복음을 권세 있게 전할 수 있다.

95　배본철, 「다스리심」 (서울: 도서출판영성네트워크, 2009), 260-62.

뉴에이지 운동과 오컬트

오컬트

신비술(occult)이나 접신(接神) 행위는 근본적으로 영적 세계의 어두운 영역에 속한 것으로서, 사탄이 인간들의 행위 속에 자신의 파괴적 신념을 설정하는 일이 될 수 있다. 역사적으로 볼 때 이런 행위는 어느 문화권에서나 주로 종교적 의식을 동반하여 사람들을 현혹해 왔다. 예를 들면 미래 예언, 점치기, 사자(死者)와의 대화, 강신술, 점성술(占星術), 심령여행, 마인드 콘트롤(Mind Control) 등을 들 수 있다.

이 중에서 점성술은 우주의 태양과 달 그리고 여러 행성들에 대한 관찰을 통해 인간의 길흉화복을 예견한다는 기술이다. 이런 점성술은 하나님께 대한 신앙 대신 우주에 있는 특정한 항성들을 숭상하는 그릇된 신념으로부터 출발한다. 성경에도 이런 신념에 대한 경고의 교훈들이 나타난다.

> 또 여호와의 성전 두 마당에 하늘의 일월성신을 위하여 제단들을 쌓고 또 자기의 아들을 불 가운데로 지나게 하며 점치며 사술을 행하며 신접한 자와 박수를 신임하여 여호와께서 보시기에 악을 많이 행하여 그 진노를 일으켰으며(왕하 21:5-6).

이스라엘 민족들이 하나님께 대한 불순종으로 타락할 때는 이방 종교 사이에 성행했던 점성술들을 종종 행했던 것을 본다. 점을 치는 일과 강신(降神) 행위 등은 하나님께 범죄하는 일이라고 성경은 교훈하고 있다. 강신술이란 어떤 특정한 사람이나 영매자를 통하여 죽은 자와 교통을 하고 계시적인 메시지들을 얻을 수 있다고 믿으며 하는 행위다.

코흐(Kurt Koch)는 강신술적인 행위의 내용 속에는 통계적으로 볼 때 그 사실성의 비율이 극히 저조하다고 지적하였다.[96] 잘못 의도된 가설을 바탕으로 세워나간 이론이 강신술의 현상과 체험 이면의 허구성을 숨기고 있다. 그러나 사실을 본다면 강신 행위 자체가 매우 위험한 귀신들과의 접촉 통로일 뿐 아니라 마귀의 속임수에 빠지는 지름길이 된다.

> 그의 아들이나 딸을 불 가운데로 지나게 하는 자나 점쟁이나 길흉을 말하는 자나 요술하는 자나 무당이나 진언자나 신접자나 박수나 초혼자를 너희 가운데에 용납하지 말라 이런 일을 행하는 모든 자를 여호와께서 가증히 여기시나니 이런 가증한 일로 말미암아 네 하나님 여호와께서 그들을 네 앞에서 쫓아내시느니라(신 18:10-12).

오컬트나 우상 숭배 등에 깊이 몰두했던 부모들의 자녀들 세대에는 이런 악한 영의 영향력이 훨씬 강하게 나타날 수 있다.[97] 심지어 귀신들은 자기들을 따르는 추종자들의 복종을 시험하기 위해 제사를 지내달라고 요구하기까지 한다.[98] 예전 뿐 아니라 현대에도 귀신들이 요구하는 무모한 복종에 끌려들어가 신체적, 가정적 그리고 금전적으로 많은 피해를 입고 있는 사례들이 많다. 그럼에도 불구하고 오늘날 많은 현대인들이 자기들의 메마른 영혼을 달래 줄 활력소를 얻고자 동양 종교나 오컬트 등을 통해 이런 행위에 몰두하고 있는 실정이다.

최근 한국사회에 한 청년의 피살 사건과 함께 물의를 일으킨 바 있는 사령(死靈) 카페 같은 것도 한 예가 될 수 있다.[99] 사령 카페란 말 그대로

---

96 Kurt Koch, *Between Christ and Satan* (Grand Rapids: Kregel Publications, 1961), 125.
97 C. Fred Dickason, *Demon Possession & The Christian: A New Perspective* (Chicago, Ill: Moody Press, 1987), 219.
98 John L. Nebius, *Demon Possession and Allied Themes* (Westwood, N.J.: Fleming H. Revell Co., 1968), 24.
99 "손 빙의가 … 살인 부른 사령 카페 충격 진실," 〈중앙일보〉 (2012.5.4)

죽은 사람의 넋에 대한 정보를 나누고 또 실제로 영혼을 부르는 방법이나 그 경험 등을 공유하는 인터넷 모임을 말한다. 특수한 문자를 반복해서 그리면서 주문이나 주술을 외면 일반인도 어렵지 않게 죽은 사람의 혼을 불러올 수 있다고 주장하는데, 관련 카페가 백여 개에 이르며 이 중에서 가장 대표적인 카페에는 회원 수가 천 명이 넘는다.

이 카페 회원들의 주장에 의하면, 영의 종류에는 정령, 혼령, 귀신, 사령 등 여러 가지가 있는데 그 중에서 사령은 신 내림 등을 관여하는 영혼을 가리킨다고 한다. 이런 건전치 못한 신비 행위에 청소년들이 쉽게 매료되고 있는 한 가지 사실만 보더라도 우리는 현대인들이 얼마나 영적으로 목마른 상태인지를 쉽게 알 수 있다.

그러므로 현대인의 삶에 유해한 영향을 미치는 이런 오컬트적인 의식이나 행위들은 반드시 조사해서 가려내야 한다. 그러면 이런 것들을 제대로 분별해서 가려낼 수 있는 기준은 무엇인가? 그것은 바로 성경에 계시된 진리를 적용하는 일이다. 진리의 빛을 비출 때 어둠에 속한 영적 기만의 영역은 그 정체가 드러나게 마련이다.

그리고 이러한 세력에 묶여 있던 이들을 구출해 내야 한다. 그들을 구출해 낼 수 있는 유일한 능력은 바로 복음이다. 예수 그리스도의 구원의 능력은 잃어버린 영혼들을 구원하며 오컬트의 영역에 빠져 피해 받고 있는 자들을 얼마든지 구출해 낸다.

하나님께서는 거듭난 크리스천에게 악한 영들을 대적할 넉넉한 능력을 주시기 때문에, 우리는 이런 귀신들의 공격을 결코 두려워 할 이유가 없다. 크리스천들은 이런 영적 사역에 이미 부름 받은 자들이기 때문에 분명한 분별력을 지니고 이들을 대해야 한다. 특히 영적인 영역의 여러 현상들 속에는 어두운 영의 속임수가 얼마든지 활동하고 있기 때문에,[100]

---

100 Walter Martin, *The Kingdom of the Occult* (Nashville, Tennessee: Thomas Nelson, 1989), 307.

오컬트에 몸담고 있던 사람들을 해방시키기 위해서는, 그들에게서 귀신들과의 모든 교제를 끊는다는 명백한 결단을 얻어낼 필요가 있다.

당사자가 귀신과의 단절에 대한 결단에 이르도록 하는 일이 그리 쉽지 않을 때도 있다. 그러나 사역자가 인내를 가지고 기도하면 마침내 성령께서 그의 의지를 움직이실 것이다. 일단 당사자의 의지가 귀신을 추방할 것에 동의하게 되면, 사역자는 성령의 능력 안에서 그로부터 귀신을 쉽게 추방시킬 수 있다.

그리고 난 후에는 반드시 그들이 죄를 고백하고 예수 그리스도를 영접하게끔 해야 한다. 귀신이 다시 침투하는 일이 없도록 하기 위해서는 그들 영혼이 근본적으로 하나님을 향해 헌신하도록 되해야 한다. 이를 위해서는 그들이 성령의 세례를 받아 하나님께 대한 헌신과 영혼의 근본적인 정화를 받도록 인도해 주어야 하며, 또 그들이 하나님의 말씀 안에서 양육되어 그리스도 안에서 자라나도록 해야 한다.

마술

마술에 대한 사전적 정의는 특별히 만든 도구를 이용하여 교묘하고 빠른 손놀림으로 사람들의 눈을 속여 신기한 일을 보여 주는 기술이다. 이런 마술의 기원을 살펴보면 고대 이집트나 페르시아에서 종교 사제들에 의해 행해진 제의적(祭儀的) 기술에 연유한다. 중세시대 때도 역시 마술은 초자연적인 주술이나 오컬트와 연계되어 있었고, 그때까지만 해도 오늘날 유행하는 오락으로서의 마술에 대해서는 아직 낯선 시대였다.

마술의 종교적 근원은 차치하고라도, 마술은 그 근본적인 성격상 사람들의 인지력과 감각 작용의 약점을 이용하여 속임수를 통해 신기한 일이 발생한 듯이 느끼게 한다. 그렇기 때문에 마술사는 마술을 통해 사람들을 매료시켜 심리적인 혼란을 일으키게 할 수도 있다.[101] 물론 마술도 역시 선한 동기와 목적으로 행해질 때도 있다. 단지 사람들에게 즐거움을 줄 목적으로 행해질 때 그것을 악하다고 말할 수는 없을 것이다.

한 예를 들어, 최근에 기독교계에서는 가스펠 매직(gospel magic)이라든지 기독교 마술이라는 것을 통해 복음을 전하고 기독교적 가치관을 표현하는 사례들이 더러 있다. 마술이 비록 눈속임을 하는 기술이라 할지라도, 그런 특별한 경우는 그것을 통해 좋은 결과를 기대할 수 있다는 것을 부인할 수는 없을 것이다.

그러나 마술이 갖고 있는 고유한 특성상 그것은 언제든지 사람의 마음을 교란시킬 수 있다는 점은 어느 경우에나 깊이 유의할 점이다. 이것이 악용될 경우 마술사는 사람들의 심리 뿐 아니라 물리적이거나 육체적인 영역에 있어서도 특정한 사람들을 구속할 수도 있기 때문이다.[102]

가장 심한 경우는 흑색 마술(Black Magic)의 경우다. 흑색 마술은 나쁜 목표를 지니고 행하는 마술인데, 이런 경우엔 이 마술이 귀신들의 영향을 깊이 받게 된다. 흑색 마술이 초자연적인 기적 현상과 육체적 치유의 능력을 나타낸다고 하는 점은 오컬트의 역사 속에 이미 잘 나타나 있다.[103] 흑색 마술은 보통 마귀의 세력과의 특정한 계약을 동반하며, 주문에 의하여 마귀의 세력을 불러들이기도 하기 때문이다.[104]

---

101 Kurt Koch, *Christian Counseling and Occultism* (Grand Rapids: Kregel Publications, 1965), 162.
102 Koch, *Between Christ and Satan*, 82-4.
103 Lynn Thorndike, *A History of Magic and Experimental Science* (New York: Macmillan Co. and Columbia University Press, 1941), 1:1-4.
104 Koch, *Christian Counseling and Occultism*, 127-30.

뉴에이지 운동

뉴에이지 운동(New Age Movement)은 기독교의 정신에 매우 상치되는 일종의 종교다원주의(宗敎多元主義: religious pluralism) 운동이다. 20세기 이후 귀신들의 역사는 선(禪), 요가, 초월적 명상, 단(丹) 등과 같은 운동을 포함한 동양종교들의 소종파(小宗派) 운동들을 타고 기독교 복음을 크게 손상시켜 나가고 있다.

요즘 요가나 단을 수련하는 곳들이 체력 단련이나 신체적 건강을 원하는 사람들의 호응 속에 현대 사회에 깊이 자리 잡고 있다. 그러한 행위가 힌두교나 단학 신앙과 같은 종교성을 띠고 있다는 것은 그 행위의 이론적 저변을 접하기까지는 일반인들이 깨닫지 못할 수도 있다. 그러나 그것을 알아차리지 못했다고 해서 그 신념적 영향을 받지 않는다고 생각하는 것은 크나 큰 오해다. 오히려 그러한 무지와 방관 자체가 귀신들이 쉽게 공격할 수 있는 터전을 마련해 준다.

그 중에서도 뉴에이지 운동은 과학, 의학, 철학, 음악, 문학, 미술 등을 매개 삼아 기독교에 접근한다. 그런데 정체성을 좀처럼 드러내지 않는 이 운동의 은밀함 때문에, 분별력이 없는 청소년들은 아무런 의식도 하지 못한 채 뉴에이지의 신념 체계로 빠져 들어가고 있다.

뉴에이지 운동의 정체는 대부분 범신론적 동양철학과 함께 힌두교적 가르침과 실천에 근거한다. 뉴에이지 운동가들은 '신이란 비인격적 힘의 근원'이라고 보며, 온 세계와 만물이 그 힘 안에 있다고 본다. 그리고 이러한 신성이 곧 인간 안에 깃들어 있기 때문에, '인간 자신이 신'이라는 깨달음으로부터 구원의 길이 주어진다고 본다.

특히 구원의 완성은 자신의 존재가 우주적 궁극적 실재와 합일되는 경험 속에서 주어진다고 하는데, 이를 위해 명상이나 수행 등이 요구된다. 그들은 일반적으로 환생(reincarnation)과 업보(karma)를 믿는다. 그럼에도 불구하고 대부분의 요가 실천자들은 이 운동이 힌두교적 근원을 두고 있다는 것을 모르는 가운데 귀신들의 영향에 완전히 노출된다.

이러한 뉴에이지 운동의 강력한 힘에 대처할 방법은 확고한 복음적 신앙고백밖에는 없다. 즉 기독교의 복음은 타종교와 서로 타협하여 어떤 종합에의 길을 모색할 수 없으며, 그 대신 타종교 앞에 오직 만인(萬人)의 주되시는 예수 그리스도를 드러내는 증언적 입장에 서지 않으면 안 될 것이다. "다른 이로서는 구원을 받을 수 없나니"(행 4:12), 예수 그리스도만이 유일한 구원이라는 진리를 지킴에 있어서 어떤 추호의 양보도 절충도 있을 수 없다. 어떠한 고등종교(高等宗敎)이든, 또 아무리 탁월한 신념체계를 지니고 있든 간에, "그리스도 밖에서, 또는 그리스도의 사역을 믿음을 통해서 명확히 받아들이지 않고서는 구원을 도저히 얻을 수 없다."[105]는 고백만이 종교다원주의 속에 활동하는 귀신들의 본거지를 파괴시킬 수 있는 유일한 길이다.

가계적 유산

귀신들의 영향은 가족력을 따라 전달될 수 있다. 성경은 선조들의 죄악이 다음 세대들에게 "삼사 대까지 이르게"(출 20:5; 34:7; 민 14:18; 신 5:9) 영향을 준다는 것을 경고한다. 세대를 이어가는 이런 죄악에 대해 우리는 "자기의 죄와 조상들의 허물을 자복하고"(느 9:1-2) 회개하여 귀신들의 침입 경로를 막아야 한다.

아비들 세대의 죄악이 깊을 때 다음 세대들은 매우 강도 높게 귀신들의 영향을 받게 될 수 있다. 만일 어떤 사람이 정욕과 부패한 가족력을 지니고 있다면, 또는 어떤 사람이 자신의 악한 정욕을 통제하지 못하는 삶

105　*The Manila Manifesto*, "The Uniqueness of Jesus Christ": J. D. Douglas(ed.), *Proclaim Christ Until He Comes* (Minneapolis, Minnesota: World-wide Publications, 1990) 참조.

을 살아왔다면, 그러한 연약성을 그의 자녀들에게 전달하게 될 수도 있다는 것이다.[106] 이런 경우는 육체적 연약성은 물론이고 정서적 태도 등도 역시 해당된다. 이런 것들은 어느 정도 후천성도 있지만 선천적으로 부모로부터 유전될 수도 있다는 말이다.

특히 우상 숭배나 점술가나 무당들과의 영적 교류를 많이 한 가족력을 지닌 자녀들의 세대에는 귀신들이 더욱 심하게 공격할 수 있다. 반면에, 튼튼한 경건을 훈련한 부모 세대는 다음 자녀세대들에게 역시 좋은 경건의 영향력을 전달할 수 있다.

그런데 가계적 유산을 다룸에 있어서 한 가지 주의해야 할 필요가 있는 이론이 있다. 그것은 그리스도의 구속사역의 공로로 인한 구원의 은총만으로는 가계의 저주를 완전히 끊어내기에는 부족하기 때문에 이런 저주를 끊어내기 위한 작업이 새롭게 요청된다고 보는 시각이다.

이런 이론이 생기게 된 배경 속에는 크리스천들 중에도 부모로부터 전달된 죄의 속성이라든지 또는 저주로 간주될 수 있는 삶속의 고통이 연속되는 경우도 많다는 점에 주목한 것이다. 그래서 예수 그리스도의 대속이 비록 영혼의 구원은 가져다주었지만, 가계로 이어진 저주의 고리는 새롭게 끊어내야 할 필요가 있다는 이론이다; "가계의 저주는 예수님의 구속 사건으로 완전히 차단되었지만, 종말론적으로 볼 때 완성된 것은 아니다."[107] 이러한 이론의 근거는 조지 래드(George E. Ladd)의 '이미 그러나 아직'(already but not yet)의 종말론에서 가져온 것으로 보인다. 그래서 마귀에 대한 예수님의 법적 승리는 이미 획득했으나, 실제적이고도 완전한 승리는 예수의 재림 때 이루어진다고 보는 시각이다.[108]

106　Cindy Jacobs, "Dealing with Strongholds," in C. Peter Wagner, *Breaking Strongholds in Your City* (Venture, CA: Regal Books, 1993), 92-4.
107　이윤호, 「가계의 복과 저주전쟁에서 승리하라」 (서울: 베다니출판사, 2002), 14.
108　이윤호, 「내 안의 적을 추방하라」 (서울: 베다니출판사, 2006), 69-70.

하지만 이 이론은 래드의 종말론이 마귀에 대한 예수의 법적 승리를 교회가 계속 주장하여 그 영역을 확장해 가야 할 사명이 있다는 것을 말한 것이지, 예수의 승리에도 불구하고 크리스천 속에 가계의 저주는 계속 된다고 하는 말이 아니라는 점을 알아야 한다. 교회는 예수 그리스도의 다 이루신 승리를 경험하며 이 땅 위에 완성시켜가는 존재다. "사탄은 그리스도에 의해 원칙상 패배를 했지만, 하나님의 승리가 이 땅위에 아직 완전히 구현된 것은 아니다. 이 승리를 이 세상의 끝까지 적용시키는 것은 그리스도의 몸으로서의 교회의 주된 사역이다."[109] 신자들의 삶속에 불완전한 경험의 고백이 있다면 그것은 결코 그리스도의 능력이 충분치 못하거나 또는 완성되지 못하였기 때문이 아니다. 크리스천의 구원과 성화에 요청되는 모든 준비는 이미 그리스도 안에서 완전히 이루어진 것이다.

> 그러므로 이제 그리스도 예수 안에 있는 자에게는 결코 정죄함이 없나니 이는 그리스도 예수 안에 있는 생명의 성령의 법이 죄와 사망의 법에서 너를 해방하였음이라(롬 8:1-2).

누구든지 예수의 생애와 그의 죽으심과 부활의 공로를 믿는 이는 자연스럽게 구원이 요구하는 모든 조건을 구비할 수 있게 된다. 그러므로 예수 그리스도를 믿는 믿음을 통하여 하나님께서는 다음과 같은 영적 변화를 신자에게 가져준다;

첫째, 예수의 십자가 보혈의 대속을 믿음으로 그리스도인들은 지나간 죄, 그리고 현재와 미래의 모든 죄에 대해 이미 속전(贖錢)이 베풀어진 것을 믿게 된다. 이를 믿는 자는 영원토록 죄책으로부터 자유하게 된다. 양심의 정죄감을 느낄 때마다 그리스도인들은 예수의 십자가 죽으심의 의

---

109 Boyd, *Satan and the Problem of Evil: Constructing A Trinitarian Warfare Theodicy*, 38.

미를 인식하고 감사함으로써 자유를 누리게 된다.

둘째, 예수께서는 이제 성령으로 그들 속에 임재하신다. 성령의 임재를 믿는 신앙은 곧 하나님과의 사랑 안에서의 연합의 길을 의미한다. 성령은 신자에게 임재하여 그의 주님이 되신다. 하나님께서는 나의 모든 죄와 저주의 문제를 해결해 주셨다고 선포하신다. 이는 로마서 6,7장에서 십자가와 아내의 상징을 통해서 잘 드러내고 있다. 그리스도의 은혜로 인한 성령세례는 모든 죄와 저주의 속박을 단 번에 소멸한다.

죄와 사망의 법으로부터 우리를 해방하신 그리스도의 능력을 고백하는 자는 누구든지 실제적인 해방을 경험한다. 그것은 어디까지나 실제적인 해방이지, 명목상으로나 법정적으로나 또는 단계적으로 해방되는 것이 아니다. 그러므로 그들에게 필요한 것은 가계의 저주를 끊는 기도가 아니라 그리스도께서 이미 이루신 복음의 내용에 대한 이해와 깨달음을 고백하는 것이다.

잠재의식과 꿈

잠재의식

우리 내면세계의 의식에는 크게 나누어서 현재의식과 잠재의식이 있는데, 그 중에서 잠재의식은 하나님으로부터 이미지를 받아들여 형상화될 수도 있고 또 귀신들로부터 그 이미지를 받아서 형상화할 수도 있는 가치중립적인 기능이다. 잠재의식의 영역은 성령과 하나님의 말씀에 의해 통제되어지는 것이 가장 이상적이다.

그러나 그렇지 못할 때 귀신들은 인간의 잠재의식의 영역을 자유롭게 넘나들면서 여러 가지 해로운 상징들과 상념들의 씨앗을 뿌려놓는다. 잠재의식 속에 형성된 귀신들의 영향은 현재의식에 반영되거나 다른 이들의 정신세계에 투사(投射)되면서 그 세력을 퍼트려간다.

예를 들어, 다른 사람에 대한 부정적인 날카로운 판단을 일삼는 일은 우리 자신의 잠재의식에 그 기초를 두고 있는 것으로서, 거기에는 어두운 잠재의식적 투사의 요소가 항상 있다. 만일 내가 어떤 인물에 대한 격한 감정적 비난과 증오 등을 지니고 있다면, 그것은 무엇보다도 나의 현재의식에 대한 잠재의식의 정죄와 비난이 상대방을 향해 투사되고 있는 것이다.

이러한 부정적인 잠재의식의 요소들을 먼저 자신에게 적용시켜 자신을 치유시키지 못한다면 이 같은 잠재의식의 투사는 계속될 것이요, 결국에는 자기뿐 아니라 자기와 관계된 많은 이들에게 이 같은 부정적 잠재의식의 요소들을 집단무의식의 기능을 통해 반영하게 될 것이다. 바로 이러한 결과가 귀신들이 이 사회와 정신세계 속에 퍼뜨려 놓은 그릇된 가치관과 파괴적인 의식의 영향이다.

우리가 우리의 부정적인 잠재의식적 요소들을 어떤 사람에게 투사시켜 놓고 있는 한, 귀신들은 우리가 말씀과 성령 안에서 성숙해가는 일을 지속적으로 차단해 갈 것이다. 예수께서 "외식하는 자여 먼저 네 눈 속에서 들보를 빼어라 그 후에야 밝히 보고 형제의 눈 속에서 티를 빼리라"(마 7:5)고 하신 것은 바로 이런 점에서 심각한 의미를 담고 있는 말씀이다. 성령의 능력을 통하여 내면적인 치유가 일어날 때 비로소 우리는 우리 내면의 잠재의식에 깔려 있는 여러 독소적 상념의 잔재들을 발견하고 영적 회복의 길에 나아갈 수 있는 것이다.

귀신들은 최면술과 명상을 통해서 인간의 영혼에 침투하여 잠재의식을 조종할 수 있다. 얼마 전 어느 TV에서 연예인들에게 최면을 걸어 이른바 '전생 체험'을 시켜준다고 하는 프로그램이 인기리에 방영되었다. 최면술사들은 먼저 대상자들에게 최면에 걸리면 과거의 전생을 체험하게 될 것이라는 것을 은연중에 암시를 준다. "신비술에 빠진 사람들에게 있어서 최면술은 하나의 귀신들의 도구가 된다."[110] 대상자들은 쉽게 이 암시에 빠져들고, 마침내 그들은 잠재의식의 세계에서 표현되는 여러 의미 있는 장면들과 상징들을 접하게 된다. 이때 최면술사가 적당한 암시기법을 통해 전생의 존재에 대한 신념화를 시키면, 대상자들은 잠재의식 속에서 떠오르는 인물들을 마치 자신의 전생의 존재인 걸로 믿게 된다.

명상에 대해서는 어떤지 알아보자. 요가나 단이나 선 등에서 실행하는 명상법은 성경에서 말하는 묵상의 성격과는 판이하게 다른 것으로서, 이런 명상을 통해 결국 특정한 종교적 신념이 잠재의식 속에 주입된다. 그러나 성경적 묵상은 하나님의 말씀으로 치유 받고 힘을 얻는 것이다.

현대 의학계에서는 육체와 마음의 질병에 대한 치료와 안정을 위해서 최면술을 사용할 때가 많다. 인간이 깊은 최면 상태에 있으면 현재의식이 활동을 하지 못하며, 최면을 거는 사람이 최면에 걸리는 사람의 잠재의식에 직접 메시지를 줄 수 있다. 최면 상태에 들어가면 메시지에 대한 판단이나 분석이 불가능해지는데, 귀신들은 이런 공허한 영역을 자주 사용한다.

초월적 명상(Transcendental Meditation)도 예외가 아니다. 초월적 명상은 힌두교 명상술의 한 일종으로서, 명상을 통하여 인간의 정신적 개벽과 창조성을 확장시키는 것을 목적으로 한다. 그러나 이는 결국 자기 숭배와 다르지 않다. 왜냐하면 그것은 궁극적 실재로서의 비인격적 신이 인간 안에 내재하는 것을 깨닫게 해 주는 가르침이라고 하기 때문이다.[111]

그런가 하면 어린이들의 신념세계와 어린이들의 문화 속에도 귀신들이 침입을 용이하게 해주는 신념들이나 행위가 있다. 예를 들면 귀신 얘기나 도깨비들에 대한 두려움, 귀신 영화, 계속되는 악몽, 귀신 만화 등을 들 수 있다. 어려서부터 이런 세계에 많이 노출이 되면, 그 어린이가 성인

---

110 Martin, *The Kingdom of the Occult*, 254.
111 Josh MacDowell & Don Stewart, *Handbook of Today's Religions* (San Bernardino, CA: Here's Life Publishers, 1982), 83-4.

이 되어서까지도 잠재의식 속에 형성된 이런 부정적인 신념의 영향을 많이 받게 된다.

꿈

귀신들은 인간의 일상적 경험인 꿈을 통해서도 잠재의식과 현재의식에 영향을 줄 수 있다. 꿈에는 여러 종류가 있는데, 크게 일반적인 꿈과 특별한 꿈으로 구분할 수 있다. 일반적인 것으로는 하루 동안에 겪었던 신체적, 심리적 경험에 따라 무의식 속에서 주제와 자료들이 형성되어 꿈으로 나타난다. 이런 이유로 인해서 격렬한 신체적, 심리적 경험을 하게 된 날은 꿈도 역시 강렬하게 표현될 때가 많다. 이렇게 볼 때 일반적인 꿈은 신체와 영혼의 리듬과 조화를 유지하기 위해 필요한 치유와 회복의 역할을 한다고 볼 수 있다.

일반적인 꿈의 기능과는 별도로, 특별한 동기나 목적을 지니고 표현되는 꿈도 있다. 불길한 악몽, 태몽, 특정한 인물이나 사건에 대한 투시적인 차원의 꿈, 그리고 과거나 미래에 대한 예시적인 차원의 꿈도 있다. 이러한 차원을 통해 귀신들은 인간의 의식 속에 유혹이나 부정적 신념 등을 심어줄 수 있다. 귀신들이 심어 놓은 여러 상징들과 느낌 등은 현재의식에 곧바로 그 의미가 깨달아지지 않는다. 바로 이런 비밀스런 이유 때문에 귀신들은 꿈을 통해 사람들을 움직여가는 것을 매우 즐겨한다.

최근에 나의 아내가 겪었던 꿈에 대해 소개한다. 아내는 수년 전에 심장병을 심하게 앓은 적이 있었는데, 하나님의 기적적인 신유의 은총으로 깨끗이 고쳐진 경험이 있다. 그 후 그 병이 전혀 재발하지 않고 지금까지도 건강함으로 인해, 아내는 이 간증을 통해 살아계신 하나님을 증거하며 하나님께 영광을 돌리고 있다.

그런데 얼마 전 아내는 꿈속에서 자기의 건강에 대한 매우 부정적인 내용의 꿈을 꿨다. 꿈속에 나타난 의사는 아내에게 위암에 걸려서 살아날 확률이 8% 밖에 되지 않는 위중한 상태라고 말했다. 연이어 꾼 또 하나의 꿈에서는 아내의 팔뚝에서 피가 막 솟구치는 것이었다. 꿈속에서 아내는 매우 큰 불안감을 느꼈다. 잠에서 깨자마자 아내는 꿈의 내용이 생생히 생각났다. 그러면서 가슴과 등에 큰 통증을 느꼈다.

그러나 아내는 그 꿈의 내용과 몸의 통증을 신뢰하는 대신, 주님께서 신유의 은총으로 이미 분명한 나음을 주신 사실을 고백하며 감사드렸다. 그러자 거짓말처럼 통증이 사라지고 마음엔 기쁨과 감사가 넘쳐나는 것이 아닌가! 그 꿈의 내용은 악한 영들이 뿌려놓은 잠재의식속의 속임수였던 것이다. 그러나 아내는 진리에 대한 고백을 통해 거짓된 귀신들의 궤계를 물리친 것이다.

안타깝게도 대부분의 사람들은 꿈을 올바로 해석하는 이해와 훈련이 되어 있지 않기 때문에, 귀신들이 꿈속에 뿌려놓은 느낌과 상징들은 자신에게는 물론 주위 사람들에게도 크고 작은 해악(害惡)을 일으키는 불씨로 작용하게 되기 마련이다. 이렇게 볼 때 인간의 정신세계를 교란하는 귀신들의 궤계를 분쇄하기 위해서 꿈의 상징들을 복음적으로 해석해나가는 지혜와 훈련은 앞으로 필수적으로 요청된다고 본다.

그러나 꿈 해석의 전통은 고대교회의 몬타누스주의 정죄와 교권제도 발생 이후 현재까지 교회사 속에서 줄곧 외면을 당해왔다. 20세기에 들어와서야 그동안 일종의 미신으로 간주되며 냉대를 받던 꿈 해석에 대해 새롭게 이해하려는 시각이 생겨났는데, 이것은 지그문트 프로이드(Sigmund Freud)와 칼 융(Carl Gustav Jüng)의 꿈 해석에 대한 이론을 받아들임에 기인한다.[112] 신학계에서는 1980년대에 이르러서 조심스럽게 이 이론에 대한 관심을 보이게 되었으며, 그 후 점차적으로 진보주의 신

---

112 Heri Ellenberger, *The Discovery of the Unconscious* (New York: Basic Books, 1970), 311.

학계를 중심으로 꿈 해석에 관한 융의 이론을 적극 도입해 왔다.

기독교 학자들 가운데 꿈 해석에 대한 고전적인 지침을 마련한 인물로는 몰턴 켈시(Morton Kelsey)와 존 샌포드(John A. Sanford)를 들 수 있다. 켈시는 히브리어 성경이 제롬에 의해 라틴어로 번역될 때 꿈에 대한 오역(誤譯)이 시작되었다는 점을 지적한 인물로서, 그는 자신의 책에서 하나님께서는 기독교의 전 역사를 통해 꿈과 환상으로 사람들에게 말씀해 오셨다고 말했다.[113] 샌포드는 융 심리학 연구소에서의 훈련을 통해 융의 심리학의 영향을 많이 받았는데, 하나님께서는 꿈을 통해 자신의 뜻을 직접 계시해 오셨다는 사실을 성경 전체를 통해 살펴 볼 수 있다고 그는 단언하였다.[114] 현대의 치유사역과 영성운동에서도 이러한 이론을 실제적으로 적용하는 사례가 높아가고 있다.

그러나 융의 이론은 마치 신학계의 진보와 보수 사이를 갈라놓은 격이 되어서, 신학적으로 진보적인 측에서는 이를 적극 수용하는 반면 보수적인 측에서는 이를 명백히 거부하고 있다. 그러나 현재 이 주제에 대해 고조되는 관심과 질문은 현대의 기독교가 꿈 해석이라는 주제에 대해 적어도 책임성 있는 신학적 평가를 내려야만 할 때라는 점을 말해주고 있다고 본다. 우리들의 주제와 관련해서 볼 때, 올바른 꿈의 해석은 크리스천의 잠재의식 속에 역사하는 귀신들의 활동을 분별하여 효과적으로 대처할 수 있는 유용한 도구가 될 수 있기 때문이다.

---

113 Morton Kelsey, *Dreams: The Dark Speech of the Spirit* (New York: Doublday, 1968), 9.
114 John A. Sanford, *Dreams: God's Forgotten Language* (New York: Lippincott, 1968), 102.

성, 돈, 명예

성

성이란 근본적으로 하나님이 인간에게 주신 선물이다. 그러나 성은 결혼이라는 범주 내에서 실행되어야 한다. 성관계는 부부의 사랑과 자손의 번식을 위한 수단이지 성 자체가 목적이 될 수는 없기 때문이다. "성은 우리가 하나님의 명령을 어기고 잘못 사용할 때만 죄이다. 하나님께서는 우리를 벌하시거나 제한하시기 위해서가 아니라 우리의 유익을 위해 우리에게 규칙을 주셨다."[115]

그러므로 이것을 오용할 때 성 관계는 곧 영적인 문을 귀신들에게 열어주는 셈이 된다. 예를 들어, 간음, 성폭행, 혼전 성교, 근친 강간, 동성애, 음란물, 낙태, 음란, 수간(獸姦) 등을 들 수 있다. "너는 여자와 동침함 같이 남자와 동침하지 말라 이는 가증한 일이니라"(레 18:22)는 말씀과도 같이, 그 중에서도 특히 동성애 문제는 현대 사회의 매우 큰 문제점으로서, 귀신들이 매우 깊이 침투할 수 있는 수단이 된다.

> 이 때문에 하나님께서 그들을 부끄러운 욕심에 내버려 두셨으니 곧 그들의 여자들도 순리대로 쓸 것을 바꾸어 역리로 쓰며 그와 같이 남자들도 순리대로 여자 쓰기를 버리고 서로 향하여 음욕이 불 일듯 하매 남자가 남자와 더불어 부끄러운 일을 행하여 그들의 그릇됨에 상당한 보응을 그들 자신이 받았느니라(롬 1:26-27).

부부 사이에도 적절한 성 관계를 유지해야 한다. 배우자의 성적 욕구를 거절하는 것은 매우 깊은 정서적인 좌절감을 상대방에게 안겨 주게 될

---

[115] Joice J. Penner & Clifford L. Penner, 「성 상담」, 김의식 역 (서울: 두란노, 1995), 51.

때가 많다. 이로 인해 성생활의 문제를 가져올 뿐만 아니라 정신적인 의사소통까지도 장애를 일으킬 수 있으며, 이러한 공백은 귀신들이 부부 사이에 침입할 수 있는 적절한 통로가 된다.

그리고 어떤 사람은 영적인 사람일수록 성을 멀리해야 할 것이라고 믿는 경우가 있는데, 이런 신념은 성경적이지도 않을 뿐더러 일종의 해로운 금욕주의다. 이런 생각이 깊어지면 정상적인 성 생활을 저속한 것으로 간주하게 되며, 필요 이상의 금욕과 절제로 인한 영적 생활의 불균형 속에 오히려 귀신들이 자유롭게 침투할 수 있는 근거를 마련해 주게 된다.

돈

우리가 이 땅에 사는 동안 돈 혹은 물질은 반드시 필요하다. 성경이 돈 자체를 죄악시 하는 것은 아니다. 그런데 돈의 기능은 마치 동전의 양면처럼 선과 악의 양면성을 지니며 또 이와 함께 필연적인 모순성을 지니고 있다. 그런데 이러한 돈의 양면성이 함께 부각되는 이유는, 그 돈 자체가 인간의 소욕이 아닌 하나님의 영광을 위해 쓰일 때 비로소 그 본래적인 가치가 나타난다는 점을 반영하기 때문이다.

돈의 기능은 아브라함이나 야곱과 같이 하나님께 순종하여 많은 물질을 얻었을 때는 긍정적이지만, 사울과 같이 물질에 대한 욕심으로 인해 오히려 하나님과 멀어질 때는 부정적으로 작용한다. "사울과 백성이 아각과 그의 양과 소의 가장 좋은 것 또는 기름진 것과 어린 양과 모든 좋은 것을 남기고 진멸하기를 즐겨 아니하고 가치 없고 하찮은 것은 진멸하니라"(삼상 15:9)는 말씀은 사울이 물질 문제에 있어서 하나님 앞에 순결하지 못했다는 것을 지적한다. 성경에서도 어떤 경우에는 후히 되어 누르고 흔들어 넘치도록 복을 주시겠다고 말씀하는 반면에(눅 6:38), 또 다른 경우에는 가난한 자가 복이 있다고 말씀하신다(눅 6:20). 이것은 물질의 양면적 기능 때문에 하나님께서 그렇게 말씀하신 것으로 이해할 수 있다.

실제적으로 돈의 영향력은 매우 초월적인 능력의 속성을 가지고 있다. 돈은 우리에게 안일함과 여러 가지 생활의 편리함을 준다. 돈은 여러 가지 문제를 해결할 수 있는 큰 힘을 주는데, 그 힘은 그야말로 전 세계적으로 영향을 미친다. 이러한 돈의 능력 때문에 사람들은 돈을 좋아하며 마침내는 돈을 섬기기까지 한다. 돈을 섬기기 시작할 때 인간은 귀신들이 펼쳐 놓은 덫에 걸려 마침내 돈의 부정적 특성의 포로가 되어간다.

이러한 물질만능주의(mamonism)는 근원적으로 볼 때 마귀적이다. 왜냐하면 돈이 마침내 악한 목적의 도구가 되기 때문이다. "죄는 인간으로 하여금 거짓신(우상)의 종노릇을 하게 한다. 그리고 마침내 그로 말미암아 자멸하게 한다. 여기서 우상이라 함은 목석이나 사람이 만든 형상만이 아니라 동서고금을 막론하고 특히 경제적인 측면에서 본 개인주의와 물질주의를 지칭하는 것이다."[116] 그러므로 선한 동기도 없이 무조건 많은 돈을 벌려고 욕심을 내는 것 자체가 귀신들이 펼쳐놓은 죄악의 나락으로 떨어지는 통로가 된다.

> 부하려 하는 자들은 시험과 올무와 여러 가지 어리석고 해로운 욕심에 떨어지나니 곧 사람으로 파멸과 멸망에 빠지게 하는 것이라 돈을 사랑함이 일만 악의 뿌리가 되나니 이것을 탐내는 자들은 미혹을 받아 믿음에서 떠나 많은 근심으로써 자기를 찔렀도다(딤전 6:9-10).

이처럼 물질의 신을 숭배하는 일은 참다운 영적 성숙을 위해서 반드시 회개하고 떨쳐버려야만 하는 우상 숭배인 것이다. 예수께서는 "한 사람이 두 주인을 섬기지 못할 것이니 혹 이를 미워하고 저를 사랑하거나 혹

---

116 김세열, 「기독교 경제학」 (서울: 도서출판 무실, 1990), 93-4.

이를 중히 여기고 저를 경히 여김이라 너희가 하나님과 재물을 겸하여 섬기지 못하느니라"(마 6:24)고 하셨다. 이 말씀은 우리의 신뢰의 대상이 하나님 아닌 물질이 되어서는 안 된다는 것이다. 또한 물질 숭배에 빠지게 되면 곧 하나님께 대한 신뢰와 사랑을 잃어버리게 된다는 의미이다.

명예

명예에 대한 욕구는 하나님께서 인간에게 주신 자연스런 욕구 중의 하나다. 이 욕구를 통해 인간은 자신에 대한 보다 나은 자아상을 구현하려는 미래의 꿈을 지니고 노력해 나갈 수 있다. 그러나 다른 욕구들과도 마찬가지로 이 명예욕도 건전한 가치관 속에서 올바른 성취 목표를 가지고 사용해야만 하나님의 뜻을 이뤄나가는 선한 도구가 된다. 그런데 귀신들은 인간들이 이 욕구를 잘못 사용하도록 미혹해 왔고, 그 오용으로 인해 인류의 역사는 수많은 갈등과 분쟁의 흔적을 남겨왔다.

귀신들은 매우 광범위한 영역에서 인간들의 명예욕을 통해 자기들의 영역을 확장해 간다. 인간들이 가장 일반적으로 유혹 받기 쉬운 명예욕은 직위나 직책에 대한 것을 들 수 있다. 많은 이들이 어떤 '자리'에 연연한 나머지 양심을 속이고 또 여러 가지 비행(非行)을 서슴지 않는 경우를 본다.

그런가 하면 학위에 대한 욕구도 만만치 않다. 많은 직장에서 고학력자들을 우대하는 일은 어제오늘의 일이 아니다. 그야말로 현대는 고학력 시대라는 말이 나올 정도다. 그러다 보니 공부할 실력을 갖추지 못한 사람들 사이에서 석사 또는 박사학위를 부당한 방법으로 취득하는 사례들도 있기 때문에 사회 문제로 여러 번 지적되곤 한다. 기업이나 교회를 크게 일구려고 하는 욕구도 명예욕의 일종으로서, 그 자체가 악하다고 할 수는 없지만, 분수에 맞지 않는 허황된 야망으로 명예욕의 포로가 되어 있는 것은 귀신의 영향에 사로잡힌 큰 죄악이다.

마귀의 유혹에 넘어간 명예욕의 원초적인 사례는 에덴동산에서 찾을 수 있다. 창세기 3장 6절에서 '지혜롭게 할 만큼 탐스럽기도 하다'는 것은 인간의 지혜를 통해 하나님처럼 높아지겠다는 이생의 자랑 즉 죄악된 명예욕인 것이다.

이스라엘의 초대 왕이었던 사울의 경우도 일단 왕이 되어 권력을 맛보게 되자 자기의 명예와 영광을 위해 하나님의 명령조차 어기는 사람으로 변질되고 말았다. 하나님께서 아말렉을 치라 하시면서 아말렉의 모든 사람과 짐승을 진멸하게 하셨는데, 전쟁에서 승리한 사울은 아말렉의 양과 소들 중 좋은 것들은 살려 두고, 아말렉의 왕도 살려서 포로로 잡아왔다. 그는 좋은 양과 소를 죽이기가 아까운 마음이 들었고 적의 왕을 사로잡아 오는 것이 자신의 승리를 더 빛나게 할 것 같았기 때문이다. 이처럼 사울은 탐심과 명예욕으로 인해 하나님께 불순종을 하고 말았던 것을 볼 수 있다(삼상 15:1-9).

인간이 명예욕의 포로가 되어갈 때 그는 목적을 성취하기 위해서 수단과 방법을 가리지 않게 되고, 결국 교만과 여러 가지 해로운 죄악들이 그를 얽어매게 된다. "젊은 자들아 이와 같이 장로들에게 순종하고 다 서로 겸손으로 허리를 동이라 하나님은 교만한 자를 대적하시되 겸손한 자들에게는 은혜를 주시느니라"(벧전 5:5). 이러한 교만한 명예욕은 크리스천들이 가져야 할 겸손의 정신과는 명백히 대치되는 것이다.

명예욕에 사로잡힌 사람들은 귀신들에게 가장 든든한 요새를 마련해 준다. 그들이 비록 영적 세계의 비밀을 알든 모르든 간에, 그런 이들의 활동을 통해 '통치자들과 권세들과 이 어둠의 세상 주관자들과 하늘에 있는 악의 영들'(엡 6:12)의 세력은 확장되어 가는 것이다.

제4장

귀신들의 교회 공격

교회 공격의 실상과 목표

교회에 대한 공격

마귀와 귀신들의 최대 공격 대상은 예수 그리스도의 교회다. 왜냐하면 마귀는 세상에서 하나님을 대항하는 불순종의 모든 영역을 자기의 세력 아래 두고 있지만 오직 교회만은 장악하지 못 하고 있기 때문이다. 뿐만 아니라 마귀의 모든 궤계와 술수를 간파하고 이를 대적하고 있는 유일한 곳이 바로 교회이기 때문이다. 그러므로 교회만 분쇄하여 파멸시킬 수 있다면 마귀는 전 우주에서 더 이상 두려울 대상이 없을 것이다.

마귀는 가장 포악한 모습으로 교회를 공격해 들어오고 있을 뿐 아니라, 좀 더 은밀한 정책으로 간교한 속임수를 크리스천들에게 퍼뜨린다. 그것은 크리스천들이 교회의 영광스런 부요와 능력을 깨닫지 못하게 하는 일이다. 안타깝게도 많은 크리스천들이 이러한 마귀의 술책으로 인해 교회의 영광스런 비밀을 보지 못하고 있다. 그러나 누구든지 마음을 열고 하나님 말씀의 교훈에 착념한다면 다음과 같이 사도 바울을 통해 계시된 영광스런 교회의 부요와 능력을 깨닫게 된다.

> 그의 능력이 그리스도 안에서 역사하사 죽은 자들 가운데서 다시 살리시고 하늘에서 자기의 오른편에 앉히사 모든 통치와 권세와 능력과 주권과 이 세상뿐 아니라 오는 세상에 일컫는 모든 이름 위에 뛰어나게

하시고 또 만물을 그의 발 아래에 복종하게 하시고 그를 만물 위에 교회의 머리로 삼으셨느니라 교회는 그의 몸이니 만물 안에서 만물을 충만하게 하시는 이의 충만함이니라(엡 1:20-23).

교회는 예수 그리스도를 머리로 하고 있는 유기적 생명체로서의 영적 몸이다(롬 12:4-5). 그리고 교회에 속한 크리스천들은 "그리스도의 몸이요 지체의 각 부분"(고전 12:27)이다. 그러므로 성령 강림 이후로 세상 속에 있는 교회는 본질상 그리스도의 몸이다.

교회는 십자가 위에서의 그리스도의 죽음을 통해 그리스도의 몸으로서 창조되었으며, 이 교회는 하나님을 따라 의와 진리와 거룩함으로 지으심을 받은 존재다(엡 4:24). 그리스도의 교회는 성령을 통해 그리스도께서 임재하시는 몸이다. 따라서 그리스도 안에서는 우리의 삶을 사는 것이 아니라 그리스도께서 우리 안에서 그분의 삶을 사는 것이다.[117]

> 내가 그리스도와 함께 십자가에 못 박혔나니 그런즉 이제는 내가 사는 것이 아니요 오직 내 안에 그리스도께서 사시는 것이라 이제 내가 육체 가운데 사는 것은 나를 사랑하사 나를 위하여 자기 자신을 버리신 하나님의 아들을 믿는 믿음 안에서 사는 것이라(갈 2:20).

그러므로 교회 안에서 믿는 이의 삶이야말로 그들 안에서 사시는 그리스도의 삶이다. 이것이 교회의 영적 실상이다. 그러나 마귀의 궤계로 인해 이러한 교회의 영광은 대부분 하나님의 자녀들에게 가려져 있다. 교회에 대한 귀신들의 공격은 세계 각 지역에서 각 국가와 지역 간의 종교 분쟁, 종족 갈등, 영토 소유권, 군사 문제, 경제적 이해관계 등의 복잡한 세

117　배본철,「성령 보고서: 사역, 운동, 상담」(서울: 이레서원, 2001), 93.

계의 갈등 구조를 이용하여 광범위하고 집요하게 전개되어 왔다. 예수께서 "이 반석 위에 내 교회를 세우리니 음부의 권세가 이기지 못하리라"(마 16:18)고 하셨듯이, 교회만이 자신들이 지닌 음부의 세력을 꺾을 수 있는 기구라고 하는 점을 그들은 너무나 잘 알기 때문에, 귀신들은 쉴 새 없이 교회에 공격을 가하는 것이다.

세계 속의 견고한 진

마귀의 견고한 진은 여러 대종교(大宗敎)들의 포교 활동을 통해 교회의 활동을 억압하고 제한한다. 세계적으로 확산되고 있는 이슬람의 포교 활동은 기독교의 성장을 방해하는 매우 큰 요소이다. 중동, 아프리카는 물론 서구 세계에서도 이슬람의 세력이 크게 확산되고 있는 가운데, 중동 문화권은 기독교 선교에 있어서 가장 어려운 지역으로 간주되고 있다. 불교나 힌두교의 종교혼합주의(Religious Syncretism)와 관용적 포교 정책도 그 영향을 받는 기독교의 정체성을 혼탁하게 해주는 주요인으로 작용하고 있다.

20세기를 들어오면서 현대인들의 정신계를 무섭게 장악해 온 어둠의 영들의 영향은 하이데거(M. Heidegger)나 사르트르(P. Sartre) 등으로 대표되는 실존주의(實存主義) 정신 속에도 깃들어 있다. 실존주의는 주체적 인간의 독자적인 생존의 사실, 즉 인간에게 가장 근원적인 존재 사실의 의미를 강조하는 데에 중점을 두고 있다. 그러므로 하나님보다는 인간의 실존, 복음보다는 상황의 관점에 더 중심을 두는 경향성을 퍼트려 왔다.

그런가 하면 세속적 인본주의(humanism)는 현재 전 세계인들이 앓고 있는 극한 영적 질병중의 하나다. 이 인본주의가 대부분 현대인들의 지배적 관념체계를 이루고 있을 뿐만 아니라, 많은 교회들 속에도 인본주의에 초점을 맞춘 민주주의와 합리주의의 열풍이 하나님의 주권과 통치의 자리를 위협하고 있다.

그리고 미국 등 자본주의 열강 등을 통해 확산되어 온 물질만능주의의 영향 또한 전 세계인들이 빠져있는 깊은 함정이다. 이러한 거대한 신념의 물줄기들이 불신 세계는 물론 교회의 중심에까지 넘쳐들고 있는 실상이다. 이러한 부정적 신념의 포로가 되기만 하면 크리스천과 교회의 경건의 능력은 여지없이 무너져 버리고 하나님께 대한 불신과 냉소가 그 자리를 차지하게 된다.

20세기에 들어오면서 종교적 상대주의(宗敎的 相對主義)의 개념에다가 트뢸취(Troeltsch)의 진화론적 진보의 이론이 부가되었다. 그는 인류가 겪어온 모든 역사가 완전히 진화론적으로 운동하고 있기 때문에, 모든 종교현상 역시 진화론적 속성을 배제할 수 없다고 했다. 그러므로 절대적인 타당성이란 기독교든 어떤 종교이든 간에 주장될 수 없으며, 진리란 단지 자기의 문화나 종교에 있어서만 진리일 뿐이라는 것이다. 이와 같은 종교적 진화사상은 필연적으로 기독교의 절대성을 거부하게 됨은 두말할 나위도 없다.

분석심리학의 창시자라고 불리는 융(Carl Gustav Jüng)은 프로이드의 잠재의식설(潛在意識說)을 극복하고 집단무의식(集團無意識)을 주장하였다. 비록 그의 심리학 이론이 기독교적 가치관을 토대로 설정되긴 했지만, 정신의학과 신학 그리고 자연과학 등 여러 학문 간의 통합적 기반을 조성하려 한 그의 이론은 결국 종교다원주의자들이 즐겨 사용하는 자료가 되었다.[118] 한 예로서, 융은 다양한 종교들을 신비 체험(numinosm)을 통하여 변화하게 된 의식의 독특한 태도로서 언제나 동일하다고 보았다.[119] 이

---

118 Carl G. Jüng에 대한 기독교적 시각에는 두 가지 노선이 대립하고 있다. 일반적으로 근본주의 성향의 복음주의에서는 Jüng이 종교다원주의적 신념을 제시한 위험 인물로 보는가 하면, 다른 한 편에서는 그를 기독교적 가치관 속에서 심리학의 기초를 제시한 인물로 서로 엇갈린 평가를 하고 있다.

119 Carl G. Jüng, *The Psychology and Religion: West and East* (Princeton: Univ. Press, 1977), 8.

러한 이론은 결국 사도 바울의 그리스도 내주(內住) 사상이나, 도교에서 말하는 도(道)나, 그리스 철학에서의 로고스(λόγος)를 모두 동일한 가치를 지닌 심리적 현상으로 설명하게 된다. 이 같은 융의 심리학은 종교적 혼합주의를 만들어내는데 있어서 하나의 공식처럼 인용되고 있다.

종교다원주의

사탄이 기독교의 복음을 저해하는 가장 심각한 현대의 사조(思潮)는 종교다원주의(宗敎多元主義; religious pluralism)다. 근세에 들어와서 적지 않은 신학자들이 그동안 기독교회에서 줄곧 고수해 온 타종교에 대한 배타적이고도 폐쇄적인 태도에 대해 재고해야 할 필요성을 역설해 왔다. 이 같은 요인은 무엇보다도 과학의 발달로 인해 타종교와 문화에 대한 정보와 만남의 폭이 확대된 데에 기인한다.

종교다원주의의 영향은 기독교의 삼대 조류인 로마 가톨릭교회나 정교회(Orthodox Church)나 개신교를 막론하고 매우 심각한 상황이다. 로마 가톨릭교회에서는 제2차 바티칸공의회 이후 타종교의 구원문제에 대해 매우 긍정적인 태도를 보여 주고 있다.[120] 마이엔돌프(John Meyenodoff)는 헬라 정교회의 타종교에 대한 태도에 대해서 말하기를, 그들은 "다른 종교들도 인간을 신성한 삶으로 끌어 올리려는 같은 목적을 가지고 있는 한, 하나님의 세계 안에 있는 하나님의 도구로 인정한다."[121]고 하였다.

한국 개신교 종교다원주의 신학의 대표자인 변선환은 "기독교는 타종교와의 대화를 위해서 종래의 개종주의(proselytism)를 포기하고, 동등

---

[120] 「제2차 바티칸공의회 문헌」, "非그리스도敎에 관한 선언," (Nostra aetate), 607-12.
[121] John Meyendorf, "The Christian Gospel and Social Responsibility", E. F. Church & T. Geroge (eds.), *Continuity and Discontinuity in Church History* (Leiden: E. J. Brill, 1979), 123.

한 터전 위에서 개방적인 태도로 타종교를 대해야만 한다."[122]고 했다. 그는 이제부터 '타종교와 신학'(Other Religions and Theology)이 아니라 '타종교의 신학'(The Theology of Other Religions)이 요청되고 있다고 하였다.[123]

참 생명의 진리를 미혹하는 귀신들의 영향은 종교의 모습을 넘어 문화적인 형태로도 현대인들의 의식 세계를 장악해 나가고 있다. 동양의 종교들은 아직 이슬람교만큼은 성공을 거두지 못하고 있으나, 그것은 또한 독특한 성격으로 서구 세계와 기독교계에 침투해 들어오고 있다. 특히 뉴에이지 운동(New Age Movement)과 종교다원주의적인 조류를 타고 기독교문화와 사상의 많은 부분에 심각한 영향을 주고 있다.

귀신들의 공격성 분석

이처럼 교회에 대한 귀신들의 공격이 심각한 위험을 주는 더욱 큰 이유는 그들의 접근이 놀라울 정도로 은밀하다는 데 있다. 교회는 그동안 귀신들의 노골적인 공격성 앞에는 전투적으로 잘 대처해 왔다. 그러나 그들의 비밀스럽고 유혹적인 간계에 대해서는 매우 분별력이 둔하여 그들의 정체조차도 파악하지 못할 때가 많다. 그러는 중에 교회는 영적인 생명력을 잃어버려 세상 속에 있는 또 다른 하나의 기구처럼 세속화되어버리거나, 아니면 유혹과 분쟁에 이끌려 그리스도의 몸을 파괴시키는 사이비집단과 이단들이 창궐하게 되는 것이다.

그러므로 교회를 타락시키고 파괴하려는 귀신들의 은밀한 활동의 거처를 분별하여 드러내는 일은 매우 중요한 신학적 과제다. 메릴 엉거

---

122 변선환, "Other Religions and Theology," 〈신학과 세계〉 제11호 (1985): 19.
123 변선환, 20.

(Merill F. Unger)는 귀신들의 활동을 저지해야 할 교회의 책임에 대하여 다음 세 가지를 말했다.

(1) 교회는 귀신의 영들의 술책과 능력을 폭로하고 구원의 길을 제시해 주어야 한다.
(2) 교회는 치유와 구원의 카리스마적인 은사들을 사용할 책임이 있다.
(3) 교회는 악의 세력으로부터의 구원과 해방의 선교에 있어서 영적, 지적으로 유력한 지도력을 발휘할 책임이 있다.[124]

귀신들은 교회의 세력에 분열을 일으켜 이단들을 생성하는 일에 주력하고 있는데, 우리는 성경을 통해 이러한 그들의 활동을 분석할 수 있다.

> 형제들아 내가 너희를 권하노니 너희가 배운 교훈을 거슬러 분쟁을 일으키거나 거치게 하는 자들을 살피고 그들에게서 떠나라 이 같은 자들은 우리 주 그리스도를 섬기지 아니하고 다만 자기들의 배만 섬기나니 교활한 말과 아첨하는 말로 순진한 자들의 마음을 미혹하느니라(롬 16:17-18).

이 말씀 속에서 "분쟁을 일으키거나"에 유의해 보면 귀신들의 목적은 바로 교회 내에 분쟁과 분열을 일으키는 일이라는 점을 알 수 있다. 귀신의 조종을 받는 이단이나 거짓 교사들은 그럴 듯한 명목으로 성도들을 미혹하지만, 그 본래의 목적은 분열을 일으켜 자기들의 파당과 편을 만들려고 하는 것이다.

귀신의 영에 이끌리는 이들은 "거치게 하는 자들"이다. 여기서 거치게 한다는 것은 우리 앞에 장애물들을 설치해 놓는 것을 의미한다. 이단들이 우리에게 다가와서 미혹하는 내용은 평소 건전한 교회의 가르침과는

---

124 Merill F. Unger, 「악마: 성서로 본 신비 신앙」, 박근원 역 (서울: 종로서적, 1980), 232-36.

반대되는 것일 때가 많으며, 이러한 거짓 사상을 통해 교회 내에 시험거리를 일으킨다. 그들은 "너희가 배운 교훈을 거슬러" 교회의 가르침에 대한 의혹과 불신의 생각들을 퍼트려서 마침내 하나님 말씀의 권위를 흐트러트린다. 그리고 그들은 그리스도를 섬기는 것이 아니라 자기의 배만 섬긴다. 즉 교회의 하나됨과 주님의 영광을 위한 것이 아니라 자기들의 이득과 욕심만을 위해서 이런 활동을 한다는 것이다. 그들은 부드러운 말과 아첨하는 말로 순진한 이들을 속인다. 부드러운 말이란 매우 합리적이고 상식적인 말일 수 있다. 아첨하는 말은 사람들의 비위와 정욕을 만족시켜주는 말이다. 그래서 순진한 사람들은 이들의 꼬임에 넘어가곤 한다. 그래서 신자들 사이에 교회에 대한 부정적인 인식과 교역자에 대한 비판적인 말들이 교회 안에 퍼져 나가게 하고, 결국에는 교회에 분열이 일어나게 해서 자기편의 사람들을 챙겨 나가거나 아니면 아예 목회자를 쫓아내기까지 한다.

교회를 무력하게 만들려고 하는 귀신들의 공격은 크게 세 가지로 그 성격을 구분할 수 있다. 이러한 영적 특성을 잘 분별하게 되면 교회 내외에서 활동하고 있는 귀신들의 계략을 알아차려 이를 대적하는 데 적지 않은 도움이 될 것이다. 그 특성은 첫째는 혼합주의(混合主義) 영의 공격을 통해 교회를 교란시킨다. 둘째는 갱신주의(更新主義) 영의 독선을 교회 내에 퍼트린다. 그리고 셋째는 분리주의(分離主義) 영의 파당을 통해 교회를 분열시킨다. 필자는 고대교회 당시 활동했던 대표적인 이단들과 한국 교회를 크게 위협하는 몇몇 대표적인 이단들의 사례를 들어 위에서 언급한 귀신들의 세 가지 계략을 파헤치고자 한다.

혼합주의 영의 교란

영지주의와 혼합주의 영

교회를 공격하는 귀신들의 활동 목적은 교회에 여러 가지 혼합 사상들을 끌어 들여 교회의 신앙과 경건을 교란시키는 데 있다. "다른 이로써는 구원을 받을 수 없나니 천하 사람 중에 구원을 받을 만한 다른 이름을 우리에게 주신 일이 없음이라 하였더라"(행 4:12). 기독교의 복음은 예수 구원의 유일성을 강조한다.

그러나 혼합주의 영에 영향을 받게 되면 점차 이 구원의 유일성의 신앙이 허물어지게 된다. 그렇게 되면 이미 복음의 정체성은 사라지게 되는 위험에 처한다. 이러한 혼합주의 영의 교란은 교회 역사의 초기부터 시작되었다. 교회 역사상 제1세기로부터 수세기에 걸쳐 기독교회를 크게 위협하던 종교적 혼합운동을 벌이던 영지주의(Gnosticism)를 살펴보면, 이 운동은 신화적인 페르시아의 이원론의 영향을 많이 받았다. 그래서 모든 세계의 가치관을 빛과 어둠, 선과 악, 영적인 것과 물질적인 것 등 이원론으로 나누었다. 영지주의자들은 정신적인 것만 선하고 육체나 물질에 속한 것은 다 악하다고 보았다.

영지주의자들은 이 세상의 모든 물질세계와 현상계의 창조자(demiurgos)요 지배자는 사탄(Satan)이라고 했다. 사탄은 지극히 높은 하늘을 다스리는 최고의 신인 사랑의 아버지하나님 다음의 권세를 지닌 존재다. 사탄은 자신의 자유의지의 악용으로 인해 교만과 혼란으로 빠져들어 갔는데, 그때부터 온갖 질투와 욕망 등의 죄악이 그에게 생겨났다. 그는 지극히 높으신 하나님처럼 되려고 하는 교만이 있었고, 이런 욕망이 하나님을 대적하는 행위로 드러났다. 사탄은 아담과 하와를 유혹한 장본인이며, 이 세상의 주인(눅 4:6), 세상의 임금(요 12:31), 그리고 이 세상의 신(고후 4:4) 등으로 표시된다. 그는 귀신들의 우두머리로서, 모든 악을 총

괄하고, 인류를 사로잡고자 하는 비밀스런 흉계를 베푸는 자다. 영지주의자들은 사탄이 발하는 불은 어두운 영역에서 나오는 것이고, 그는 죽음과 음부(hades)를 주요 거점으로 삼는다고 했다.[125]

영지주의는 영과 육의 대립 구조 속에서 육체성을 악한 것으로 보았기 때문에, 인간이 구원을 받으려면 육체성을 극복해야 한다고 강조하였다. 그 결과 예수께서 육체로 오신 것을 그들은 부인하였다. 왜냐하면 예수님이 육체를 지녔다면 예수님도 악할 것이 분명하기 때문이다. 그 대신 그들은 예수는 실제로 육체를 지닌 것이 아니고 하나의 환영(幻影)에 불과하다고 했다.

영지주의의 영향을 받은 기독교 내에서는 수도원주의, 독신주의 등을 포함한 금욕주의의 여러 형태들이 자라나게 되었다. 그리고 기독교의 근본적인 증언보다도 당시 주변의 철학사상과 그 원리를 더욱 중시하는가 하면, 어떤 이들은 기독교의 단순한 예배형식을 너무 무미건조한 것으로 보아, 예배에 심령적, 마술적 요소를 재등장시켰다. 이처럼 영지주의자들의 최고 목표는 로마 제국 내에 있는 모든 종교들을 통합하여 가장 강력한 하나의 종교를 만들려고 하는 혼합운동이라고 할 수 있다.

교회에 깊숙하게 젖어든 혼합주의의 경향성은 온갖 종류의 비성경적인 관습과 신념들을 교회의 전통으로 만들어 갔다. 예를 들어, 순교자들과 또 그들의 유물을 숭상하는 관습의 시초는 제2세기 중엽까지 거슬러 올라가지만, 콘스탄틴(Constantine) 황제의 개종과 더불어 이교인들이 교회에 많이 가입하게 되자, 이러한 양상은 더욱 증가되었다.

성자(聖者) 숭배의 풍습은 순교자의 무덤 앞에서 예배드리던 풍습이 변하여 발전되었다. 즉 순교지에 예배당을 세우거나, 순교자의 유물이나

---

125 Benjamin Walker, *Gnosticism: Its History and Influence* (Wellingborough, Northamptonshire: The Aquarian Press, 1983), 41-3.

유골을 제단 밑에 간직하는 풍습이 생겨났다. 더 나아가 이러한 물건들이 치유의 능력이 있다고 믿게 되어, 이를 숭상하거나 또는 높은 가격으로 판매하는 경향이 나타나게 되었다.

예수의 어머니 마리아는 모든 성인들 중에서도 가장 으뜸가는 존재라고 숭상되었다. 예수 그리스도에 비해서 마리아는 인간의 동정적인 면에 더욱 자상한 듯이 느껴지게 되었다. 그래서 하나님과 인간 사이의 중개자 또는 그리스도를 대리하는 존재로 생각하게 되었다. 에베소 회의(431) 때는 마리아를 '하나님의 어머니'로 불러도 좋다는 결의를 하기에 이르렀다. 더 나아가서 1854년 12월 8일에 교황 피우스 9세(Pius IX)는 마리아가 모든 원죄의 감염으로부터 자유롭다고 하는 무원죄잉태설(Immaculate Conception)을 발표하였다.[126]

이러한 비성경적인 신념과 행위들을 5세기 중엽 이후로는 교회에서 공공연하게 지도자들이 가르쳤다. 그리고 이런 것들이 많이 장려됨에 따라 대중 기독교는 양적으로는 비록 팽창해 갔지만 질적인 면에 있어서는 이교화(異敎化)될 위험에 놓이게 되었다.

혼합주의 이단

고대교회뿐 아니라 이러한 혼합주의 영의 공격은 오늘날 현대교회에 더욱 맹위를 떨치고 있는 것을 본다. 한국 교회를 예로 들어보자. 한국 교회를 교란시키는 이단들 가운데는 이처럼 극단적인 혼합주의 영을 무기로 삼아 활동하는 집단들이 있다.

과거에도 양도천의 세계일가공회(世界一家公會)의 경우를 보면, 그는 1964년 3월 산에서 기도하던 중, 우주가 하나님의 집임을 깨달았다고 한

---

126 Ludwig Ott, *Fundamentals of Catholic Dogma*, tr. Patrick Lynch (Rockford: Tan, 1960), 190.

다. 그 후 그는 계룡산에 입산하여 면류관을 머리에 쓰고 세계의 모든 종교가 다 자기 앞으로 나아온다고 주장했다.[127] 1965년에는 서울에서 '하나님의 집 공회'를 창설하였고, 1968년 계룡산 신도안 하나님의 집 공회 본부 안에 평화의 종각을 세우고 세계평화건설운동을 전개하였다. 1969년에는 하나님의 집 공회를 '세계일가공회'라고 명칭을 변경했다.[128]

그리고 1955년 박태선에 의해 창립된 전도관(傳道館)도 역시 혼합주의 영에 사로잡힌 이단이다. 박태선은 자신을 천부(天父), 즉 하나님 아버지라고 부르도록 가르쳤다. 그의 '오묘원리'(娛妙原理)의 구원론은 성적(性的)으로 타락하여 더러운 피가 섞여 있는 자들이 동방의 의인(義人), 이긴 자, 또는 감람나무인 자기를 통하여 구원을 받는다는 것이다.

그러나 1980년대 말에 박태선이 죽고 난 후, 그의 후계자 격인 박윤명이 전도관을 이끌게 되었다. 그는 박태선이 3년 만에 부활한다고 신도들을 속였으며, 5년이 지난 후부터는 박태선이 영적으로 부활하여 현재 신도들과 함께 하니 이를 따르라고 속였다. 그러나 신앙촌을 둘러싼 재산권 문제로 법적 소송과 분규가 끊이지 않았으며, 마침내 신앙촌 주민들은 박윤명 측의 탄압에 견디지 못하여 대통령에게 생존과 도움을 위한 호소문을 올리기까지 하였다.[129] 이와 같이 한때 신앙촌을 중심으로 그 세력을 확장시키며 한국 교계를 혼란시키던 박태선의 전도관은 그 세력이 현저히 급감되었다.

한때 청년들이나 대학생들을 대상으로 열띤 포교활동을 벌이던 이단 중에 정명석(JMS)의 애천교회가 있다. 정명석의 가르침은 한마디로 말해서 '정명석이 구세주'라는 대전제 아래 교리를 주장한다. 그의 주장은 대부분 통일교의 「원리강론」을 표절하고 수정한 것이다.

127　김해연, 「한국 교회사」 (서울: 성광문화사, 1993), 260.
128　탁명환, 「한국의 신흥종교 - 기독교 편」 (서울: 성청사, 1976), 1:223.
129　"호소문-대통령께 올리는 글", 〈중앙일보〉 (1996.12.21), 제17면.

한 예를 들면, 아담과 하와의 영적 타락은 사실 아담이 천사와 성적 관계를 맺은 것으로 본다.[130] 이러한 음란의 역사가 인류의 타락을 가져왔다는 이론을 펼치는 것은 통일교와 동일하다. 그는 유대교는 영적 실패요, 신약시대는 성령의 실패이며, 기독교도 또한 영적 실패라고 보면서,[131] 요한계시록 강의를 통해 자기 자신은 하나님이 보내신 자로서 1978년부터 메시아로서의 자신의 공생애가 시작된 것으로 가르친다.[132] 그리고 기독교도 자기 앞에 무릎을 꿇을 것이며 모든 이들이 자기를 믿어야 구원을 얻을 것이라고 한다. 그는 또한 하나님께서 행하신 성경의 모든 초자연적인 사건들을 하나의 비유로 보고, 이를 현대인들의 사고에 맞게 합리적으로 해석하여 그 내용을 자기 집단의 교리로 삼았다.

정명석은 여신도들에 대한 성폭행 사건으로 인해 수배 받던 중 중국에서 체포되었다. 2008년 8월 12일, 서울중앙지방법원에서는 정명석에게 '자신을 메시아로 믿고 따르던 젊은 여신도를 수차례 성폭행하고도 범행을 반성하지 않는 등 죄질이 극히 불량하다'며 징역 6년을 선고했다.[133] 이어서 2009년 2월 10일, 서울고등법원에서는 항소심에서 정명석에게 강간치상 등의 혐의로 1심보다 4년의 형량을 추가하여 징역 10년을 확정 선고했다.[134]

무엇보다도 가장 대표적인 혼합주의 이단은 통일교(統一敎)다. 1920년 출생한 문용명(文龍明)은 1954년 서울에 통일교를 창설하였으며, 1964년에 문선명(文鮮明)으로 개명하였다. 그는 예수 그리스도의 십자가 대속 사역을 실패한 것으로 보았다.

---

130 이항녕 외,「통일 원리에 대한 학문적 조명」(서울: 성화사, 1981), 53-4.
131 정명석, "(27) 타락론," 〈30개론〉
132 정명석, "(30) 역사," 〈30개론〉
133 "정명석 JMS 총재 징역 6년 선고", 〈조선일보〉 (2008.8.15)
134 "성폭행 혐의 JMS 정명석씨 1심보다 무거운 징역 10년", 〈동아일보〉 (2009.2.15)

통일교의 「원리강론」에 의하면, "십자가에 의한 속죄가 우리의 원죄를 완전히 청산하지 못하였다. 따라서 이는 인간의 창조 본성을 완전히 복귀해 주지 못하였다는 사실을 단적으로 말해주고 있는 것이다. 예수님은 이렇듯 십자가의 대속으로서는 메시아로 강림하셨던 그의 목적을 완전히 이룰 수 없다는 것을 아셨기 때문에 재림하실 것을 약속하셨던 것이다."[135]라고 하였다. 문선명은 자신을 재림 예수로 동일시하면서, 그 재림 예수를 중심으로 온 인류가 하나의 대가족사회가 될 것이라고 강조했다.[136]

뿐만 아니라 그는 아담과 하와의 범죄 행위는 영적 타락과 육적 타락으로 완전 타락이라고 주장한다. 영적 타락은 첫 번째 타락으로 뱀과 하와와의 간음행위를 말하며, 그리고 육적 타락은 두 번째 타락으로 하와와 아담과의 성적행위를 말한다. 이와 같이 아담과 하와가 영적 타락과 육적 타락을 함으로 인간은 완전 타락으로 죄의 근원이 되었다고 주장한다.[137] 그러므로 통일교에서는 아담과 하와의 성적 행위를 통한 죄악은 결국 죄를 씻는 '피가름'의 성적 행위를 통해서만 구원이 있다고 보는 것이다.

이러한 신념을 기반으로 문선명은 '합동결혼식'(合同結婚式)을 주례해 왔다. 1960년 4월 11일 '어린 양 혼인잔치'를 시작으로 해서, 1992년 8월 25일 서울 잠실올림픽 주경기장에서는 131개국에서 온 2만여 쌍의 남녀들이 통일교 종교의식에 따라 결혼식을 실시하였으며, 이어서 1995년 8월 25일에는 160개국에서 모인 36만 쌍의 남녀들에게 '국제합동축복결혼식'을 실시하였다.[138] 그는 1970년대 미국과 일본에서 갖가지 물의를 일으켰고, 1984년에는 16만2천불 탈세(脫稅) 혐의로 유죄판결을 받고 1년 6개월 간 실형을 받은 적도 있다.

135　세계기독교통일신령협회, 「원리강론」 (서울: 성화사, 1986), 147-48.
136　탁명환, 「기독교이단연구」 (서울: 국종출판사, 1994), 133.
137　세계기독교통일신령협회, 217-18.
138　"통일교 합동결혼식으로 교통체증 극심", 〈중앙일보〉 (1995.8.25).

마침내 문선명은 2012년 9월 3일 사망하였으며, 이로써 자신이 재림 예수임을 일관되게 주장해 온 그의 허구성을 온 세상에 드러낸 셈이 되었다. 이후 통일교 지도권의 후계자로는 사업 영역과 종교 영역으로 나뉘어 그의 아들들이 계승해나가고 있다.

혼합주의 영의 분별

이처럼 우리 주위에는 정통 기독교 신앙을 타종교, 철학 또는 과학의 가르침과 혼합시키려는 위험스런 이단들이 많다. 이러한 이단들이 지닌 신념의 저변에는 교회의 신앙을 혼합시켜 교란시키려는 귀신들의 궤계가 자리 잡고 있다. 이러한 귀신들의 영향은 대개 다음과 같은 혼합주의 성격으로 나타난다.

첫째, 여러 종교들 간의 통합을 추구하는 운동에는 필연적으로 예수 구원의 유일성을 교란시키려는 귀신들의 영향이 작용한다. 어떤 집단에서는 기독교의 신앙에 여러 종교의 영성과 신념들을 혼합시켜, 가장 강력한 하나의 영적 집단을 만들어 내고자 하는 시도를 한다. 이러한 영성운동은 모든 종교에 다 구원이 있다고 하는 종교다원주의 사상을 힘입고 있다.

그 중에서도 뉴에이지 운동은 마귀의 영적 교란을 일으키는 가장 위험한 혼합주의 세력이다. 1970년대부터 그 구체적인 모습을 드러내기 시작한 이 운동은 고대의 영지주의 운동의 새로운 부활이라고 할 수 있을 정도로 정치, 교육, 종교 뿐 아니라 전 문화적 영역에 그 영향력은 지대하다.[139] 이 운동의 핵심은 자기 숭배를 기반으로 모든 종교에 구원이 있다고 보는 종교다원주의 사상에 있다. 인과응보의 법칙(law of cause and effect)을 중시하며, 죄란 하나님께 대한 불복종이 아니라 하나의 상대적

---

139 Walter R. Martin, *The New Age Cult* (Minneapolis: Bethany House, 1989), 109-10.

인 문화적 다양성이다. 모든 사람들은 환생(reincarnation)을 거쳐 마침내는 궁극적인 구원에 이르게 될 것이라고 뉴에이지 운동은 설득한다.

둘째, 기독교 신앙을 합리주의적으로 해석하여 신념화 하는 작업 속에는 복음이 지닌 신비와 초월적 영성을 간과하도록 하는 마귀의 속임수가 내재되어 있다. 어떤 집단에서는 기독교의 교리가 너무 합리적이지 못하다고 불만을 토로하기도 한다. 그래서 이들은 기독교의 전통적인 신앙보다도 세상의 철학과 과학의 원리에 더욱 치중한 합리적인 신념을 나름대로 구사하곤 한다. 외국의 신지학회(Theosophy)나 크리스천 사이언스(Christian Science)가 그 적절한 예다. 예를 들어, 신지학회의 다음과 같은 활동 목적을 보면 그들의 혼합주의 성향을 한 눈에 알아볼 수 있다.

(1) 인종, 신념, 성, 제도나 혈색에 차별이 없는 보편적인 인간 형제애의 가치를 추구한다.

(2) 고대 및 현대의 종교들 그리고 여러 철학과 과학에 대한 연구를 통해 이들 사이의 공통적 원리를 찾아내고 또 이를 통해 상호 배척과 편파주의를 제거한다.

(3) 만물 속에 내재한 법칙에 대한 깨달음을 통해 창조론이나 기적들에 대한 관념을 파괴시킨다.[140]

맥코넬(D. R. McConnell)과 테리스 뉴만(Terris Neuman)은 신사고(New Thought), 신지학(Christian Science), 그리고 일치학교(Unity School) 등과 같은 19세기 신념 치유(mind healing)의 영향이 잘못된 신념을 지닌 기독교 분파를 형성해 왔다고 설명하였다.[141] 이 모든 그룹들의 두 가지 중요한 신념은 질병이란 하나의 환상이기에 질병은 바른 사고를

---

140 *Program for November, 1968*, The United Lodge of Theosophists, (Nov. 1968).

141 D. R. McConnell, *A Different Gospel*, updated ed. (Peabody, Mass.: Hendrickson, 1995), and H. Terris Neuman, "Cultic Origins of Word-Faith Theology within the Charismatic Movement," *Pneuma* 12:1 (Spring 1990): 32-55.

통해 정복할 수 있다는 것이다.[142] 또 하나는, 물질적 형통은 모든 하나님의 자녀들이 합법적으로 지닌 생득권이라는 것이다.

1980년대 초기에 찰스 파라(Charles Farah)는 이러한 운동 속에 내재한 영지주의적 요소들에 대해서 지적하면서 그 운동을 미국의 번영주의 우상화의 하나인 '싹트고 있는 이단'이라고 불렀다.[143] 소위 적극적인 믿음을 강조하는 영지주의적 요소들이 현대 기독교 영성의 한 부분에 매우 대중적으로 존재하고 있다. 구태여 지그 지글라(Zig Ziglar)의 가르침들을 언급하지 않고도, 핵심 요소들은 놀만 빈센트 필(Norman Vincent Peale)과 로버트 슐러(Robert Schuller)의 저술들 속에 더욱 짙게 깔려 나타난다.[144]

셋째, 어떤 집단에서는 기독교의 의식(儀式)을 너무 무미건조한 것으로 보아, 예배나 기도 등에 무속적(巫俗的), 마술적 요소를 재등장시키기도 한다. 단(丹)이나 선(禪)이나 요가(Yoga)와 같은 타종교의 영성을 기독교에 접목시키려는 시도들도 이러한 맥락에서 생각할 수 있다. 이러한 실천에는 귀신들의 영향과 억압이 아무런 제한 없이 나타난다.

그러므로 우리는 올바른 분별력을 발휘하여 복음적 신앙의 정신이 다른 신념이나 관습 등에 의해 훼손되는 일이 없도록 주의해야 한다. 뿐만 아니라 교회 내에서 이런 혼합주의 영에 영향을 받고 있는 사람들로 인하여 교인들 사이에 신앙적 교란이 일어나지 않도록 경계해야 할 것이다. "누가 철학과 헛된 속임수로 너희를 노략할까 주의하라 이것이 사람의

---

142 New thought Movement에서는 고통이나 질병의 원인은 하나의 환상에 불과하다고 한다. 따라서 마음의 신념을 바꿈으로서 질병을 사라지게 할 수 있다고 주장한다. Paul Bauer, *Wizards That Peep and Mutter* (N. J.: Fleming H. Revell Co., 1967), 78.

143 Charles Farah Jr., "A Critical Analysis: The 'Roots' and 'Fruits' of Faith Formula Theology," paper presented to the Society for Pentecostal Studies, Tulsa, Oklahoma, (November 1980): 26.

144 Peale과 Schuller의 가르침에 나타난 믿음의 말씀의 요소들은 Neuman, "Cultic Origins of Word-Faith Theology," 49-50에 나타나 있다. Ziglar의 교리들은 Cynthia Schaibles, "The Gospel of the Good Life," *Eternity* 32:2 (February 1981): 27에서 조사된다.

유전과 세상의 초등 학문을 좇음이요 그리스도를 좇음이 아니니라"(골 2:8). 귀신의 혼합주의적 술수에 넘어가지 않는 최대의 대비책은 우리의 신앙을 다른 어떤 것도 아닌 오직 올바른 복음으로 무장하는 길이다.

갱신주의 영의 독선

몬타누스주의와 갱신주의 영

교회의 신앙생활에는 우리가 미처 분별하지 못 하고 지나치는 귀신들의 궤계가 많이 있는 것이 사실이다. 때로는 기도 많이 하고 신앙이 좋다고 하는 교인들 사이에서도 교회에 큰 문제가 될 만한 일들을 일으키곤 한다. 그 중 중요한 하나가 바로 신앙적 독선(獨善)이다.

이러한 독선적 태도는 교회를 성경적으로나 초대교회적으로 새롭게 갱신시켜 보겠다고 하는 좋은 동기에서 시작되는 것만은 사실이다. 갱신은 좋은 것이다. 그러나 이러한 동기가 지나친 나머지, 사랑 안에서의 공동체의 일치성을 깨트리고 독선의식에 사로잡히게 될 때 그 교회는 새로운 위험에 처하게 된다. 다시 말해서 설교와 가르침에 대한 냉소적 비판과 영적 권위나 은사에 대한 서로 다른 이견들로 인해 교회는 혼란스럽게 된다. 즉 교회에 해악을 끼치는 극단적 갱신주의 때문이다.

이러한 갱신주의적 독선의 가장 고전적인 사례는 고대교회 때의 몬타누스주의(Montanism) 이단에서 찾을 수 있다. 몬타누스주의는 교회 내부에서 일어난 이단 운동으로서, 교회의 세속화와 영적 침체에 대한 반응으로 일어났다. 교주인 몬타누스(Montanus)는 주후 156년경에 요한복음 14장에 약속된 보혜사 성령이 자기에게 임하였다고 주장하였는데, 몬타누스주의의 교리적 특징을 들면 다음과 같다.

첫째, 그들은 성령의 강림을 매우 강조하였는데, 신자들에게는 성령께서 새로운 예언을 주신다고 주장하였다.[145] 둘째, 그들은 임박한 종말과 성결한 생활을 위하여 금욕주의를 그들의 신앙생활 속에서 엄격히 실천하였다. 그래서 그들은 단식(斷食)을 즐겨 하였으며, 육식(肉食)을 금지하고, 독신생활을 하는 식으로 극단적인 금욕주의에 빠져들었다. 셋째, 그들은 영적으로 도덕적으로 정결한 자들만으로 교회를 구성하고자 하였다. 넷째, 그들은 예수의 재림이 급박하였다고 전파하였다. 그 결과 안타깝게도 극단적인 시한부(時限附) 종말론으로 발전해 나갔다.

이러한 몬타누스주의 운동이 급속히 퍼져 정통적인 교회들이 그 세력에 위협을 느끼게 되었다. 왜냐하면 몬타누스주의자들은 자기들 집단의 독선의식이 매우 강했을 뿐 아니라, 자신들의 신념이 정통적인 기독교 신앙을 대표한다고 주장하고 있었기 때문이다. 한 예로 몬타누스주의자들은 자기들의 신념에 합치하는 내용들만을 엮어서 성경의 정경화 작업을 하려고까지 했다. 그래서 주후 160년 이후부터 교회는 수차례의 회의를 열어 몬타누스주의를 정죄하고, 마침내 200년에는 그들을 이단으로 축출하였다.

고대교회에 나타난 몬타누스주의를 통하여 우리는 교회가 경직화(硬直化)될 때마다 제2의 몬타누스주의가 생겨날 소지가 얼마든지 있다는 점을 역사의 교훈으로 깨닫게 된다.[146] 사실 교회의 성경적 갱신을 추구하는 일은 얼마나 좋은 일인가? 그러나 그럼에도 불구하고 갱신의 노력은 교회의 통일성과 거룩함을 신뢰하는 겸허함 속에서 교회의 질서를 따라 기울여 나가야 한다.

바로 이 점에서 악한 영들은 우리들의 무지와 성급함을 잘 이용하고 있는 것이다. 교회 갱신의 좋은 의도로 시작했으나 그러나 독선적 태도로

---

145 Christine Trevett, *Montanism: Gender, Authority and the New Prophecy* (Cambridge: Cambridge University Press, 1996), 86-8.
146 배본철, 「세계교회사: 성령, 일치, 선교」 (서울: 도서출판영성네트워크, 2009), 88.

인해 교회의 질서가 무너지고 강단의 권위가 조롱을 받게 된다면, 그것은 교회를 향한 갱신주의 영의 공격을 받은 증거다. 현대 한국 교회 내에서도 이러한 갱신주의 영의 공격을 받아 기존교회를 염두에 두지 않는 독선적인 이단으로 전락하게 된 집단들이 많다.

갱신주의 이단

먼저 제칠일안식일예수재림교(Seventh Day Adventists: 일명 안식교)를 본다면, 이 집단은 1844년 10월 22일에 예수님이 재림한다는 윌리암 밀러(William Miller)의 소위 시한부 종말론에서부터 그 뿌리가 시작되었다. 안식교에서는 성경만이 모든 교리의 기준이며 단 하나의 신경(信經)이라고 말하고 있지만, 엘렌 화이트(Ellen G. White)가 보았다는 환상이나 그녀가 쓴 책들 또한 그들의 특별계시(特別啓示)로 인정한다. 특히 말세의 참 교회의 특징은 예언의 은사를 가진다고 주장하는데, 바로 엘렌 화이트야 말로 그 '예언의 신의 은사'를 받은 선지자이다. 특히 그녀가 받았다는 계시가 말세의 백성들에게 주실 하나님의 지시라고 주장한다. 이처럼 안식교는 성경 계시 외에 다른 계시를 말하고 있는 것을 볼 수 있다.

그런가 하면 안식교는 믿음으로 얻는 구원을 말하고는 있지만, 실상은 행함으로 얻는 구원을 주장하는 집단이다. 왜냐하면 율법의 행위를 구원의 조건으로 하고 있기 때문이다. 또 안식교의 주장에 의하면 로마 가톨릭교회는 배도(背道)했으며, 개신교회는 성경 진리로부터 떠났고, 안식교야말로 '남은 자손'으로서 참 교회라고 하는 독선의식을 보이고 있다.

그리고 안식일인 토요일을 지키지 않고 일요일에 예배하는 것은 하나님의 계명이 아닌 인간의 계명을 따르는 것으로 거짓 예배이기 때문에 하나님이 받는 예배가 될 수 없다고 한다. 안식교는 여호와의 증인의 주장과 같이 영원한 지옥과 사후(死後)의 영혼의 존재를 부정함으로 소위 영혼멸

절설(靈魂滅折說)을 취한다. 즉 의인은 부활하여 영생하지만, 악인은 부활하여 불태워 소멸되기 때문에 지옥도 존재하지 않는다고 주장한다.[147]

갱신주의적 독선의식은 이장림의 '다미선교회'에서 가르치는 내용에서도 나타난다. 그는 한 소년이 받았다고 하는 이른바 '직통계시'의 기록을 소개한다. 그 계시의 내용은 그 소년이 1992년에 북한에 가서 복음을 전하다가 순교하게 될 것이며, 그 후 역시 같은 해에 그리스도의 공중 재림과 성도의 휴거가 있게 될 것이라는 계시와 환상에 대한 것이다.[148]

이장림은 예수께서 자신의 재림 시기를 모른다고 하는 것은 하나님의 삼위일체성(三位一體性)에 위배되는 것이며, 따라서 예수께서는 성부 하나님이 그 날과 그 때를 아시듯이 분명히 알고 계실 뿐 아니라, 성도들도 역시 점진적인 계시에 의해 그 때를 분별할 수 있다고 주장하였다.[149] 그는 예수님의 재림의 때는 1992년 10월임을 확언(確言)하였다.[150] 다미선교회는 독선적이고 배타적인 신념 속에서 일반 교계로부터 스스로 고립된 집단적인 신비주의를 형성해 나갔다. 뿐만 아니라 임박한 시한부 종말의 위기감 속에서 비정상적인 형태의 금욕주의를 발전시켜 나갔다.

이초석 집단의 한국예루살렘교회도 갱신주의 영의 독선에 빠진 한 예이다. 이초석은 성부와 성자와 성령의 이름이 모두 '예수'라고 하여 삼위일체 신관을 부정하는 오류에 빠져 있다.[151] 예수는 실제 육체가 아니라 영적인 몸만 입고 오셨다고 하는 가현설(Docetism)을 말하면서 성육신(Incarnation)을 부정하고 있다.[152]

그의 집회는 계시의 객관성을 무시하는 극단적 주관주의와 감각과 현

---

147 "예장 통합 제80회 사이비이단대책위원회의 연구보고서", 〈교회와 신앙〉 (1995.12), 134-7.
148 이장림, 「다가올 미래를 대비하라」 (서울: 다미선교회 출판부, 1989), 27-31.
149 이장림, 「경고의 나팔」 (서울: 광천, 1990), 64-6.
150 이장림, 「1992년의 열풍」 (서울: 광천, 1991), 52.
151 이초석, 「길을 찾아라 첩경은 있다」 (인천: 도서출판 에스더, 1988), 25.
152 이초석, 41.

상을 강조하는 육감주의(肉感主義)에 많이 기울어져 있다. 그리고 현세적이며 물질주의적인 축복론을 강조하고, 귀신의 정체가 불신자의 사후 존재라고 하는 잘못된 귀신론을 전개하였다. 이초석은 "너희 이름이 하늘에 기록된 것으로 기뻐하라"(눅 10:20)는 성경 말씀을 "너희가 귀신을 추방함으로 너희 이름이 하늘나라에 기록된 것으로 기뻐하라"[153]고 바꾸어 자신의 귀신론을 강조하기도 했다. 특히 그는 기존교회 목회자와 성도들 간의 불신을 조장하여 혼란케 하고, 성도들을 유인하여 자기 집단 내부의 결속을 강화시키곤 하여 큰 물의를 일으켜 왔다.

갱신주의 영의 분별

이상에서 본 이단들의 경우를 통해서 우리는 갱신주의 영이 어떻게 그들을 독선적 집단으로 만들어 갔는지를 파악할 수 있다. 그리고 이러한 분별력을 통해 우리는 갱신주의 영이 퍼트리는 독선의식이 교회 내에 확산되어가지 못하도록 효과적으로 방지할 수 있다고 본다.

무엇보다 극단적인 갱신주의 영이 교회 내에 자리 잡게 되면 다음과 같은 특징들이 나타나는 것을 알 수 있다; 첫째, 그 영향을 받은 이들은 성경을 자기들의 편견에 맞추어 해석할 뿐 아니라, 심지어는 성경의 정신에서 벗어난 예언이나 계시를 말하기도 한다. 둘째, 그들은 신유와 이적 등의 '성령의 나타남'을 성령의 열매나 성령의 인격적 통치의 교훈보다 더욱 강조한다. 셋째, 그들은 사회성이나 상식적인 윤리 관념에서 벗어나 금욕주의나 극단적인 형태의 신비주의를 도입한다. 그럴 때 그들은 임박한 종말론적 메시지를 강조하게 되는데, 심한 경우에는 시한부(時限附) 종말론으로까지 발전할 수 있다.

---

153 이초석, 「내 백성이 지식이 없어 망한다 - 귀신론」 (서울: 복음문서선교회, 1987), 21.

그러므로 그들은 한편으로는 은사운동이나 성경연구를 통한 힘 있고 새로운 교회를 이상으로 하면서도, 또 한편으로는 기존 교회의 질서가 깨어지거나 교회의 가르침에 균열이 생기는 것에 별로 개의치 않는다. 다시 말하자면, 교회 갱신을 추구하는 것은 좋은 동기다. 그러나 그 좋은 동기에 좋은 방법이 동반되어야 궁극적으로 교회에 유익이 된다. 귀신들은 간교하게도 갱신을 부르짖는 선한 동기의 크리스천들에게 다가가 교회의 통일성과 권위를 깨뜨리는 방법을 제시하고 있는 것이다.

그러면 이 같은 갱신주의 영이 가져다주는 유혹에서 어떻게 하면 자유로워질 수 있는가? 우리는 신앙의 기준에 있어서 주관적 체험보다는 성경의 교훈을 더욱 신뢰하면 된다. 그리고 교회생활에 있어서 독선적 소그룹을 만들기 보다는 교회의 질서에 더 잘 순응하면 된다. 물론 여기에다 성경적 교회 갱신의 노력을 포기해서는 안 될 것이다. 이렇게 우리는 교회의 유기적 통일성 속에서 독선에 빠지지 않는 지혜를 실천하면서 동시에 교회를 복음적으로 갱신시켜 나가는 지속적인 열매를 맺을 수 있다.

분리주의 영의 파당

도나투스주의와 분리주의 영

창세부터 마귀는 하나님과 인간 사이, 그리고 인간과 인간 사이를 이간질하고 분열시키는 일을 해왔다. 여러 가지 인간의 이해관계나 실리 추구 또는 신학적 논쟁 등을 통해 교회를 분열시키는 일은 분리주의 영을 침투시켜 파당을 짓는 마귀의 궤계이다.

혹심한 분리주의로 인해 한국 교회가 입은 폐해는 이루 말할 수 없이 크고 심각하다. 그런데도 이러한 악영향은 단지 교회 내에서만 일어나는 것이 아니고 사회적으로도 큰 파문이 일게 된다는 데에 더욱 큰 문제가 있다. 이러한 일은 마땅히 교회가 세상 속에서 감당해야 할 소금과 빛으로서의 사회적 사명을 하지 못하게 되어, 결국에는 맛을 잃은 소금처럼 사람들의 발에 밟히게 되는 것이다.

선교 제2세기를 맞이한 한국 교회는 안타깝게도 1백 개 이상의 교단으로 갈라져 있는 현실을 맞고 있다. 한국 교회는 장로교의 1952년 분열을 비롯해, 감리교의 1954년 분열, 그리고 1961년의 성결교 등 계속된 분열을 겪게 되었다. 그 중에서도 장로교는 신사참배(神社參拜) 문제 때문에 고신 파 장로교회가 갈라지고, 교리와 신학의 차이 때문에 기독교 장로교회와 예수교 장로교회로 분열되었으며, 다시 WCC 문제로 인해 합동 측 예수교 장로교회와 통합 측 예수교 장로교회로 분열된 이래, 또 다시 교리와 명분 그리고 여러 가지 실리적 이유 때문에 분열에 분열을 계속하여 현재 수많은 교단으로 분파(分派)되어 있다.

아무리 영광스런 그리스도의 몸으로서의 교회라 할지라도 파당이 생기면 힘을 잃게 된다는 것을 마귀는 너무도 잘 알고 있다. "사탄과 그의 막강한 귀신의 군대들은 같은 교파 내에서도 교리적 주장으로 대립하게 하여 기독교 내에서 서로가 투쟁하도록 많은 분파와 새로운 사상을 유행시킨다."[154] 이러한 마귀의 최종 목표는 교회에 파당을 만들어 분열시키는 것이다. 그래서 마귀는 교회가 이 땅에 처음 시작된 초대교회에서부터 이 분리주의의 영으로 역사하기 시작한다. 고린도교회는 분리주의의 문제로 크게 어려움을 겪었다.

> 내 형제들아 글로에의 집 편으로서 너희에게 대한 말이 내게 들리니 곧 너희 가운데 분쟁이 있다는 것이라 이는 다름아니라 너희가 각각 이르되 나는 바울에게, 나는 아볼로에게, 나는 게바에게, 나는 그리스도에

---

154 김영배, 「성경으로 본 악령론」 (서울: 웨스트민스터출판부, 2000), 162.

게 속한 자라 하는 것이니 그리스도께서 어찌 나뉘었느뇨 바울이 너희를 위하여 십자가에 못박혔으며 바울의 이름으로 너희가 세례를 받았느뇨(고전 1:11-13).

고대교회의 대표적인 분리주의 이단은 도나투스주의(Donatism)였다. 어거스틴(Augustine) 당시에 도나투스파는 '교회는 순결한 자들의 집단이어야 한다'고 하면서 스스로 분리하였다. 도나투스파는 주장하기를, 배교자(背敎者)로서의 성직자는 무자격자이며, 따라서 이러한 자들은 이미 성례전을 집행할 권리를 상실한 것이라고 했다. 뿐만 아니라 그를 인정하고 사귀는 모든 교회는 죄에 감염된 교회로서 이미 교회가 아니라고 주장하며, 도나투스파 교회만이 성별(聖別)된 참 교회라고 하여 파당적인 주장을 했다.

그러나 어거스틴은 도나투스파가 가톨릭교회를 벗어났으므로 그들이 교회의 일치성을 깨뜨렸다고 주장하였다. 교회의 표식은 통일성과 보편성인데, 세계교회의 통일성과 보편성이 도나투스파의 분파성(分派性)을 정죄한다고 하였다. 교회는 첫째로 신앙의 통일성을 가지며 또 사랑의 통일성을 가지는 것인데, 어떤 사람이 비록 순수하고 열정적인 신앙을 가지고 있을지라도 사랑의 통일을 위반하면 역시 분열주의자나 이단이 된다고 하였다.

어거스틴은 비록 순교자라 할지라도 이 신앙과 사랑의 통일성을 깨뜨리면 구원을 얻을 수 없다고 말하고, 분파(分派)의 죄는 배반의 죄보다 더 무서운 죄라고 주장하였다. 일치 곧 하나됨은 교회의 가장 필연적인 속성인데, 도나투스파들은 교만과 사랑의 결핍으로 이와 같은 교회의 일치성을 깨뜨렸다고 비판하였다.[155]

---

155 어거스틴의 도나투스파 반박문의 주요 저작과 저술 연대는 다음과 같다: *On Baptism, Against*

이후 교회의 역사 속에도 고대교회의 도나투스주의를 닮은 극단적 분리주의 영성운동들의 모습이 많이 나타난다. 이러한 집단들의 활동은 그동안 기독교에 필요 이상의 분열과 상처를 가져오게 하였다. 현대에도 이러한 집단들이 교회를 사분오열(四分伍裂)시킴으로써 그리스도의 몸으로서의 교회의 질서를 깨뜨리고 있다. 그들은 나름대로 자기들이 지닌 신앙적 정통성을 지나치게 과신(過信)한 나머지, 사랑으로 연합되어 그리스도와 한 몸을 이루는 교회론을 받아들이지 않고 있다.

분리주의 이단

극단적 분리주의 영성운동들 중에 어떤 집단은 기존 교회의 성경 해석이 잘못되었다고 분리하였으며, 또 어떤 집단은 기존 교회가 기도와 능력이 없다고 분리하기도 했다. 자기들만이 참된 성경적인 교회라고 하면서 분리하지만, 그러나 시간이 얼마 지나고 나면 그들 나름대로의 비성경적인 전통을 또 다시 만들어 가게 되는 모습을 우리는 보게 된다. 결국 이러한 과정 속에서 결론지을 수 있는 것은 교회를 분열시키고 파괴를 조장하는 더러운 귀신들의 농간에 교회가 미혹을 받고 있다는 점이다. 현대의 대표적인 분리주의 이단들을 몇 가지 소개한다.

찰스 럿셀(Charles Taze Russel)이 조직한 '여호와의 증인'(Jehovah's Witness)은 성경을 자기들의 자의적 신념에 맞추어서 해석하며, 성경보다는 그들의 본부에서 발행되는 〈파수대〉 등의 간행물의 내용에 더욱 비중을 두고 있다. 그들은 기독교의 삼위일체(三位一體) 교리를 정면으로 거부한다. 삼위일체란 용어 자체가 성경에 없으므로 비성경적이며, 삼위

---

the Donatists (400-1), *Against the Writings of Petilian the Donatist* (400-2), *A Letter to Catholic on the Unity of the Church* (402), *Against Cresconius the Donatist* (406), *On One Baptism Against Petilian* (410). 그밖에 *Expositions on the Book of Psalms*에서도 많은 부분 이에 대한 언급을 찾아 볼 수 있다.

일체론은 후대(後代) 신학자들의 논쟁을 통해서 만들어진 무익한 것이라고 한다. 그들은 예수 그리스도가 하나님 자신이 아니고 하나님이 최초로 창조한 인간이므로 신성(神性)을 가지지 않고 태어났다고 한다.

여호와의 증인의 잘못된 기독론에 대해서 조지 쿠리안(George T. Kurian)은 말하기를, "그들에게 있어서 예수 그리스도는 천사장급보다 약간 높은 위치에 있는 최초 그리고 최고의 피조물로서, 이것은 근본적으로 아리우스주의(Arianism)의 부활"[156]이라고 하였다. 따라서 그들에게 있어서 예수 그리스도를 통한 대속(代贖)이라는 것은 역시 공허한 이론이 될 수밖에 없다. 그들은 영혼불멸설(靈魂不滅說)을 부정하여 인간이 죽을 때 인간의 영혼도 멸절되어 끝난다고 주장하고, 내세에서가 아니라 이 땅에서 영원한 지상천국이 이루어진다고 한다. 여호와의 증인은 철저하게 자기들 집단만이 구원의 유일한 제도라고 믿고 있다.

그런가 하면 윗트니스 리(Witness Lee)의 '지방교회'(地方敎會)는 매우 공개적인 형태의 분리주의 집단인데, 그들이 주장하는 교회관은 타 교파에 대해 매우 배타적인 것을 볼 수 있다. "윗트니스 리는 개신교와 천주교(天主敎)를 사탄의 도구라고 확신하고 있다. 이와 같은 호전성과 배타성은 모든 이단이 기존 교회를 보는 공통된 시각으로 그리스도의 몸을 파괴하는 극단적인 분파주의(分派主義)로 밖에 볼 수 없다."[157]

지방교회에서는 가톨릭은 물론 개신교의 모든 교파 교회들을 극렬히 배척하고 있다. 윗트니스 리는 말하기를, "교파 안에 있을 때 우리는 소경이었다. 나는 그리스도인으로서 참 빛을 얻으려면 그리스도인이 여전히 교파 가운데 남아 있을 수 있다고 믿지 않는다."[158]고 하였다. 결국 리는

---

156 George Thomas Kurian, (ed.), "Jehovah's Witnesses," *Nelson's Dictionary of Christianity* (Nashville, Tennessee: Thomas Nelson Pub., 2005), 368.
157 정동섭, "지방교회를 왜 이단이라 하는가?", 〈성경과 신학〉 (1992): 314.
158 윗트니스 리, 「그리스도냐 종교냐」 (서울: 한국복음서원, 1987), 123.

어느 도시에든 그리스도의 몸의 유일한 참된 표현은 오직 '지방교회' 뿐이라고 했다. 따라서 지방교회에 속해 있지 않으면 구원을 받을 수 없다고 가르친다.[159]

그리고 구원파 역시 분리주의 영의 통제와 조종을 받는 이단이다. 권신찬에 의해 1962년 시작된 구원파는 특히 구원의 확신을 갖지 못하고 방황하거나 현대교회의 여러 병폐현상에 대해 불만을 가지고 있는 기존 교회 신도들에게 상당한 설득력을 가지고 접근하기 때문에, 많은 사람들이 이에 미혹되어 구원파에 빠져들고 있다.

구원파는 크게 권신찬 계열, 이요한 계열, 박옥수 계열 등 3개 파로 분류할 수 있다. "구원파의 구원관에는 의지적인 위임으로서의 믿음과 의지적으로 죄에서 돌이키는 회개가 빠져 있다."[160] 구원파에서는 '구원을 확증하지 못하면 구원이 없다'고 함으로써, 구원을 받아 구원의 확신이 있는 것이 아니라 구원의 확신이 있어야만 구원을 받은 것으로 가르치고 있다. 더군다나 신자는 반드시 구원 받은 날짜와 시간 그리고 장소까지도 알고 있어야 한다고 가르친다.

권신찬의 사위인 유병언은 '천주교, 감리교, 성결교, 장로교 등 어느 교파에도 복음은 존재하지만 그곳에 없는 것은 그리스도인의 교제'라고 하면서, 매우 모순적이며 독선적(獨善的)인 견해를 그의 저서에서 밝히고 있다.[161] 그리고 "권 씨는 초창기부터 사위 유 씨를 몸의 '입', 성령에 의해 특별히 세우심을 받은 '기름 부음을 받은 자'로 추대하여 왔다. 권 씨의 이러한 사상에 힘입어 일부 신도들은 1982년 하반기부터 유 씨를 '예수', '메시아', '살아있는 성령' 등으로 부각시키고 있다."[162] 이러한 구원파의

---

159 정동섭, 「그것이 궁금하다」 (서울: 도서출판 하나, 1994), 251.
160 정동섭, 「그것이 궁금하다」, 115.
161 정동섭, 「그것이 궁금하다」, 159.
162 정동섭, 「그것이 궁금하다」, 162.

독선적 신념은 구원론이나 교회론에 있어서 뿐 아니라 특정 인물을 신격화 하는 데까지 탈선한 것을 볼 수 있다.

최근 들어 '하나님의교회 안상홍 증인회'라는 이단 집단의 포교활동이 매우 활발해지고 있는데, 이들로부터의 피해를 호소하는 사례도 늘어가고 있다. 1985년에 사망한 교주 안상홍은 스스로가 육신을 입고 세상에 온 하나님이며 보혜사 성령이며 성경에 예언된 재림주라고 주장한 바 있다.[163] 그래서 성부 하나님의 이름은 '여호와'이며 성자 하나님의 이름은 '예수'이고 성령 하나님의 이름은 '안상홍'이라는 것이다.

그래서 이들은 기도할 때도 예수님이 아닌 안상홍의 이름으로 기도하고 있다. 그들은 토요일을 안식일로 철저히 지킬 것을 주장하는가 하면, 유월절 등의 구약 절기를 지켜야 한다고 강조한다.[164] 그리고 이 집단에서 '어머니'로 추종하는 여교주 장길자는 어린 양의 아내요 신부이며 또한 하늘에서 내려오는 새 예루살렘이라고 주장하고 있다. 그들은 안상홍 증인회에 등록해야만 생명책에 기록되고 구원도 받는다고 하여 성도들을 미혹하고 있다.

'신천지' 집단 역시 빼놓을 수 없다. 이만희에 의해 시작된 '신천지교회'는 '무료성경연구원'이라는 기관을 만들어 활동하는데, 일반인들이 보기에는 이 집단이 장로교단에 소속된 평범한 교회로 여겨지기 때문에 미혹되기 쉽다. 그들의 전도책자의 표지 역시「전도 안내서: 대한예수교 장로회 중앙교회」라고 붙여서 일반인들이 이단전도책자인 것을 분별할 수 없도록 했다.

이만희는 하나님이 구약에는 여호와 하나님으로, 신약에는 예수님으로, 은혜시대에는 성령으로, 말세시대에는 재림주로 나타난다고 주장한

---

163 안상홍,「하나님의 비밀과 생명수의 샘」(안양: 멜기세덱 출판사, 1997), 190, 201.
164 안상홍,「선악과와 복음」(안양: 멜기세덱출판사, 1996), 54-8.

다. 이것은 한 하나님이 여러 형태로 보일 뿐이라고 하는 이른바 양태론적 단일신론(Modalistic Monarchianism)의 잘못된 가르침이다. 또한 계시록의 사건을 성령과 악령의 싸움으로 해석한다. 그래서 목 베인 순교자의 영혼도 성령이고, 보혜사를 성령이 아닌 '대언자로서의 인간'이라고 해석한다.

이만희는 자신을 지칭하여 '알파와 오메가', '보혜사 성령', '인치는 천사' 등으로 주장하고 있다.[165] 그리고 예수의 영이 이만희에게 임한 것이 곧 재림이라고 보면서, 신천지교회가 곧 새 하늘과 새 땅이 이루어지는 천국이고 그 곳에 가입하는 것이 곧 천국에 들어가는 것이라고 한다.[166] 그들은 성도들이 영생의 몸으로 부활하는 것을 부인하고, 불교의 윤회설을 받아들여 부활은 곧 윤회라고 주장한다.

분리주의 영의 분별

이처럼 간교한 귀신들은 이단들을 독선과 편협적 신념으로 얼룩진 분리주의의 노예가 되게 만들었다. 그리고 그 이단들로 하여금 특히 구원의 확신을 갖지 못하고 방황하거나 현대교회의 여러 병폐현상에 대해 불만을 나타내고 있는 기존 교회 신도들에게 상당한 설득력을 가지고 접근하게 만든다. 또한 귀신들은 교회와 사회 속에 여러 가지 합리적 신념들과 규명되지 못한 이론들을 동원하여 현대인들이 마치 그들의 분리주의를 합당한 것처럼 여기도록 속임수를 쓰고 있다.

분리주의 영은 교파가 많이 생긴다는 것이 다원화된 산업사회의 여러 가지 요구에 대처하기 알맞는 형태라고 하면서 오히려 이를 두둔하게끔

165　이만희,『계시록의 진상 2』(도서출판 신천지, 1988), 36-37, 52, 50.
166　이만희,『성도와 천국』(도서출판 신천지, 1995), 91-5, 111~12.

미혹한다. 다시 말해서 교파의 다양성은 다양한 신앙형태를 지닌 신자들의 취향을 맞춰주어 나름대로 다원화된 사회에 걸맞는 이상적인 기능을 하고 있다는 이론이다. 더 나아가서는 한국 교회의 분파주의가 교회성장의 한 요소가 되었다고 보는 시각도 제시하고 있다. 이는 분리주의 영이 세상 속에 깔아놓은 가장 고차원적으로 미혹된 신념이다.

그러나 하나님은 교회의 분열이 아니라 교회의 하나됨을 통해 '그리스도의 몸'을 세우기 원하신다는 성경의 정신에서 볼 때 이러한 신념이나 이론들은 완전히 마귀적이다. 분파주의는 "첫째로 하나의 생명적 유기체인 하나님의 교회의 건강한 성장을 저해했으며, 둘째로 세상과 사회로부터 비난과 지탄을 받아 결국 전도와 하나님 나라 확장을 방해하게 되었다."[167] 그리고 단순히 교회가 많다는 점과 교파의 분열이 심하다는 점은 반드시 구별되어야 한다. 이를 혼용하거나 동일시하게 될 때는 우리로 하여금 마치 교파분열이 심해진 결과로 인해 교회가 늘어나게 된다고 생각하게 만들어 주기 때문이다.

교파의 분열이 없이도 얼마든지 다원화된 형태의 교회상을 가꿔나갈 수 있다. 이런 이유에서 교파의 다양성이 다원화된 교회상과 동일시될 이유는 전혀 없다. 그리고 한국 교회의 괄목할만한 교회성장의 요소 가운데 하나가 바로 분파주의였다고 보는 견해는 그 타당한 근거를 찾아볼 수 없다. 반대로 만일 지나간 한국 교회의 역사 속에서 혹심한 교파의 분열 대신 교회의 일치됨을 이루어 왔었다고 한다면, 지금보다도 훨씬 더 건강하고 부흥된 교회를 우리는 경험하고 있을 것이다.

그러므로 교회의 분열은 그것이 적어도 16세기 종교개혁(宗教改革)의 저 위대한 '구원의 참 신앙'을 향한 당당한 진군(進軍)의 발걸음이 아니라면, 어떠한 이유에서든 정당화될 수 없다. 분열주의의 영은 파당을 꾀하

---

167 정일웅, 「2000년대를 향한 한국 교회의 전망과 과제」 (서울: 로고스 연구원, 1991), 23.

는 이들을 통해 분열을 정당화하고자 나름대로의 이유와 명분을 내세우게 하지만, 그것은 근본적으로 독선과 편협적 신념과 자파 이기주의(自派利己主義)로 일그러진 자화상(自畵像)일 뿐이며, 결국 그리스도의 몸 된 교회를 파괴하는 마귀의 전략인 것이다.

그러면 우리는 어떻게 분리주의 영의 궤계를 물리칠 수 있을 것인가? 첫째, 우리가 몸담고 있는 교회에 대한 사랑과 존중의 마음과 함께 하나 됨의 정신을 지켜가면 된다. 왜냐하면 교회는 머리 되신 예수 그리스도의 거룩함이 부여 되는 몸이기 때문이다. 도나투스파의 분리주의 신념을 대항한 어거스틴의 교회론은 바로 이 점에서 큰 가치를 지닌다.

둘째,는 교회 내에서 어떠한 종류의 분파적 사고나 신념도 받아들이지 않고 거절하면 된다. 무엇보다 그리스도의 몸으로서의 교회는 그 자체가 완전한 유기적 생명력을 지닌다는 것을 신뢰해야 한다. 그리고 교회는 오직 머리 되신 그리스도만을 예배하며 섬기는 순종의 공동체라고 하는 영적 사실을 믿음으로 고백해야 한다.

제5장

귀신 분별법

귀신들림

용어의 의미

마귀와 또 그의 부하 조직인 귀신들이 벌이는 공격과 속임수는 인류의 전 시대를 통해 활발하게 전개되어 왔다. 오늘날도 악한 영들은 자기들의 존재를 은닉하면서 온갖 궤계로 온 세상을 미혹하고 또 성도들과 교회를 향해 공격해온다. 귀신들의 최대 무기는 마치 자기들이 존재하지 않는 것처럼 속이는 것이다. 그러나 성경은 우리에게 악한 영들이 엄연히 존재하고 있으며 뿐만 아니라 악한 영적 세력과의 싸움이 있음을 말해주고 있다(엡 6:12).

귀신들은 이 세상의 여러 가지 권력들과 환경을 조종하며 자기들의 영역을 확장할 뿐 아니라 또 직접 인간의 영혼과 육체를 공격한다. 귀신들이 인간에게 침투하는 과정은 몇 단계를 거치게 되는데, 간단히 구분하자면 그 침투 현상의 심한 정도에 따라 다음 두 가지로 분류할 수 있다. 먼저는 귀신이 사람의 영혼이나 육체 속에 들어가 의지적으로 지배하고 있을 때에는 귀신들림(demon possession), 그리고 단지 암시된 유혹과 충동이나 질병을 줄 때에는 귀신의 영향(demon influence) 또는 귀신의 억압(demon oppression)으로 구별한다.[168] 학자들에 따라 용어와 개념 표

---

168 Lewis Sperry Charter, *Satan: His Motive and Methods* (Grand Rapids, Michigan: Zondervan Publishing House, 1964), 59.

현에 있어서 약간의 차이가 있긴 하지만, 필자는 위에서 소개한 구분법이 가장 일반적이라고 본다.

'귀신들림'이라는 말은 구약성경에서는 나오지 않는다. 그러나 구약성경에서 이방 신들에게 제사하거나 그들을 섬기지 말라고 하는 일관된 명령의 말씀은 곧 귀신들을 섬기지 말라고 하는 말과 같은 의미가 된다(신 32:16-17; 시 106:35-37).[169] 사울에게 "악령이 그를 번뇌하게"(삼상 16:14) 하였을 때, 다윗이 사울을 위해 수금을 타자 "악령이 그에게서 떠나더라"(삼상 16:23)는 것도 역시 귀신들림과의 연관 속에서 해석할 수 있다.

구체적으로 귀신들림이라는 말은 귀신에 관계된 신약성경 여러 헬라어 동사로부터 이끌어 낸 말로서 요세푸스(Josephus)가 공식적으로 처음 사용한 이후 교회에서 널리 일컬어지게 되었다고 학자들은 전한다.[170] 신약성경에서 귀신이라는 명사를 가리키는 다이모니온($\delta\alpha\iota\mu\acute{o}\nu\iota o\nu$)이라는 단어는 약 60여 회 발견되며, 귀신들림(demon possessed)이라는 표현의 다이모니조마이($\delta\alpha\iota\mu o\nu\acute{\iota}\zeta o\mu\alpha\iota$)는 13회에 걸쳐 사용되고 있다.[171]

성경에 표현된 귀신에 관한 내용 중에 가장 심각한 단계는 역시 귀신들림이다. 성경을 중심으로 한 귀신론 연구의 권위자인 디카슨(C. Fred Dickason)에 의하면, 귀신들림이란 "하나 또는 그 이상의 악령이나 귀신들이 인간의 몸 안에 거주하면서 그들의 희생자를 자기 마음대로 완전히 지배하는 것"[172]으로 정의된다. 이 상태는 귀신의 영이 인간의 영혼 속에 상당히 깊이 침투한 경우이며, 이런 경우 인간의 영과 잠재의식과 현재의식이 귀신의 뜻에 의해서 움직인다.

---

169 Wayne Grudem, *Systematic Theology* (Norton Street, Nottingham: Inter-Varsity Press, 2011), 417.
170 Merrill F. Unger, *Biblical Demonology* (Wheaton, Ill.: Scripture Press, 1952), 90.
171 James Strong, "$\delta\alpha\iota\mu o\nu\acute{\iota}\zeta o\mu\alpha\iota$," *The New Strong's Expanded Dictionary of Bible Words* (Nashville, Tennessee: Thomas Nelson, 2001), 1030.
172 C. Fred Dickason, *Angel, Elect and Evil* (Chicago: Moody, 1975), 182.

귀신들림의 정도

그런가 하면 귀신들림에 대한 설명에 있어서 인간의 의지나 판단이 도저히 불가능한 정도는 아니더라도 귀신들림이라고 할 수 있다고 분류하는 예도 있다. 웨인 그루뎀(Wayne Grudem)은 귀신들림이라는 용어 자체가 풍기는 뉘앙스가 전적으로 귀신의 통제에 든 나머지 판단력이나 의지력이 전혀 없는 상태를 떠올리게 해준다고 했다. 그러나 그는 성경에서 거라사의 귀신 들린 자를 제외하고는 어느 정도의 자기 통제력을 갖고 있는 경우들이 더 많다고 지적하였다. 실제로 크리스천들의 삶속에서도 귀신들림의 상태가 모든 마음의 기능을 마비시키는 경우는 매우 드물다고 하였다.[173]

필자의 경험에서 볼 때도 귀신 들린 사람들이 완전히 자신의 마음의 기능이 통제 불능한 경우는 드물었다. 대부분의 경우는 평소에는 정상적인 마음의 기능을 활용하지만, 귀신들과 관계된 특정한 환경적 또는 정서적 상황이 만들어졌을 경우 귀신들림 현상이 나타나는 사례들이었다. 그러므로 귀신들림의 상태를 마음의 기능이 완전 마비되는 가장 극단적인 단계로 설정하는 것은 다소간 무리가 있다고 본다.

이런 점과 연관지어, 학자들에 따라서 귀신들림의 단계를 좀 더 세부적으로 구분하는 사람들도 있다. 정신과 의사인 앨리슨(R. Allison)은 쉬바르츠(T. Schwarz)와 함께 귀신들림을 그 정도에 따라 다음과 같은 다섯 단계로 구분하였다.

(1) 한 가지 생각에 지배당하는 강박적 충동 또는 중독
(2) 다중 인격적 현상을 보이는 부정적 인격
(3) 타인의 신념이나 생각에 지배 받는 상태
(4) 타인의 영에 지배 받는 상태

---

173   Grudem, *Systematic Theology*, 423.

(5) 마귀적 세력에 의해 지배당하는 상태.[174]

이러한 분류는 장기간 동안 정신질환 또는 귀신의 영향에 관련된 분야를 연구하면서 임상 실험을 거쳐 얻어진 내용인 것만은 사실이다. 그러나 이와 같은 분류는 정신과 전문의로서의 임상 차원의 변화와 결과적 차원에 의존한 것이지, 근본적으로 신학적 그리고 성경적 근거에서 출발한 설정은 아니다. 그러므로 이러한 분류를 참고로 하지만 그러나 좀 더 민감한 성경적 척도를 가지고 분별할 필요가 있다.

인상적인 것은 위의 분류 속에 가장 심각한 단계를 마귀적 영향으로 정의했다는 점이다. 마지막 다섯 째 단계를 비로소 마귀의 세력으로 표시한 점은 이보다 낮은 단계들은 마귀의 영향보다는 단순한 인간의 정신적 불균형에서 비롯된 것으로 해석하게 된다. 이렇게 되면 그 증세가 극심한 정도에 이르러서야 비로소 마귀적이며 그보다 낮은 단계는 다 인간적 차원의 정신질환으로 간주하는 신념 체계를 조성하게 된다.

그러나 이러한 신념은 과연 어디서부터가 인간적이며 또 어디서부터가 마귀적인 것인가를 가려내기 힘들다는 점에서 모호한 면이 없지 않다. 자칫하면 실제 환자를 다룸에 있어서 마귀적 세력의 영역을 최소화하고 모든 경우를 정신질환의 성격으로 진단하는 극단에 빠질 수 있게 된다. 이러한 사고는 적절한 성경적 예나 신학적 근거를 제시할 수 없는 것이기 때문에 전적으로 신뢰하기보다는 다만 참고로 하는 편이 낫다.

귀신들림의 성경적 예

신약성경의 복음서에서 귀신들림에 대해 상세하게 다루는 다섯 군데의 기록을 발견할 수 있다.

---

[174] R. Allison & T. Schwarz, *Minds in Many Pieces* (New York: Rawson, Wade, 1980), 196-98.

(1) 가버나움 회당의 귀신 들린 자(막 1:23-26)
(2) 거라사 지방의 군대 귀신 들린 자(마 8:28-34)
(3) 벙어리 귀신 들린 자(마 12:22-30; 눅 11:14-26)
(4) 수로보니게 여인의 딸(마 15:22-28; 막 7:25-30)
(5) 귀신 들린 아이(막 9:14-29)

사도행전에서도 몇 번의 사례가 나오는데, 이 중에서 사도행전에 나타난 한두 가지 대표적인 사례들을 먼저 살펴보고자 한다. 성경에 기록된 사마리아에서 마술을 행하던 시몬의 경우를 보면, 그는 사람들에게 마술로서 큰 능력을 보여주고 있었다.

> 그 성에 시몬이라 하는 사람이 전부터 있어 마술을 행하여 사마리아 백성을 놀라게 하며 자칭 큰 자라 하니 낮은 사람부터 높은 사람까지 다 따르며 이르되 이 사람은 크다 일컫는 하나님의 능력이라 하더라 오랫동안 그 마술에 놀랐으므로 그들이 따르더니(행 8:9-11).

그러나 시몬은 성령의 능력이 베드로에게서 나타나는 것을 보고 그 능력을 은을 주고 사고자 했다(행 8:18-19). 마술사로서의 시몬은 단지 눈속임만 하는 그런 마술이 아니라 악령들의 도움을 받아 어느 정도의 초자연적인 능력을 행하던 사람이었을 것이다. 그가 사도 베드로에게서 나타나는 하나님의 능력을 보며 크게 놀라면서, 전에 그가 하던 대로 돈을 주고 어떤 주술을 통해 더 큰 능력을 살 수 있으리라 생각했었을 수도 있다.

옛날이나 오늘날이나 우리 주위에 '신 내림'이라고 일컫는 귀신 들림을 통해 영적 능력을 행하게 되는 경우들이 많다. 그런데 무당이 강신(降神) 행위를 진행하고 있을 때 갑자기 무당이 그 행위를 진행함에 있어서 외부로부터 영적인 눌림을 받아 중단하는 경우가 있다. 가장 대표적인 예는 거듭난 크리스천들이 그 주위에 있을 때 무당은 자기들이 섬기는 영보다 더 강력한 성령의 영향력을 느끼고 위축받게 되는 경우다. 마술사 시몬도 베드로에게서 나타나는 성령의 권능을 보고 영적인 위축과 두려움을 경험하게 된 것이다. 빌립보 성의 귀신 들린 여종의 경우도 적절한 예에 속한다.

> 우리가 기도하는 곳에 가다가 점치는 귀신 들린 여종 하나를 만나니 점으로 그 주인들에게 큰 이익을 주는 자라 그가 바울과 우리를 따라와 소리 질러 이르되 이 사람들은 지극히 높은 하나님의 종으로서 구원의 길을 너희에게 전하는 자라 하며 이같이 여러 날을 하는지라 바울이 심히 괴로워하여 돌이켜 그 귀신에게 이르되 예수 그리스도의 이름으로 내가 네게 명하노니 그에게서 나오라 하니 귀신이 즉시 나오니라(행 16:16-18).

이 여종은 점치는 영에 사로잡혀 미래의 일에 대해 예언하는 능력이 있었다. 여종은 초자연적인 지식이 있어서 바울과 그의 일행들에 대한 신분을 알아봤다. 그러나 바울의 명령에 의해 귀신들은 그 여인에게서 떠났다. 그 결과 그 여인에게서 점치는 능력이 사라졌다. 점치는 능력이 귀신들에 의한 것임을 보여주는 실례다.

필리핀의 어느 시골 마을에서 필자에게 있었던 유사한 일을 소개한다. 나는 며칠 동안 그곳 집회의 강사로 초빙 받았다. 그 마을에는 단 하나의 아주 작은 교회가 있었다. 그 교회에 나오는 교인 중에 한 남자가 있었는데, 크리스천인 그 남자의 아내는 공교롭게도 그 마을에서 최고 힘센 무당이었다. 그런데 그 무당은 예언과 치유의 능력이 있어서 마을의 많은 사람들이 찾아와서 기도를 받곤 하였다. 그 무당은 교회엔 아무런 능력도 없다고 하면서 늘 하나님과 크리스천들을 조롱했다고 한다.

나는 그 남편에게 무당인 그의 아내를 저녁집회에 데리고 나오라고 말했다. 정말 그날 저녁 집회시간에 남편에게 이끌려 무당은 교회에 나왔는데, 교회 뒷좌석에 앉아서 시종일관 심술궂은 얼굴로 벽을 뚫어지게 쳐다보고 있었다. 기도 시간에 성령께서는 그 무당을 내 앞으로 나오도록 하셨고, 마침내 그 무당으로부터 귀신들이 쫓겨나고 즉시 예수 그리스도를 주님으로 영접하는 기적이 일어났다. 그 이후 그 무당의 회심으로 인해 그 교회에 큰 기쁨이 있게 된 것은 두말할 나위 없다.[175]

거라사 지방의 귀신 들린 사람

복음서에 나타나는 거라사 지방의 귀신 들린 사람의 경우는 예수께서 귀신을 추방한 사례 중에서 가장 대표적인 사건으로 손꼽힌다. 이 본문을 들어 쿠르트 코흐(Kurt Koch)는 귀신들림을 분별할 수 있는 여러 가지 증상들을 조사하였다.

(1) 예수께서 바다 건너편 거라사인의 지방에 이르러 (2) 배에서 나오시매 곧 더러운 귀신 들린 사람이 무덤 사이에서 나와 예수를 만나니라 (3) 그 사람은 무덤 사이에 거처하는데 이제는 아무도 쇠사슬로도 맬 수 없게 되었으니 (4) 이는 여러 번 고랑과 쇠사슬에 매였어도 쇠사슬을 끊고 고랑을 깨뜨렸음이러라 그리하여 아무도 그를 제어할 힘이 없는지라 (5) 밤낮 무덤 사이에서나 산에서나 늘 소리 지르며 돌로 자기의 몸을 해치고 있었더라 (6) 그가 멀리서 예수를 보고 달려와 절하며 (7) 큰 소리로 부르짖어 이르되 지극히 높으신 하나님의 아들 예수여 나와 당신이 무슨 상관이 있나이까 원하건대 하나님 앞에 맹세하고

175　배본철, "성령의 구출 사역(Deliverance Ministry of Holy Spirit)," *Evangelism*, 국제전도훈련연구소 (2010.12): 6.

나를 괴롭히지 마옵소서 하니 (8) 이는 예수께서 이미 그에게 이르시기를 더러운 귀신아 그 사람에게서 나오라 하셨음이라 (9) 이에 물으시되 네 이름이 무엇이냐 이르되 내 이름은 군대니 우리가 많음이니이다 하고 (10) 자기를 그 지방에서 내보내지 마시기를 간구하더니 (11) 마침 거기 돼지의 큰 떼가 산 곁에서 먹고 있는지라 (12) 이에 간구하여 이르되 우리를 돼지에게로 보내어 들어가게 하소서 하니 (13) 허락하신대 더러운 귀신들이 나와서 돼지에게로 들어가매 거의 이천 마리 되는 떼가 바다를 향하여 비탈로 내리달아 바다에서 몰사하거늘 (14) 치던 자들이 도망하여 읍내와 여러 마을에 말하니 사람들이 어떻게 되었는지를 보러 와서 (15) 예수께 이르러 그 귀신 들렸던 자 곧 군대 귀신 지폈던 자가 옷을 입고 정신이 온전하여 앉은 것을 보고 두려워하더라 (16) 이에 귀신 들렸던 자가 당한 것과 돼지의 일을 본 자들이 그들에게 알리매 (17) 그들이 예수께 그 지방에서 떠나시기를 간구하더라 (18) 예수께서 배에 오르실 때에 귀신 들렸던 사람이 함께 있기를 간구하였으나 (19)허락하지 아니하시고 그에게 이르시되 집으로 돌아가 주께서 네게 어떻게 큰일을 행하사 너를 불쌍히 여기신 것을 네 가족에게 알리라 하시니 (20) 그가 가서 예수께서 자기에게 어떻게 큰 일 행하셨는지를 데가볼리에 전파하니 모든 사람이 놀랍게 여기더라(막 5:1-20).

코호의 조사를 참고로 해서 이 본문의 내용을 다시 한 번 정리해 보면 다음과 같다.[176]

3-4절: 귀신들린 사람에게서 평소와는 다른 강력한 신체적 능력이 발휘되었다. 그리고 갑작스런 발작이나 감정의 폭발도 일어났다.

5절: 종종 심한 자책과 자기혐오감에 사로잡히거나 또는 자기 의지와

---

[176] Kurt Koch, *Occult: Bondage and Deliverance* (Grand Rapids: Kregel, 1970), 57-9.

는 상관없이 스스로 자해 또는 자살을 시도하기도 한다.

7절: 예수께서 하시는 영적인 일을 저항한다. 예수께 간구하기를 자기를 괴롭히지 말고 내버려 달라고 했으며, 투시 능력과 유사한 감각과민증(Hyperesthesia) 또는 과도한 감각능력이 나타난다. 예수님과 전에 한 번도 접촉한 적이 없으나 예수님의 참된 신분을 즉각적으로 알아차렸다. 음성의 변화가 일어난다.

9절: '군대'라 일컫는 귀신들이 자신의 음성 기관을 통해 말한다.

13절: 사람의 육체와 정신 속에만 침투하는 것이 아니라, 심지어 동물들의 행동과 생명까지도 지배한다. 초자연적인 위치 이동이 가능하다. 코흐는 귀신들이 쫓겨나 수많은 돼지 떼로 들어가는 이런 초자연적 위치 이동은 의학적으로는 도저히 설명할 수 없는 일이라고 보았다.[177]

이 본문의 뒷부분을 통해 우리는 귀신들이 추방된 이후의 여러 가지 변화들에 대해서도 또한 살펴볼 수 있다.

15절: 귀신들이 쫓겨나게 되면 다시 온전한 상태로 돌아오게 된다. 귀신이 들려 있을 때에는 아무도 제어할 수 없을 정도의 힘으로 발악했으나, 귀신이 나가자 가만히 앉아 있었다. 그리고 귀신 들려 있을 때에는 인격의 주인이 귀신들이었으나, 귀신이 나가자 다시 제 정신으로 돌아왔다.

20절: 귀신 들려 있을 때는 사람들과 어울리지 못하였으나, 귀신이 나가자 자기 친척과 동리 사람들에게 전도하러 갔다.

여기서 예수 그리스도의 능력으로 인한 귀신 추방의 결과는 곧 예수의 복음을 전하는 일로 이어졌다는 점은 신학적으로 볼 때 매우 큰 의미가 있다. "그러나 내가 하나님의 성령을 힘입어 귀신을 쫓아내는 것이면 하나님의 나라가 이미 너희에게 임하였느니라"(마 12:28)는 말씀과도 같이, 진정한 하나님의 치유와 귀신 추방은 언제나 하나님 나라의 전파와 관련

177　Kurt Koch, *Demonology: Past and Present* (Grand Rapids: Kregel, 1973), 140.

이 있다는 점이다.[178]

이러한 교훈은 잘못된 귀신론으로부터 복음적인 귀신론을 구별해 낼 수 있는 유효한 시금석이 된다. 잘못된 귀신론은 하나님 나라와 교회를 이간시키고 깨트리지만, 진정한 귀신론은 언제나 복음을 강화시키고 하나님 나라를 확장시키는 결과를 가져온다. 이 점은 현대의 귀신 추방 사역자들이 언제나 가슴 깊이 새겨두어야 할 복음적 정신이다.

귀신의 영향

활동 영역

귀신의 억압 또는 귀신의 영향은 귀신들림보다는 그 정도가 약한 상태를 말한다. 그러나 그 영향력은 전 세계와 여러 현상들 속에 매우 광범위하며 다양하게 나타난다. 귀신들의 영향권은 전 우주적이어서 하나님 나라의 통치가 지배하는 영역을 제외하고는 귀신의 영향을 받지 않는 곳은 이 세상 어디에도 없다. 그들은 인간의 영혼과 육체를 넘나들 뿐 아니라 인간 사회의 제반 영역을 그들의 무대로 삼고 활동한다.

일반적으로 귀신들이 주로 활동하는 터전은 인간의 의식 속에 있다. 다시 말하면 귀신들이 본격적으로 활동할 수 있는 것은 고의적이든 아니면 부지불식간이든 간에 인간의 의식이 이들을 용인해 준 결과라는 점이다. 귀신들에게 한번 자리를 내어주면 그들은 둥지를 틀고 더욱 강한 힘으로 우리를 결박해 들어온다. 그리고 귀신들은 우리 의식의 지지를 받아 영혼의 기능에 무질서를 주고, 신체에 질병을 유발시키며, 환경이나 인간

---

[178] Susan Garrett, *The Demise of the Devil: Magic and the Demonic in Luke's writings* (Minneapolis: Fortress, 1989), 55; James Kallas, *The Significance of the Synoptic Miracles* (Greenwich, Conn.: Seabury, 1961), 78.

관계속에 부조화와 균열을 초래하기도 한다.

크리스천과 귀신의 억압

귀신들의 억압과 영향은 불신자에게만 있는 것이 아니라 거듭난 크리스천들에게도 역시 나타날 수 있다. 물론 이런 경우는 귀신들림의 경우와는 다른 것이라고 본다. 그러므로 귀신의 영향과 귀신들림을 구분해서 생각하는 것이 귀신의 활동에 대해 이해하는 데 도움이 된다.

우선 거듭난 크리스천의 영혼 속에는 성령께서 내주(內住)하시기 때문에 귀신들림의 심각한 상태로부터는 보호를 받을 수 있다. "만일 크리스천이 하나님께 의지적으로 복종하는 일까지도 불가능할 정도로 귀신들릴 수 있느냐고 질문한다면 그것은 절대로 불가능하다고 대답할 것이다."[179] 그러나 이보다는 좀 약한 단계인 귀신의 억압이나 영향, 즉 인간의 지정의(知情意)와 몸과 환경이 귀신의 영향을 받는 일은 크리스천들에게도 얼마든지 일어날 수 있다.

귀신들은 하나님의 자녀들의 신앙을 방해하고 그들의 경건을 "도둑질하고 죽이고 멸망시키려는"(요 10:10) 일에 주력하고 있다. 또한 크리스천들로 하여금 죄를 짓게 하고 도덕적으로 불결한 생활을 하도록 유혹한다.

> 자녀들아 아무도 너희를 미혹하지 못하게 하라 의를 행하는 자는 그의 의로우심과 같이 의롭고 죄를 짓는 자는 마귀에게 속하나니 마귀는 처음부터 범죄함이라 하나님의 아들이 나타나신 것은 마귀의 일을 멸하려 하심이라(요일 3:7-8).

---

179 Grudem, 424.

귀신들은 하나님의 진리를 혼란시키고 교회 내에 분열과 다툼을 일으킨다. "믿음에서 떠나 미혹하는 영과 귀신의 가르침"(딤전 4:1)을 따르도록 귀신들은 사람들을 혼미케 하며 거짓 교사들을 통해 교회 내에 그릇된 교리를 퍼트려 분열을 조장한다.

> 사랑하는 자들아 영을 다 믿지 말고 오직 영들이 하나님께 속하였나 분별하라 많은 거짓 선지자가 세상에 나왔음이라 이로써 너희가 하나님의 영을 알지니 곧 예수 그리스도께서 육체로 오신 것을 시인하는 영마다 하나님께 속한 것이요 예수를 시인하지 아니하는 영마다 하나님께 속한 것이 아니니 이것이 곧 적그리스도의 영이니라 오리라 한 말을 너희가 들었거니와 지금 벌써 세상에 있느니라(요일 4:1-3).

그러므로 크리스천과 교회는 귀신들의 공격에 대해 늘 정신을 차리고 복음으로 무장하여 대적해야 한다. 분명히 거듭난 크리스천이지만 방심하여 성령 충만을 잃어버리고 죄의 유혹을 방치할 경우, 성령이 거하심에도 불구하고 얼마든지 귀신의 영향을 받게 될 수 있다. 귀신은 삶 가운데 어떠한 영역이든, 어떠한 행위이든, 성령의 지배를 받지 않는 바로 그곳을 지배하려고 한다.[180]

크리스천들의 영적 현주소는 본질상 그리스도와 연합되어 거듭난 존재들이며 또한 그리스도의 제자들이다. 그러므로 예수께서 직면하셨던 것처럼 귀신들과의 조우는 필연적인 영적 전쟁이다. 그러기에 늘 깨어서 기도하며 자신을 지켜야 할 필요가 있다. 귀신의 영향으로부터 자유로울 수 있는 가장 좋은 방법은 우리의 영혼이 늘 성령의 다스리심 속에 살아가도록 하는 길이다.

---

[180] C. Fred Dickason, *Demon Possession and the Christian* (Chicago: Moody, 1987), 134.

영분별

분별의 필요성

크리스천이 영적인 분별력을 가지고 살아가야 한다는 점은 두말할 필요도 없다. 다만 이러한 영적인 분별력은 하나님의 의도와 성령의 인도하심에 효과적으로 반응하는 민감함을 필요로 한다는 점을 중시해야 한다. 그리고 온 인류와 세계 속에 하나님께 대한 불순종과 반역의 영을 퍼트리고 있는 귀신들의 정체와 활동에 대해서도 역시 분별력을 지녀야 한다. 사탄이 선한 천사로 가장하고 우리에게 나타날 때가 가장 위험한 것이라고 존 웨슬리(John Wesley)가 경고했듯이,[181] 특히 귀신들은 주로 자신들의 존재를 숨기거나 또는 변형된 형태로 활동하기 때문에 크리스천들은 더욱 영적 분별의 지식을 갖추어야 한다.

그러나 일반적인 시각으로만 봐서는 성령의 역사와 귀신의 역사를 구분하기 힘들다. 어떤 사람은 성령은 오른쪽 귀에 음성을 주시고 악령은 왼쪽 귀에 속삭인다고 말하는데, 이런 말은 전혀 귀담아 들을 필요도 없는 헛된 말이다. 그러나 김영한의 다음과 같은 내용은 영분별에 있어서 기본적인 기준을 제시하는 자료로 유용하다.[182]

(1) 영적 사역을 하는 자의 가르침이 성경 말씀과 전통 교리에 일치해야 한다. 왜냐하면 성령은 언제나 우리를 진리 가운데로 인도하기 때문이다.

(2) 성령의 역사는 예수 그리스도의 십자가의 대속을 증거하지만, 사탄의 영은 결코 그렇지 않다.

(3) 성령의 역사는 교회를 세우지만 사탄의 역사는 교회를 파괴한다.

181　John Wesley, "Of Evil Angels," *The Works of John Wesley* (Grand Rapids, Michigan: Baker Book House, 1984): 6:380.
182　김영한, "성령의 역사인가, 사탄의 미혹인가," 〈목회와 신학〉 (1995.6): 84-6.

성령의 역사를 받는 자는 교회에 덕을 세우고 교회에 열심히 봉사하게 된다.

(4) 성령의 능력과 마술(魔術)의 차이는 그것의 목적에 따라서 결정된다. 성령의 능력은 하나님의 영광을 위한 목적으로 나타나지만, 마귀는 하나님이 주신 능력을 자신의 이기적인 목적을 위하여 사용한다.

(5) 성령의 능력은 새사람이 되게 하지만 사탄의 능력은 불법의 종으로 만든다.

(6) 도덕적 영적 열매를 보고 그 영적 출처를 알 수 있다. 성령은 선한 열매를 맺고 미혹의 영은 악한 열매를 맺는다.

(7) 성령의 역사는 새로운 세계관과 가치 체계를 갖지만, 사탄의 영은 그렇지 않다. 성령의 역사는 신자의 인격을 변화시켜 자기 존재의 가치를 새롭게 인식하도록 한다.

이상과 같은 영분별법의 강조점은 영적 현장에서 당시에 나타나는 현상만을 보고 표적의 진정성을 판단하기는 곤란하다는 점을 지적한 점에 있다. 이 말은 오히려 영적인 능력을 체험한 자의 삶에 나타나는 결과와 열매를 보아야 제대로 분별할 수 있다는 의미이다. 귀신들의 역사는 언제나 복음과 교회를 방해하지만, 성령의 역사는 언제나 교회에 덕을 세우고 하나님 나라를 확장해 나가는 열매를 맺기 때문이다.

귀신의 음성

우리 주위에는 귀신의 음성을 들었다고 하면서 그 내용을 과신하거나 그 지시대로 따르는 사람들이 많이 있다. 과연 귀신의 음성은 실재하는 것일까? 그리고 만일 실재한다면 어떤 식으로 나타나는 것일까? 이 점에 대한 이해를 얻기 위해 먼저 크리스천들이 성령의 음성을 듣는다는 경험에 대해서 살펴보자.

예를 들어, 어떤 열광적인 신앙태도를 지닌 크리스천들 중에는 '성령의 음성을 듣는다'는 표현을 많이 사용하는 것을 보게 된다. 그러나 이 '성령의 음성을 듣는다'는 말은 많은 오해를 불러일으키는 말인데, 이러한 오해의 주된 요인은 '음성을 듣는다'는 의인적(擬人的)인 묘사로 성령의 인도하심을 표현한 때문이다. 귀신의 음성도 마찬가지다. 귀신은 영적 존재이기 때문이다.

만일 성령의 음성이든 귀신의 음성이든 이런 음성 듣는다는 것이 마치 어떤 사람이 나의 귀에 대고 말하듯이 그런 육성(肉聲)을 듣는 것을 의미한다고 믿는다면, 이 같은 신념은 우리를 아주 위험한 신앙생활에 빠지게 할 수 있다. "우리 마음은 성령 뿐 아니라 육신의 욕망과 마귀적인 세력에 의해 자극된 온갖 잡다한 생각과 메시지가 복잡하게 교차하는 곳이기에 어떤 생각이 하나님으로부터 온 것이라고 쉽게 단정해서는 안 된다."[183] 다시 말하면, 성령의 음성을 빙자한 귀신들의 기만이 얼마든지 일어날 수 있다는 점이다.

귀신들은 우리 신체의 육감적인 감각이나 기능을 사용하여 얼마든지 성령의 역사를 가장할 수 있다. 어떤 내적 충동이 일어난다고 해서 그것을 다 성령의 인도하심이라고 믿는다간, 신앙의 파선이 일어날 뿐 아니라 정상적인 생활 자체가 불가능할 정도로 귀신의 영향을 받을 수 있다.

이런 육감주의에 기울어지다가는 성령의 인도하심을 제대로 분별할 수 없다. 성령의 인도하심이라는 것을 마치 점쟁이가 족집게처럼 무엇을 알아 맞춰 앞날을 점치는 것 같이 생각하는 것은 귀신들의 농간에 빠지기 쉬운 큰 오해이다. 성령의 내적인 인도하심은 특히 진리의 길을 가르치시기 위한 것이라는 점도 잊지 말아야 한다.

---

183 박영돈, 「일그러진 성령의 얼굴: 한국 교회 성령운동 무엇이 문제인가」 (서울: IVP, 2011), 33.

> 그러하나 진리의 성령이 오시면 그가 너희를 모든 진리 가운데로 인도하시리니 그가 자의로 말하지 않고 오직 듣는 것을 말하시며 장래 일을 너희에게 알리시리라(요 16:13).

그러므로 성령께서는 귀신들이 하는 식으로 점괘를 말하고 사람의 약점을 들추어내고 미래의 길흉화복을 예단하는 식으로 일하시지 않는다. 모든 온전한 진리에 이르는 지혜는 이미 성경에 기록되어 있는 것이다. 우리는 진리의 지식으로 영적 분별을 할 수 있는 것이지 감각이나 현상으로 할 수 없다.

> 모든 성경은 하나님의 감동으로 된 것으로 교훈과 책망과 바르게 함과 의로 교육하기에 유익하니 이는 하나님의 사람으로 온전하게 하며 모든 선한 일을 행할 능력을 갖추게 하려 함이라(딤후 3:16-17).

그런가 하면 자기에게 나타나는 주관적인 신비체험에 너무 의존하여, 고대교회의 몬타누스주의(Montanism)처럼, 어떤 내적 메시지나 충동을 무조건 하나님이 주신 계시라고 오해하는 경우도 대단히 많다. 물론 우리 안에 거하시는 성령께서 우리에게 개인적인 인도하심과 가르치심을 주시는 것은 사실이다. 그러나 이러한 내적 현상을 '계시'라고 표현해서는 곤란하다. 왜냐하면 계시란 하나님의 전 인류의 구원과 창조의 질서에 대한 초시대적이면서도 객관적인 진리를 나타낼 때 사용하는 말로서, 이런 의미에서 볼 때 진정한 계시는 성경에 기록되어진 하나님의 말씀뿐이기 때문이다.

성령으로부터 계시를 받았다고 말하는 경우들 가운데는 사실은 자기 내부에서 솟아난 잠재의식의 메시지이거나, 특별한 불건전한 욕구의 표현, 또는 귀신들이 자신들의 정체를 숨기고 활동하는 직감일 때가 많다.

그리고 이런 현상을 성령의 계시라고 맹신(盲信)함을 통해 일어나는 인격적, 사회적 폐해가 대단히 크다는 점을 우리는 다 잘 안다. 귀신들은 순진한 성도들이 지닌 이런 맹신을 통해 얼마든지 자유롭게 접근해 올 수 있다. 그리고 이러한 현상에 미혹된 성도들은 그것을 하나님이 주신 계시라고 믿는 안타까운 일에 빠져들게 된다.

귀신들이 음성을 줄 때의 상황은 무언가 예외적일 때가 많다. 예를 들어, 신 내림을 받아 무당이 귀신들의 메시지를 대언한다거나, 또는 무아지경적인 황홀경 속에서 자기도 모르는 귀신들의 소리를 말한다거나 하는 경우다. 이런 주위의 경험이나 속설을 의지해서, 어떤 이들은 성령의 인도하심도 그런 정신적 공백상태라든가 일상적이지 않은 환경 속에서 주어질 것이라고 예측하는 경우도 많다.

그러나 성령의 인도하심은 어떤 특별하고도 예외적이고 비정상적인 그런 방법을 통해서 주어지는 것이 아니라, 아주 자연스럽게 우리의 영혼의 자연스러운 기능을 활용하심을 통해서 나타난다. 그것은 별다른 신기한 체험을 통해서가 아니라 바로 우리의 생래적인 생각과 감정과 의지의 기능을 통해서 나타난다. 이런 의미에서 볼 때, "주님께 붙들려 살아가고 있는 이들의 생각과 감정과 의지는 곧 성령의 뜻과 인도하심이 나타나는 통로"[184]인 것이다.

그러나 귀신들의 음성은 전혀 다르다. 귀신들은 정상적인 인격을 분열시키며, 정신적 공백상태로 유도하며, 두려움이나 걱정 등의 영적 상태 속에서 자기들의 메시지를 각인시킨다. 그러므로 성령의 인도하심과 귀신의 음성은 반드시 구별하지 않으면 안 된다. 어떤 내적 감동이 있을 때 그것이 성령의 것인지 아닌지를 확인하기 위해서는 적어도 다음과 같은 과정을 반드시 거쳐야 한다.

184　배본철, 「52주 성령학교」 (서울: 문서선교성지원, 2005), 286.

첫째, 성령의 인도하심은 언제나 성경의 전체적인 정신에 비추어 보아서 합치되지만, 귀신들의 음성은 이에 반대된다. 왜냐하면 성경의 진정한 저자는 성령이시기 때문에, 같은 성령께서 서로 다른 뜻으로 나타내신다면 이는 하나님의 불변성의 원칙에 어긋나는 그릇된 일이 될 것이다. 성령께서는 하나님의 말씀인 성경을 반대하거나 초월하지 않는다. 그러나 귀신들의 음성은 이러한 원칙에 반하는 것으로서, 성경의 내용을 반대하거나 아니면 제멋대로 성경 본문을 해석해 버린다. 우리는 성경에서 얻는 복음적 분별력을 가지고 귀신들의 음성을 분별할 수 있다.

둘째, 성령의 인도하심은 언제나 양심에 순응하지만, 귀신들의 것은 양심의 가책을 유발한다. 크리스천들이 언제나 "청결한 양심"(딤후 1:3)을 가져야 하는 이유는 바로 이 양심의 거울을 통하여 성령의 인도하심을 받을 수 있기 때문이다. 그러므로 바울도 범사에 양심을 따라 하나님을 섬겼다고 담대히 고백하였던 것을 본다(행 23:1). 바꾸어 말해서, 성령의 인도하심은 언제나 우리의 깊은 양심을 통하여 깨달아지기 때문에, 양심에 부담을 주는 그릇된 혹은 불순한 내용의 메시지는 성령께 속한 것이라고 할 수 없다. 그러므로 비록 크리스천이라 할지라도 죄악으로 인해 양심의 기능이 강퍅해지면 귀신들이 활동하기 적절한 환경을 제공해주는 셈이 된다.

귀신들림과 정신장애

정신병인가 귀신들림인가?

일반적으로 정신병과 귀신들림은 명확히 구분해서 다루어야 한다고들 말한다. 다시 말해서 정신병은 정신병 의사에게, 귀신들림은 귀신을 쫓음을 통해서 해결해야 한다는 말이다.[185] 얼핏 들으면 매우 합리적이고 상식적인 말인 것 같다. 그러나 이러한 획일적 지침이 실제에 있어서는 큰 혼선을 빚을 때가 많다. 그 이유는 어떤 의심되는 증세가 있다고 할 때 과연 그 증세가 위의 두 가지 영역 중 어디에 해당하는지를 판명하기가 그리 쉽지 않다는 점에 있다.

그런가 하면 정신병과 귀신들림이 종종 동일시될 때도 있지만, 그 치유법에 혼선을 빚게 되면 어려움이 지속되는 경우를 본다. 어떤 경우는 이 두 가지 문제가 함께 얽혀있는 듯한 환자들의 경우도 있는데, "많은 사람들이 심리적인 문제와 귀신의 문제를 함께 갖고 있다. 이것은 정상적이다. 그 이유는 귀신이 사람의 마음과 몸을 통하여 역사하기 때문이다."[186] 이런 경우는 두 가지 치유책을 함께 병행하거나 또는 하나씩 처리하면 된다. 그러나 실제에 있어서는 이렇게 하는 일에도 적지 않은 지혜와 분별력이 요청되곤 한다.

어떤 이들은 귀신에 들려 있다고 추정되는 사람이 의학적인 검증과 치료를 받는 것이 불신앙적인 행위라고 보는 신념을 갖고 있다. 그러나 이런 생각은 너무 이원론적 사고방식일 뿐 아니라 복음적 정신도 아니라고 본다. 우리가 보기에 꼭 귀신 들린 것 같이 행동하는 사람들 가운데는 의외로 정신질환적 성향이 더 많은 이들도 있다. 그래서 마이클 그린(Michael Green)은 말하기를, "만약 어떤 사람이 자기가 귀신들렸다고 자신 있게 주장한다면 그 주장을 의심해 보라. 일반적으로 귀신은 서둘러 쫓겨나려고 하지 않는다."[187]고 하였다. 정말 귀신에 들려 있다면, 그 귀신은 어리석게 자신의 정체를 드러내려 하지 않을 것이다. 왜냐하면 귀신들의 최고 무

---

[185] 한 예를 들면, 크리스천 정신과 의사 김진은 자신의 저서 「정신병인가 귀신들림인가」 (서울: 생명의 말씀사, 2006)의 전체적인 내용을 통해 정신병과 귀신들림의 현상을 구분하면서, 크리스천들이 귀신들림이라고 판단하는 사례 중에 많은 경우가 정신병에 의한 것이라고 설명하였다.

[186] Dickason, *Demon Possession and the Christian*, 187.

[187] Michael Green, *I Believe in Satan's Downfall* (Grand Rapids: Eerdmans, 1981), 137.

기는 자기들의 정체를 가능한 한 숨기려 하는 일이기 때문이다.

한 실례를 든다. 교회에서 날뛰며 이상한 헛소리를 하며 다니는 한 청년이 있었다. 모두들 그가 귀신에 들렸다고 생각하고 몇 날을 붙잡아 놓고 기도를 했으나 소용이 없었다. 필자가 그 청년을 만나게 되었을 때, 나는 오히려 그를 인격적으로 대해주면서 따스한 사랑으로 돌보아 주었다. 시간이 갈수록 그 청년은 내 말을 잘 청종하였고, 마침내 자신의 정신적 문제에 대해 나의 지도를 잘 따르게 되었다. 그 청년이 얼마 후 크게 호전된 모습으로 새로운 삶을 찾게 되었던 것은 두말할 나위도 없다.

그리고 이보다 더 놀라운 것은, 멀쩡하게 보이는 사람들 중에 귀신들림이나 귀신의 영향을 받고 있는 이들이 대단히 많다는 점이다. 전혀 아무렇지도 않게 보이는 사람들 가운데 귀신들이 얼마나 가깝게 영향력을 행사하고 있는지는, 귀신들의 정체가 드러나고 나면 곧 밝혀진다. 필자는 그동안의 사역을 통해 멀쩡하게 보이는 사람들에게서 귀신들이 떨어져 나가는 것을 많이 보아왔다.

이런 경험들을 통해 필자가 스스로에게 분명히 다짐하게 된 바는, 사람들을 기도해 줄 때 그들의 겉모습만 보고서 속단해서는 안 된다는 점이다. 매우 정숙해 보이며 또 아무런 내면적 문제가 없어 보이는 사람들 가운데서도 의외로 귀신들에게 묶여있는 경우가 얼마든지 있기 때문에, 그들을 어떻게 도울 수 있는지에 대해 사역자는 그들 내면의 상황을 가장 잘 통찰하시는 성령의 인도하심을 구하여야만 한다.

이렇게 볼 때 정신병적인 증상을 많이 지닌 환자를 잘 이해시켜서 정신적 검증과 치료를 받게 하는 일은 믿음이 없는 죄가 아니라 오히려 권장할 만한 일이다. 만일 그 환자가 깊은 귀신들림의 상태에 있다면 의학을 통해서 해결이 안 될 경우가 있을 것이다. 그렇다면 그 다음 귀신 추방의 방법을 실시하는 것은 전혀 부자연스런 일이 아니다. 반대로, 몇 차례의 귀신 추방 행위에 의해서 해결이 안 되는 경우라면 오히려 상담 전문

가나 정신과 의사를 찾는 편이 자연스러운 처방일 것이다. 하나님의 치유는 반드시 귀신 추방의 행위를 통해서만이 아니라 적절한 상담이나 정신과 치료를 통해서도 나타날 수 있기 때문이다.

치유를 위한 접근법

사무엘 사우타드(Samuel E. Southard)는 정서 장애와 귀신들림에 대해 합리적 접근과 직관적 접근 사이에서 일어나는 긴장을 주목해왔다.[188] 그는 흥미롭게도, 정신 건강 전문가들에게 있어서는 귀신의 영향을 찾거나 발견하지 못할 가능성이 많고, 반대로 귀신을 추방하는 이들은 정신장애의 증세를 찾아내기 힘들다는 점을 지적하였다. 그 이유는 간단하다. 왜냐하면 각기 자기 전문 분야의 시각에서만 환자를 관찰하며 분석하기 때문이다.

그런가 하면 어떤 학자들은 정신병과 귀신들림 사이에는 분명한 증세의 구별이 있을 것이라는 가정 하에 각각 구별된 목록을 제시하기도 한다. 이런 관점에서 폴 바흐(Paul J. Bach)는 정신 질환과 귀신을 비교하기보다는 차라리 정신 이상자와 귀신들린 자를 비교하는 것이 낫다고 제안하였다.[189] 그러나 필자는 이러한 전제가 지닌 근본적인 약점이 있다고 보는데, 그것은 한 증세를 가지고도 합리적, 영적인 두 가지 차원의 해석이 가능할 수 있다는 점을 쉽게 간과한 것이라고 본다.

귀신들림의 여부를 판명해내는 데 있어서 예수 그리스도의 이름으로 직접 귀신의 존재에게 명령하여 그의 실재와 활동에 대한 정보를 알아내는 일을 시도해 볼 수 있다. 이 일은 종종 귀신들의 정체와 활동 등에 대

---

[188] Samuel E. Southard, "Demonizing and Mental Illness, part 2. The Problem of Assessment", *Pastoral Psychology* (1986): 34:264-87.

[189] Paul J. Bach, "Demon Possession and Psychopathology: A Theological Relationship", *Journal of Psychology and Theology* (1979.7): 22-26.

해 유익한 정보를 얻어낼 수 있다. 그러나 언제나 그 대답을 신뢰할 수 있는 것은 아니다.

정보를 묻는 질문에 대하여 귀신들이 대답할 수도 있지만, 그렇지 않을 경우, 즉 귀신이 내재해 있지 않거나 또는 계속 자신을 숨기고 있을 경우, 자칫하면 의도된 질문의 양식에 따라 무의식적으로 근거 없는 거짓된 대답이 나올 수 있기 때문이다. 이 때문에 알버트 런지(Albert Runge)는 "귀신과 대화를 하는 것은 비생산적일 뿐 아니라 위험하다."[190]고 하였다. 그러므로 이러한 일은 언제나 일상화시켜서는 안 되고 단지 성령의 분명한 인도하심이 있을 경우에만 사용하는 것이 바람직하다.

그리고 귀신들려 있을 가능성이 있다고 간주되는 사람의 행동 표지를 관찰하고 그 사람 개인의 과거사를 분석하는 것도 한 가지 방법일 수 있다. 이런 조사 과정에서 직관적 분별과 행동 요인들 간에 서로 다른 차이점이 나타난다면, 귀신 추방의 차원에서의 판단을 일단 보류하고 조심스럽게 정신병리학적인 자문을 구해보는 것도 좋다. 이러한 자문을 통하여 사역자는 직관적 분별에 의한 귀신 추방 행위에 더욱 힘을 실어 줄 수 있는 좋은 자료를 얻게 될 수도 있다. 아니면 오히려 환자에게 정신질환적인 치료의 과정을 선택하게 하는 것이 더 나은 길이 될 것이라는 판단력을 얻게 될 수 있다.

성령의 인도하심

여러 가지 사례를 통해 또 인정할 수밖에 없는 것은, 정신병적 치료와 귀신 추방을 행해야 할 영역이 완연하게 구분되어 있는 것만은 아니라는 점이다. 그동안 정신병리학이나 종교사회학 등의 과학적 탐구와 연구의

---

190 Albert Runge, "Exorcism: A Satanic Ploy?" *His Dominion* (1987): 4:13.

결과에 많이 의존한 나머지 귀신 추방의 영역은 크게 제한되어 온 것이 사실이다.

학자들은 정신병적으로 해결할 수 있는 환자라면 정신병으로 취급하고, 종교적 귀신들림이나 귀신의 영향으로 간주되면 귀신 추방의 영역일 것이라고 생각해 왔다. 그러나 그렇게 하는 동안 귀신 추방을 행할 공간은 계속 축소되어 왔다. 그 이유는 정신병적 임상 방법으로 그 치료가 가능하다면 그것은 귀신의 영향이 아니라고 보기 때문이다.

그러나 정신병적인 판명이 나왔다 해서 귀신과 관계없다는 말은 논리적으로나 실험적으로나 설득력이 없다. 왜냐하면 똑같은 증세로 시달리고 있던 사람들이 공개적이거나 개인적인 귀신 추방을 통해서 호전되거나 완치되는 경우가 얼마든지 있기 때문이다. 필자의 주위에는 여러 해 동안 정신병적 치료를 받아왔으나 호전은 되지 않고 오히려 상태가 악화되던 중, 성령의 강력한 능력으로 인해 순간적으로 귀신들의 세력으로부터 자유롭게 된 이들이 많이 있다. 이런 결과가 입증해 주는 것은, 귀신 추방의 영역과 정신과 치료의 영역이 반드시 분리될 이유가 있는 것은 아니라는 점이다.

놀랄 수밖에 없는 점은 귀신 추방과 정신병의 관계를 다루는 이론들 속에도 마귀의 간교한 궤계가 스며들어 있다는 것이다. 먼저 강조할 점이 있다. 그것은 어떠한 병리학적 연구나 경험에 근거를 둔 이론을 제시한다 할지라도, 그것이 치유에 대한 예수 그리스도의 복음의 내용을 왜곡하거나 위축시키는 결과를 가져온다면 그것은 마귀적이라는 점이다. 다음과 같은 세 가지 오해 속에는 귀신들의 교활한 속임수가 깔려 있다.

(1) 모든 정신적 질환을 다 귀신의 소행으로 보는 시각이다. 이미 언급했듯이 이러한 신념은 극단적 이원론에 빠진 위험스런 것이다.

(2) 귀신 추방이란 미신적 행위이기 때문에 모두 다 정신병적 치료로 다루어야 한다는 시각이다. 이것은 어둠의 세계에 활동하고 있는 귀신들

에게 좋은 은신처를 제공하는 신념이다.

(3) 귀신 추방과 정신병 치료의 증상의 목록을 완연히 구분시키려 하는 일이다. 그러면서 결국 이 일은 점차 모든 증세를 정신병 치료 차원에서 다룰 수 있다고 주장해 왔다. 그러면 종국에는 귀신 추방의 근거는 사라지게 만든다. 이러한 이론에는 예수께서 명하신 귀신 추방의 사역을 이 땅에서 몰아내고자 하는 마귀의 고등 술책이 깃들어 있다.

그러면 귀신 추방과 정신병적 치료의 관계에 대해 어떤 태도를 가져야 할 것인가? 가장 중요한 것은 성령의 인도하심을 잘 분별하여 따르는 일이다. 예를 들어, 몸에 발생한 질병을 치유함에 있어서도 치유의 기도와 의약이 함께 하나님께서 사용하시는 도구가 될 수 있는 것처럼 영혼의 영역에 있어서도 귀신 추방과 정신병적 치료의 과정은 어느 것 한 가지를 따르거나 또는 병행될 수 있다. 귀신 추방을 했다면 하나님이 하신 일이고 정신병적 치료를 했다고 하면 하나님과 관계없다고 할 수 있는가?

그러므로 의심되는 비정상적인 현상을 대할 때 우리들은 정신병리학자들이 제시한 치료법과 의약을 사용할 것인지 아니면 귀신 추방의 교훈과 사역에 더 비중을 두어야 할 것인지에 대한 분별 있는 결정을 해야 한다.[191] 중요한 것은 과연 하나님께서 어떤 길로 이끄시는가에 달려 있다. 바로 그 길이 하나님이 선택하여 치유하시는 길이기 때문이다.

성령께서 주시는 영분별이나 지식의 말씀 또는 지혜의 말씀의 인도하심을 받는 일이 선행된다면 치료에 있어서 매우 효과적인 선택과 과정을 찾을 수 있을 것이다. 그러므로 영적 사역을 함에 있어서 우리가 언제나 잊지 말아야 할 필수적인 정신은 인간 이성과 경험의 유한성을 겸허히 인정함과 동시에 하나님의 초월적인 지혜와 인도하심을 신뢰하는 일인 것이다.

---

191 Starfford Betty, "The Growing Evidence for Demonic Possession: What Should Psychiatry's Response Be?" *Journal of Religion and Health* 44 (2005): 30.

제6장

귀신 추방의 실제

귀신 추방의 능력

예수 그리스도의 능력

예수께서는 이미 어둠의 권세와 속박의 저주로부터 우리를 구속하여 해방하셨다. 마귀의 일을 멸하는 일은 하나님의 아들로서의 예수 그리스도의 주된 사역이셨기 때문이다(요일 3:8). 이러한 예수님의 사역은 "마음이 상한 자를 고치며 포로된 자에게 자유를, 갇힌 자에게 놓임을 선포하며"(사 61:1) 하나님의 나라를 확장하는 일이었다. 그리고 예수께서는 열두 제자들을 부르셔서 하나님 나라를 전파하고 귀신들을 쫓을 권세와 병을 고치는 능력을 주셨다(눅 9:1-2). 이처럼 병을 고치는 일과 죽은 자를 일으키는 일과 귀신들을 추방하는 일은 하나님 나라의 복음을 전하는 일에 필수적으로 동반된 사역이었다.

예수께서 행하셨고 또 사도들이 그대로 따라 행했듯이 우리도 복음 전하는 이 모든 일에 성령의 능력이 필요하다. 이런 점에서 볼 때 현대의 어떤 교회들이 복음을 전함에 있어서 성령의 초월적인 권능 대신 여러 가지 인위적인 수단과 프로그램을 의지하는 것은 적절하지 않다. 특히 우리는 현대교회에 예수 그리스도의 치유 능력과 귀신을 추방하는 권세가 우리를 통해 드러나도록 성령의 능력을 의지해야 한다. 성경은 그리스도께서 모든 믿는 자들에게 귀신을 제어할 능력을 주셨다고 선포한다.

> 믿는 자들에게는 이런 표적이 따르리니 곧 저희가 내 이름으로 귀신
> 을 쫓아내며 새 방언을 말하며(막 16:17).

그리고 그 능력의 근원은 우리 안에 거하는 그리스도의 영이시다. 귀신들을 제압할 수 있는 능력의 근거는 예수 그리스도의 십자가의 승리에 근거한다는 점을 우리는 결코 잊어서는 안 된다.[192] 초대 예루살렘 교회는 복음을 전할 때 귀신들을 추방하는 능력을 크게 활용하였다(행 5:14).

그런데 그리스도의 영이 없는 사람이 예수의 이름만 부른다고 해서 이 능력이 나타나는 것은 아니다. 오히려 귀신들은 그리스도의 능력이 없는 사람들을 잘 알아차리곤 한다. 그 좋은 예가 스게와의 아들들의 경우다. 그들은 예수 그리스도의 이름을 사용하여 귀신을 쫓아내려다가 오히려 봉변을 당했다.

> 이에 돌아다니며 마술하는 어떤 유대인들이 시험삼아 악귀 들린 자들에게 주 예수의 이름을 불러 말하되 내가 바울이 전파하는 예수를 의지하여 너희에게 명하노라 하더라 유대의 한 제사장 스게와의 일곱 아들도 이 일을 행하더니 악귀가 대답하여 이르되 내가 예수도 알고 바울도 알거니와 너희는 누구냐 하며 악귀 들린 사람이 그들에게 뛰어올라 눌러 이기니 그들이 상하여 벗은 몸으로 그 집에서 도망하는지라(행 19:13-16).

믿는 자에게 주어진 능력

한국 교회의 역사를 살펴보면 복음을 증거할 때 귀신들을 추방하는 일들이 많이 나타난 것을 볼 수 있다. 많은 예가 있지만 그 중에서 한 가지

---

192 Timothy M. Warner, *Spiritual Warfare* (Wheaton, Ill.: Crossway, 1991), 55-63.

예만을 소개한다. 일제시대 때 성결교회 이성봉 목사가 목회하던 수원교회에는 기사와 이적이 많이 일어났다. 병자가 일어나고 귀신들린 자들이 놓임을 받는 역사가 크게 일어났다.[193]

그런데 관운장 사당을 차려놓고 점치던 한 무당이 있었다. 당시 이 무당은 7개월 가까이 전신불수로 신음하고 있었는데, 이성봉 목사의 전도강연을 듣고 눈물로 회개하며 예수님을 믿겠다고 하였다. 이어서 이성봉 목사의 제안을 받아들여 우상 사당의 모든 물건들을 불태워버렸다. 그리고 이성봉 목사의 안수기도를 받고 그 무당이 이튿날 말끔히 낫는 역사가 일어났다.[194]

필자의 사역 속에서도 귀신 추방은 종종 일어나는 일이다. 경우에 따라서는 귀신 추방의 행위를 통해 귀신을 추방한다. 그러나 대부분의 경우에는 복음의 능력과 성령의 나타남을 통해 자연스럽게 귀신들의 영향이 제거되곤 한다. 빛이 임하면 어둠은 자연스럽게 사라지는 것과도 같이, 복음이 증거 되는 곳에는 귀신들의 속임수와 그들이 만들어 놓은 터전들은 걷혀지게 되는 법이다.

그러나 어떤 이들은 귀신을 쫓는 일이 특별한 사람들에게만 주어지는 은사라고 가르친다. 이러한 오해로부터 결국 영적 교만과 은사 사용의 그릇된 동기가 자라날 수 있게 된다. 분명한 점은, 우리가 귀신의 정체를 바로 알아 올바른 의식을 지니게 되면 귀신들은 더 이상 터전을 마련할 수 없게 된다는 사실이다. 그리고 우리가 담대하게 예수 그리스도 복음의 능력을 선포할 때 귀신들의 영향은 우리의 의식과 삶에 아무런 힘도 행사하지 못하고 사라지게 되는 것이다. 그러므로 우리의 승리는 '귀신 쫓는 은사'에 있는 것이 아니라, 겸손히 주님과 함께 동행 하는 자에게 나타나

---

193 이성봉, 「말로 못하면 죽음으로」 (서울: 임마누엘사, 1970), 44.
194 이성봉, 46.

는 성령의 인도하심과 능력에 의한 것임을 확신해야 한다.

성령세례를 통한 추방

성령세례

필자는 성령세례, 곧 성령이 강하게 임하면 인간의 영혼이 그동안 사로잡혀 있던 귀신의 속박으로부터 순간적으로 해방 받을 수 있다고 본다. 그럼에도 불구하고 귀신 추방의 문제를 다루는 저술들 가운데 성령세례의 능력에 관한 내용을 거의 다루지 않고 있음은 유감스러운 일이다. 필자는 귀신을 추방하는 근본적인 동력은 바로 성령의 권능에 있다고 본다. 그래서 귀신론의 저자들이 많이 간과하고 넘어간 성령세례에 의한 귀신 추방의 문제를 다루고자 한다. 그리고 다음 장인 제7장 전체를 통해서는 성령의 나타남에 의한 귀신 추방의 내용을 많이 강조하고자 한다.

여기서 독자들은 '성령세례'에 대한 개념이 크게 두 가지 해석으로 양분되어 설명되어 왔다는 점을 먼저 이해해야 할 필요가 있다.[195] 그중 하나는 거듭난 자에게는 누구나 성령이 내재(內在)해 계시며, 성령이 신자 안에 계신다고 하는 것은 이미 성령의 세례를 받았기 때문이라는 설명이다. 이러한 설명은 성경의 내용을 근거로 한 것임이 틀림없다.

> 몸은 하나인데 많은 지체가 있고 몸의 지체가 많으나 한 몸임과 같이 그리스도도 그러하니라 우리가 유대인이나 헬라인이나 종이나 자유자나 다 한 성령으로 세례를 받아 한 몸이 되었고 또 다 한 성령을 마시게

---

[195] 한국 교회사 속에서 성령세례에 대한 다양한 해석이 어떻게 논의되어 왔는지에 대한 연구는 배본철, 「한국 교회와 성령세례」 (안양: 성결대학교출판부, 2004)를 참조하라.

하셨느니라(고전 12:12-13).

이 본문의 말씀과도 같이 크리스천은 이미 한 성령으로 세례를 받아 그리스도의 몸에 접붙임을 받았다. 여기서 말하는 성령세례란 크리스천이 그리스도의 몸에 처음 접붙임을 받는 순간을 의미하는 것으로서, 이러한 일은 오직 성령의 중재를 통해서만 가능한 것이 사실이다. 이런 해석에 의하면 중생은 성령세례의 결과이며, 따라서 중생한 자는 이미 성령세례를 받았다고 보게 되는 것이다.

성령세례의 개념에 대한 또 하나의 해석은 성령세례가 중생과는 시기적으로나 내용적으로나 구분된다고 보는 견해이다. 이러한 해석의 근거는 성령세례의 '세례'라는 말 자체가 물에 흠뻑 빠지거나 어떤 것에 몰입되는 상태를 말하는 것으로서, 이는 성령에 의해 완전히 사로잡히는 체험에 강조를 둔 것이라는 설명이다.

그러므로 중생할 때 성령세례를 받을 수도 있겠지만, 대부분은 중생한 이후 한동안 시간이 경과한 후에 성령에 의해 세례 되는 경험을 한다는 것이다. 그래서 종종 성령세례는 중생과는 구분되는 경험으로 설명된다. 따라서 성령세례란 중생할 때 신자의 영혼 속에 임하는 성령의 초기적 내재와는 구분하여 완전히 성령께 사로잡히는 체험을 말한다는 것이다.[196] 이 책에서 필자가 성령세례라는 용어를 사용할 때는 특히 경험적 차원을 설명하기 위한 것이므로 이 후자의 의미로 사용하였음을 먼저 밝힌다.

---

[196] 지금까지 한국 교회 성령세례론에 대한 역사적 분석의 과정을 통해 필자는 다음과 같은 성령세례론의 여섯 가지 유형을 정리할 수 있었다: (1) 봉사의 능력을 위한 성령세례 (2) 정결과 능력의 성령세례 (3) 그리스도의 전인적 통치로서의 성령세례 (4) 중생=성령세례, 이후 성령충만 (5) 방언의 표적을 중시하는 성령세례 (6) 중생=성령세례, 이후 은사적 성령충만 등이다. 배본철, 「한국 교회와 성령세례」, 267-73.

성령세례의 경험

필자가 성령세례를 받은 간증을 먼저 소개한다. 필자는 청소년 시기에 죄악된 생활로부터 회개하여 예수 그리스도를 영접한 이후 날마다 찬양하며 성경을 읽고 또 묵상하며 새롭게 거듭난 하루하루의 기쁨을 누리고 있었다. 하지만 그렇게 새로워진 나에게도 종종 우울함과 죄책감을 만들어 주는 요인이 사라지지 않고 있었던 것이 사실이다.

그런데 그 요인은 나의 환경이나 이웃 속에 있는 것이 아니라 바로 내 안에 도사리고 있는 죄의 문제였다. 그것은 하나님을 즐겨 섬기기를 원하는 나에게 또 하나의 힘 즉 이전의 죄스런 유혹으로 이끌어 가려는 힘이 있었던 것이다.

> 내 속사람으로는 하나님의 법을 즐거워하되 내 지체 속에서 한 다른 법이 내 마음의 법과 싸워 내 지체 속에 있는 죄의 법으로 나를 사로잡는 것을 보는도다 오호라 나는 곤고한 사람이로다 이 사망의 몸에서 누가 나를 건져내랴(롬 7:22-24).

옛 사람의 유혹이 다가올 때마다 나는 힘없이 무너지곤 했다. 유혹에 저항할 수 있는 힘이 도무지 내겐 없었던 것 같다. 유혹에 넘어가 죄를 범하고 나면 깊은 정죄감 속에서 스스로 자책하면서 때로는 며칠씩이고 회개의 금식기도를 하기도 하였다. 내가 새롭게 태어난 것은 분명했으나, 이전에 세상에 빠져있을 때 나를 지배했던 더러운 귀신들이 다시 나를 찾아와 히득거리며 괴롭히는 것 같았다.

특히 술이나 담배 그리고 저속한 음악에 대한 유혹들이 때로는 달콤하게 또 어떨 때는 협박하듯이 강렬한 욕구를 동반하며 나를 괴롭혔다. 이렇게 유혹 받을 때는 과연 내가 새롭게 된 것이 맞나? 의심이 들 정도로 마음이 혼란스러웠다. 더군다나 이제 예수님을 믿은 지 얼마 안 되는 나는 성경 말씀에 대해 무지했고, 또 주위에서 나에게 복음을 제대로 가르쳐 주는 이도 거의 없었기 때문에 갈등은 더욱 심해졌다.

나는 이런 상태로는 도저히 승리로운 크리스천의 삶을 살 수 없겠다고 생각했다. 날 구원하신 예수 그리스도 앞에 이런 불경건한 상태로 계속 머물러 있을 수는 없는 일 아닌가? 주님은 나를 위해 살과 피를 다 내어 주셨는데, 이런 큰 은혜를 받은 내가 이런 죄악 속에서 살아간다는 것은 도저히 스스로 용서할 수 없고 또 견딜 수도 없는 일이었다.

결국 나는 주님 앞에 나의 모든 존재를 송두리째 바치겠다는 결단을 다짐하였다. 이런 죄악의 유혹으로부터 승리할 수 있는 진정 자유로운 영혼이 되지 않으면 내 영혼엔 더 이상의 희망이 없다고 느꼈다. 그리고 그렇게 되려면 나 자신을 주님께 '산 제물'로 드리지 않으면 안 되겠다는 결심에서였다.

"주님, 나를 완전히 죽여주옵소서. 이 가증스런 죄악에 끌려가는 일이 다시는 없도록 저를 성령의 불로 태워주십시오!"

나는 눈물 속에서 회개와 헌신의 찬양을 수없이 부르고 또 불렀다. 이러기를 얼마나 지났을까. 나도 모르게 통회와 회개의 눈물 대신 가슴 속에서부터 북받쳐 오르는 감사와 희열의 눈물이 솟구치는 것을 주체할 수 없었다.

내 영혼을 관통하는 듯한 쏟아지는 빛줄기와도 같은 감동의 전율이 온 몸을 휘감고 있었다. 내 영혼 속에는 오직 하나님께 대한 사랑의 폭포수만이 솟구쳐 나는 것을 느낄 수 있었다. 나는 터져 나오는 영광스런 기쁨의 감동 속에서 큰 소리로 울며 또 웃으며 하나님을 예배했다. 그 다음 날도 또 다음 날도 이런 감동적인 경험이 거의 사흘 동안이나 계속되었다.

이 성령세례의 경험은 그동안 나를 사로잡고 있던 더러운 귀신의 세력으로부터 나를 완전히 해방시켜 주었다. 뿐만 아니라 지난날 늘 고생하던 고질적인 질병들로부터도 깨끗이 치유 받게 되었다. 그 체험 이후 나는 주저할 것 없이 신학의 길을 가기로 결심하였고, 그때로부터 수십여 년간 나의 삶은 조금도 변함없이 그리고 단 한 번의 후회도 없이 이 헌신의 길을 달려왔다.[197]

성령의 불

이처럼 성령세례를 통해 우리는 귀신들의 끈질긴 속박으로부터 구출되는 능력을 경험할 수 있다. 그리고 성령세례를 통한 구출의 능력은 '성령의 불'로서 표현될 수 있다. 성령의 불 사상은 신구약 성경 전체를 관통하고 있는 것을 본다. 하나님의 근본적인 속성은 "소멸하는 불"(신 4:24)로서 표현되었다.

그리고 예수께서 이 땅에 오신 것은 불을 붙이려 오신 것이다; "내가 불을 땅에 던지러 왔노니 이 불이 이미 붙었으면 내가 무엇을 원하리요"(눅 12:49). 그리고 크리스천들은 자신의 영혼 속에 타오르는 "성령을 소멸하지 말며(Do not put out Spirit's fire)"(살전 5:19) 늘 성령에 충만한 삶을 살도록 노력해야 한다.

교회사 속에서 성령의 불을 강조하는 운동 가운데 가장 대표적인 것으로서 19세기 후반 미국과 영국에서 일어났던 부흥운동의 한 줄기 중에 불세례(baptism with fire)을 강조하는 운동이 확산되어간 것을 들 수 있다. 특히 미국의 중서부와 남부의 시골 지역에서 이런 경향성이 강했다.[198]

마침내 벤자민 어윈(Benjamin Hardin Irwin)은 1895년에 불세례성결연합회(Fire-Baptized Holiness Association)를 캔사스, 텍사스 그리고

---

197 필자의 간증 내용의 전문은 다음을 참조하라: 배본철 (공저), "나를 완전히 죽여주옵소서," 「그 순간: 성결은혜기」 (서울: 사랑마루, 2012), 101-10.

198 Vinson Synan, *The Holiness-Pentecostal Movement in the United States* (Grand Rapids, Michigan: Wm. B. Eerdmans Publishing Co., 1981), 63.

오크라호마 주에 설립하였는데, 이 연합회는 현대 오순절운동이 시작되는 데 있어서 매우 중요한 역할을 해 주었다. 그 후 찰스 파함(Charles F. Parham)이 어원의 '성령과 불에 의한 세례'를 받아들이게 되었다. 이때부터 교회에서는 '성령의 불' 또는 '불세례'와 같은 말을 보편적으로 사용하게 되었다.

필자는 성경과 교회사에 나타난 성령의 불에 대한 개념을 귀신 추방과 관련하여 다음 세 가지로 매우 분명하게 정리할 수 있다고 본다.[199]

(1) 성령세례는 사랑의 불(fire of love)이다. 성령의 불은 귀신의 영향 속에 있는 자아 중심적 사랑 대신 하나님과 이웃을 향한 사랑이 우리 영혼 속에 불타오르도록 한다.

(2) 성령세례는 정결의 불(fire of purity)이다. 이 불은 세상과 죄악에 물들어 있는 우리의 영혼을 깨끗케 하여 하나님만을 향한 일심(一心)의 마음을 만들어 준다.

(3) 성령세례는 능력의 불(fire of power)이다. 성령의 불은 우리로 하여금 복음을 방해하는 모든 귀신의 억압으로부터 해방되어 그리스도의 제자로서 복음의을 열매 맺는 삶을 살도록 위로부터 오는 능력으로 무장하게 한다. 그리고 성령의 불을 통한 귀신 추방의 능력은 다음 세 가지 차원에서 전개된다.

사랑의 불로 통치함

성령세례는 귀신들에 의해 영향과 억압을 받던 영혼들에게 예수 그리스도의 영의 전인적 통치가 임하게 함으로써, 귀신들의 세력을 추방한다.

---

[199] '성령의 불'에 대한 자세한 복음적 이해를 위해서는 배본철,「성령, 그 위대한 힘」(서울: 넥서스 Cross, 2013), 135-55를 참조하라.

즉 영혼의 전 영역에 그리스도의 영이 충만히 통치하게 됨으로서, 귀신들의 영향을 받던 영혼의 기능들이 순식간에 자유롭게 되는 것이다.

17세기 청교도들에게는 성령이 주시는 확신의 교리가 있었다. 이 초자연적 확신이 나타날 때 그리스도인의 삶 전체가 변화되기 때문에, 이런 의미에서의 이 확신은 새로운 회심이라고 볼 수 있다. 토마스 굳윈(Thomas Goodwin)은 청교도들의 신앙 속에 구원에 대한 이중의 확신이 있었다고 말한다.

> 첫 번째 방법은 대화식이다. 사람은 연기가 있기 때문에 불이 있다고 추단하는 것처럼, 중생의 표적들이 있기에 하나님께서 자신을 사랑한다고 추단한다. 다른 한 가지 방식은 직관식이다. 이것은 우리가 전체가 부분보다 더 크다고 아는 것과 같은 지식이다. 사람의 영혼에 임하여 그 영혼을 압도하고 그에게 하나님께서 그의 하나님이시고 그가 하나님의 소유이며 하나님께서 영원부터 그를 사랑하셨다고 확신을 주는 빛이 있다.[200]

영국에서 미국으로 이주한 청교도 1세들의 순수 신앙의 길을 떠나 도덕주의와 형식주의로 전락하고 있는 청교도 2세대들을 향한 뜨거운 메시지를 전했던 조나단 에드워즈(Jonathan Edwards)를 보자. 그의 저서 「신앙적 감동」(Religious Affection)에 나타난 신앙적 감동의 의미도 역시 하나님을 향한 사랑과 헌신의 경향성이다.

존 웨슬리(John Wesley)의 올더스게이트(Aldersgate) 체험의 의미도 역시 마찬가지다. 그는 선교사로서 실패한 경험 이후, 어느 날 갑자기 하나님께 대한 사랑으로 마음이 뜨거워지는 것을 느끼면서, 예수 그리스도

---

[200] Thomas Goodwin, *The Works of Thomas Goodwin*, ed. by John C. Miller (Edinburgh, 1861), 1:233.

께서 진정한 자신의 주님이 되시고 그분이 자신의 모든 죄악을 가져가신 것을 명확히 깨닫게 되었다. 자신의 영혼이 온전히 주님만을 사랑할 수 있게 되었다는 것을 깨달았다. 웨슬리의 체험 역시 근본적으로 성령께서 부으시는 사랑의 불의 역사였다. 그래서 그는 이 성령 체험을 '온전한 사랑'(perfect love)이라고 부르기를 주저하지 않았다.

> 소망이 우리를 부끄럽게 하지 아니함은 우리에게 주신 성령으로 말미암아 하나님의 사랑이 우리 마음에 부은 바 됨이니(롬 5:5).

크리스천이 이러한 확신을 갖기 전에도 이미 그리스도의 의로 인해 거룩하다고 할 수 있지만, 확신은 그를 실제로 그리고 더욱 거룩하게 한다. 이 확신은 신자의 영혼 속에 무엇보다도 하나님께 대한 사랑이 불타오르도록 해주는 것이다. 이 점에 대해서 윌리암 보드만(William E. Boardman)은 설명하기를, 그리스도께 대한 온전한 헌신을 하고 난 후 신자는 '그리스도께서 거하신다는 의식적인 증거'(a conscious witness of Christ's indwelling)인 두 번째 회심으로서의 '성령세례'를 받게 된다고 하였다.[201] 또 아도니람 고든(Adoniram Judson Gordon)은 성령의 가장 중요한 사역은 신자들을 그리스도와 연합케 하고 또 그들에게 그리스도와 연합된 유익을 깨닫도록 하는 일이라고 했다.[202]

그러므로 이러한 감동은 하나님의 자비로운 사랑의 체험에 의해서 촉발되며, 성령의 능력을 통해 우리 마음에 부어지는 것들로서, 하나님과 이웃을 향한 사랑의 감동은 이렇게 깨어나서 자라나간다.[203] 이처럼 하나

---

[201] W. E. Boardman, *The Higher Christian Life* (Boston: Henry Hoyt, 1859), 198, 237.

[202] Adoniram Judson Gordon, *The Ministry of the Spirit* (Philadelphia: American Baptist Publication Society, 1896), 24.

[203] Randy L. Maddox, "Reconnecting the Means to the End: A Wesleyan Prescription for the Holiness Movement", *Wesleyan Theological Journal* (Fall, 1998): 33:40.

님이 먼저 우리를 사랑하신 그 사랑 앞에 우리도 역시 사랑으로 그분 앞에 응답하는 삶, 그것은 위에서부터 부어지는 성령의 능력으로 가능해진다. 이 성령의 능력으로 세례받게 될 때, 우리의 영혼 속에서는 귀신의 세력에 잡혀 있는 자아에 대한 집착으로부터 벗어나 하나님께 대한 온전한 사랑이 넘쳐나게 되는 것이다.

정결의 불로 소멸함

성령세례는 영혼 속에 귀신들이 세워 놓은 죄악의 터전들을 순간적으로 정결케 함으로써 온 마음 다해 하나님을 섬길 수 있게 한다. 성령세례는 내면적 정결의 능력이다. 신구약을 통틀어 나타나는 불의 사상 중에 가장 강하게 나타나는 것이 바로 정결과 관계된 불의 기능이다. 물론 구약에 나타난 불에 대한 사상 가운데는 심판의 불의 의미로도 해석되는 경우가 있지만, 하나님의 자녀들을 정결케 하시는 일에 이 불의 용법이 활용될 때가 또한 많다.

> 우리 하나님은 소멸하는 불이심이라(히 12:29).

성령의 불은 근본적으로 정결의 불이다. 이 정결이란 도덕적, 윤리적 깨끗함 그 이전이다. 단지 죄를 짓지 않는다는 그런 소극적인 차원이 아니라, 영혼 속에 내재하고 있는 죄 뿌리의 근원을 깨끗케 하는 죄성의 정화를 말한다. 한국 교회에 대부흥운동이 시작될 때도 역시 성령께서는 정결케 하는 영으로 임하셨다. 성령의 임재로 인해 사람들은 영혼 속의 죄악을 드러내지 않을 수가 없었다. 그 결과 철저한 죄의 회개와 통회자복

이 있었다.[204]

특별히 습관적인 죄악과 중독 그리고 구습의 세력에서 벗어나는 확실한 힘은 불세례를 받는 길이다. 역사상 이러한 성령세례의 능력을 간증한 이들이 많다. 웨슬리는 이 순간적인 체험을 통하여 신자는 마음속에 남아 있는 죄성으로부터 정결하게 씻음을 받게 된다고 했다. 그리고 이 원동력은 그리스도를 위한 사랑과 봉사의 승리하는 삶을 가능케 해준다고 하였다.[205]

필자는 신학생들과 함께 학교에서 정기적으로 철야기도회를 하고 있다. 이 집회를 '능력철야기도회'라고 일컫고 있는데, 그 이유는 성령의 불 같은 능력으로 우리를 새롭게 하길 원하는 마음에서 붙인 명칭이다. 온 밤을 새워가면서 기도하고 난 후 학생들의 입에서 제일 많이 나오는 간증은 습관적인 죄악을 회개하고 새롭게 변화되었다는 고백이다. 학생들의 간증을 들어보자;

"제일 좋았던 시간은 나의 죄를 회개하는 시간이었다. 그 동안의 나의 부끄러운 모든 죄를 회개하였다. 주님 앞에 처절히 무릎 꿇고 눈물을 흘렸다"(박OO).

"참 회개의 기도를 한 적이 정말 오래 되었다. 정말 오래간만에 회개다운 회개를 하면서 눈물을 흘리는 중에 저의 잘못된 부분들을 주님은 조금씩 보여 주셨습니다"(김OO).

---

[204] Arthur Judson Brown, *Mastery of the Far East* (New York: Fleming Revell Company, 1919), 528를 참조하라. 그 밖에도 이에 대한 많은 참고 자료들이 있다. 예를 들어, 1912년도 *The Korea Mission Field*에는 이화학당 학당장이었던 감리교 L. E. Frey(富羅伊) 선교사의 이화학당 여학생들에게 나타난 성령의 역사에 대한 보고가 있다; Lulu E. Frey, "Revival Meetings in the Girl's School of the M. E. Church", *The Korea Mission Field*, 8-1 (1912.1), 9-10. 그리고 1915년도 *The Korea Mission Field*에는 충청도 지역에 나타난 성령의 능력에 대해서 1898년에 내한한 감리교 선교사인 Swearer가 여러 가지 사례를 들어 특징들을 기술하였다; Lillian May Swearer, "The Working of the Spirit in Choong Chung Province", *The Korea Mission Field*, 11-5 (1915.5), 130.

[205] John Wesley, *The Letters of the Rev. John Wesley, A.M.*, ed. John Telford (London: Epworth Press Letters, 1931), 3:192.

저주와 비난과 미움의 귀신들로부터 해방 받을 수 있는 힘, 인터넷 세대 가운데 횡포를 부리고 있는 끈질긴 음란의 귀신들을 끊어낼 수 있는 힘, 그것은 정결의 영이신 성령의 불로 죄성을 소멸 받는 길 밖에는 없다. 성령의 불을 이 땅에 던지기 원하시는 예수 그리스도의 간절한 마음을 받들어, 오늘날 한국 교회의 갱신과 한국사회의 구원을 위해 정결의 불이 우리 가운데서 힘차게 타오르도록 기도해야 한다.

능력의 불로 해방됨

귀신들에 의해 억압당해 힘있게 그리스도를 섬기지 못 하고 있는 이들에게 성령세례는 사역의 능력(power for service)을 부여함으로써 순간적으로 귀신의 억압에서 풀려나와 사역의 능력을 받게 한다. 성령의 능력은 곧 복음 증거와 크리스천 사역의 능력이다. 이것은 성령사역의 주된 목적이 한편으로는 크리스천의 성화에 있다면 또 한편으로는 사역의 능력에 있기 때문이다. 성령이 임하시면 "권능을 받고"(행 1:8) 그리스도의 힘있는 증인이 된다고 성경은 분명하게 증거하고 있다.

> 너희는 이 모든 일의 증인이라 볼지어다 내가 내 아버지께서 약속하신 것을 너희에게 보내리니 너희는 위로부터 능력으로 입혀질 때까지 이 성에 머물라 하시니라(눅 24:48-49).

아사 마한(Asa Mahan)이 1870년에 발행한 「성령세례」(The Baptism of the Holy Ghost)에서는 성령세례를 받게 되면 봉사와 거룩한 삶에 있어서의 능력을 받게 된다고 하였다.[206] 찰스 피니(Charles G. Finney)의 저

---

206 Asa Mahan, *The Baptism of the Holy Ghost* (New York: Palmer and Hughes, 1870), 52 ff.

술인 「능력의 부여」(The Enduement of Power)에서도, 성령세례의 능력을 통해 하나님의 계획인 지상명령(the Great Commission)을 성취하게 된다고 한다.[207]

19세기의 유명한 부흥사 무디(Dwight L. Moody)는 그의 제자들에게 성령의 능력을 받기 전에는 선교사나 목회자로 합당하게 준비될 수 없다고 하였다. 그래서 그는 '성령 받는 것'(enduements of the Spirit)을 위해 추구하고 기도하라고 제자들에게 설교하곤 했으며, 이 능력을 모든 복음적 교단들에 전파하는 것이 그의 사역의 궁극적 목표라고 종종 강조하였다.[208] 이처럼 그는 자신의 힘있는 사역의 근원은 바로 '성령의 능력'이었으며, 그때 이후로 그 능력이 자신의 사역을 지탱해 왔다고 했다.

무디에 의해서 강조되어지던 성령의 능력에 대한 가르침을 신학적으로 체계화한 이는 토레이(Reuben Archer Torrey)였다. 그는 신자가 성령세례를 받았음을 확인할 수 있는 열매는 복음을 증거하는 일이라고 보았다. 신자들은 자신이 성령세례를 받았는지 안 받았는지를 분명히 알 수 있다고 주장했다.[209]

우리 한국 교회의 대부흥운동 시기에도 역시 이러한 성령의 불같은 능력이 확산되었다. 평양의 겨울 사경회가 끝나자마자 놀라운 십자가와 구원의 기쁜 소식을 전하는 부흥이 전국 각지로 확산되었다. 이 일로 인해 한국 교회가 급성장 할 수 있는 계기가 마련되었으며, 사회적으로는 한국인의 도덕적 각성을 일으키는 힘이 솟아나게 되었던 것이다.[210]

---

207 Charles G. Finney, "The Enduement of Power", Asa Mahan, *The Baptism of the Holy Spirit* (New York: Palmer and Hughes, 1870), 231.

208 James F. Findlay Jr., *Dwight L Moody: American Evangelist, 1837-1899* (Chicago & London: The University of Chicago Press, 1969), 239.

209 R. A. Torrey, *The Baptism with the Holy Spirit* (New York: Revell, 1897), 14-5.

210 Bonjour Bay, "The Pyongyang Great Revival in Korea and Spirit Baptism", *Evangelical Review of Theology*, World Evangelical Alliance (January 2007): 31(1):11-2.

최근의 일이다. 필자가 알고 있는 어느 지역의 목회자들이 사역에 대한 기쁨과 능력도 잃어버리고 침체와 좌절된 나날을 보내고 있었다. 그러던 중 그들은 목회자들을 위한 한 연합부흥회에 참석했다. 그런데 그곳에서 마침내 이들에게 성령세례가 임함을 통해 눌려 있던 귀신들의 영향력으로부터 순간적으로 벗어나게 되었다. 그러자 이들 목회자들의 가슴과 입으로부터 새로운 승리와 소망에 대한 고백이 터져 나오게 되었다. 성령세례가 그들을 눌려있던 어둠의 영으로부터 자유롭게 한 것이다.

그러므로 우리 모두에게 필요한 것이 있다면 그것은 성령의 능력을 경험하고 또 그 안에서 기름부음을 지속적으로 받으며 살아가는 일이다. 나는 복음주의 내의 어떤 신학노선도 이 일을 반대하지 않는다고 믿는다. 에드윈 팔머(Edwin H. Palmer)는 다음과 같이 말했다.

> 우리가 불의 성령으로 세례를 받았는지 스스로 물어봄이 좋을 것이다. 우리가 그 나라를 위하여 일하도록 내적 힘이 운동하는가? 우리가 예루살렘과 온 유대와 사마리아와 땅 끝까지 이르러 증인이 되도록 능력을 받았는가? 우리는 우리 생명 내의 죄들을 태워버리는 정화하는 감화로써 성령의 능력을 경험하는가?[211]

귀신들에게 사로잡힌 영역으로부터 진정으로 우리를 해방시킬 수 있는 힘, 그것은 성령세례의 능력이다. 성령의 능력은 우리를 사랑의 불로 충만케 하여 자아 사랑의 늪에서 벗어나 머리되신 그리스도를 사랑하면서 닮아가게 하며, 정결의 불로 귀신의 영향으로 얼룩진 영혼의 죄악을 온전히 깨끗케 하며, 능력의 불로 인해 귀신들의 방해와 억압으로 벗어나 복음을 힘있게 전하여 세계선교의 완수를 이룰 수 있게 한다.

211　Edwin H. Palmer, 「성령론」, 최낙재 역 (서울: 한국개혁주의신행협회, 1977), 179.

추방 사역의 여러 종류

공개적 귀신 추방

귀신 추방 사역에는 공개적인 것과 개별적인 것으로 분류할 수 있다. 공개적인 귀신 추방 사역의 대표적인 형태는 우선 찬양과 예배를 들 수 있다. 지극히 높으신 하나님을 찬양하며 예배할 때 성령의 역사가 강하게 나타나며 하나님의 나라가 임하게 된다. 이럴 때 귀신들의 요새가 드러나며 또 무너지게 된다. 예배 중 선포되어지는 말씀은 능력이 있어서, 귀신들은 복음의 말씀 앞에 자신들의 정체가 드러나는 것을 가장 두려워한다.

> 하나님의 말씀은 살아 있고 활력이 있어 좌우에 날선 어떤 검보다도 예리하여 혼과 영과 및 관절과 골수를 찔러 쪼개기까지 하며 또 마음의 생각과 뜻을 판단하나니 지으신 것이 하나도 그 앞에 나타나지 않음이 없고 우리의 결산을 받으실 이의 눈 앞에 만물이 벌거벗은 것 같이 드러나느니라(히 4:12-13).

예배 중에 찬양을 드리고 하나님의 말씀이 선포되면 사람들은 은혜를 받게 되게 된다. 이때 사람들에게서 회개가 일어날 때 귀신들의 활동이 좀 더 구체화될 수도 있다는 점을 유의할 필요가 있다.

필자가 어느 교회에서 말씀을 전하는 중 회개의 영이 임하면서 성도들 중 여러 명이 눈물을 흘리게 되었다. 그리고 곧 이어진 기도회에서, 갑자기 뒷줄에서 찬양을 부르시던 그 교회 사모님이 옆으로 쓰러지는 것이 아닌가!

사모님 바로 옆에서 찬양하고 있던 나의 아내가 놀라서 나를 손짓하여 불렀다. 내가 보니, 사모님은 그 교회를 둘러싸고 있는 부정적인 귀신들에 의해 공격을 당한 것으로 보였다. 그래서 의자에 바로 눕히고 나서 귀신 추방의 기도해 주니, 사모님은 제 정신이 들면서 눈을 뜨게 되었다.[212] 이처럼 공개적 귀신 추방의 가장 효과적인 때는 영감 있는 예배와 기도회의 시간이다.

사역자들은 귀신 추방이 예배나 찬양 시간하고는 분리되어 행해져야 한다는 오해를 가져서는 안 된다. 오히려 반대로 생각해야 한다. 즉 귀신 추방이 가장 원활히 될 수 있는 시간은 영감 있는 예배와 찬양의 시간이어야 한다는 점이다. 이를 위해 사역자들은 항시 드리는 예배와 찬양의 공개적인 시간에 언제나 귀신 추방의 능력이 나타나도록 자신을 영적으로 준비해야 한다.

개별적 귀신 추방

귀신들에게 고통 받고 있는 어떤 이들은 개별적 추방 사역이 불가피할 때가 있다. 사람들에게 자신의 문제를 알리기 원치 않는 경우라든지 특히 귀신에게 매우 복잡한 심리적 상황 속에서 심각하게 고통을 받고 있는 경우다. 이런 경우에 있어서 기도 받을 자는 반드시 귀신으로부터 구출 받아야 하겠다는 의지와 욕망이 있어야 하며, 그런 다음에 사역자에게 가야 한다.

그런데 귀신을 추방할 때 귀신에게 떠나갈 것을 직접 명령해야 할 필요가 있는가? 단지 그 사람에게서 귀신이 떠나가게 해 달라고 하나님께 기도하면 안 되는 것인가? 이 점에 대한 웨인 그루뎀(Wayne Grudem)의 답변은 다음과 같다.

> 누군가 복음을 받아들여야 할 사람이 있을 때, 단지 하나님께 그 사람이 복음을 받아들이도록 역사해 달라고 기도하는 것보다 직접 가서 복음을 전하는 것이 낫다.

---

212 배본철, 「다스리심」 (서울: 도서출판영성네트워크, 2009), 240.

또 누군가 위로 받아야 할 사람이 있을 때, 하나님께 그 사람을 위로해 달라고 기도하는 것보다 직접 위로의 말을 전하는 편이 낫다. 이처럼 하나님께서는 하나님 나라를 확장하는 일에 크리스천을 매우 적극적으로 사용하시기를 원하신다. 마찬가지로 하나님께서는 귀신 추방을 통해 사탄의 권세가 정복당하는 것을 크리스천들에게 경험케 함으로써 하나님 나라의 승리와 기쁨을 맛보게 되기를 원하신다.[213]

사역자가 특히 개별적 귀신 추방을 할 때 유의해야 할 점은 기도 받으러 온 사람의 인격을 존중해주어야 하며 또 구타나 정신적 침해를 주어서는 안 된다는 것이다. 그리고 뉴 에이지 운동이나 타종교의 영성에서 사용하는 비성경적인 교훈이나 실천 방식을 따라서는 안 된다는 점을 잊지 말아야 한다.[214] 귀신 추방 사역에서 사역자들이 종종 범할 수 있는 실수들 중에 가장 큰 것은 기도 받는 사람의 인격과 귀신을 구분하지 않고 함부로 욕을 하며 대하는 경우다. 이 점에 있어서 기도 받는 사람이 오해를 하거나 정신적으로 상처를 받지 않도록 사역자는 늘 조심해야 한다.

기도 받는 자가 만일 과거에 무당이나 악령과 접신한 내력이 있었다면 먼저 이를 철저히 회개하고 청산해야 한다. 어떤 이들은 과거에 부모들이 이런 영향권 속에 어린 자녀들을 위탁을 한 경우들이 있기 때문이다. 그리고 습관적으로 짓는 범죄 등의 문제는 진지하게 회개해야 한다. 회개한 후에는 죄의 용서에 대한 확신도 필요하다. 귀신들은 결코 자비를 베풀지 않을 것이므로, 조금이라도 틈새를 보이면 죄책감이나 의심 등을 불러 일으켜 좌절시키고자 할 것이다.

기도 받는 자는 귀신으로부터 해방 받을 것을 믿고 기대할 필요가 있다. 귀신을 추방시키는 일은 성령의 능력이지 사람의 힘이 아니다. 그러

---

213 Grudem, 429.
214 노윤식, 「종교다원주의 사회 속의 기독교 선교」 (서울: 한국학술정보, 2012), 71.

므로 기도해 주는 사역자를 과신할 필요는 없고 오직 성령께서 자유를 주실 것을 기대해야 할 것이다.

> 그가 내게 대답하여 이르되 여호와께서 스룹바벨에게 하신 말씀이 이러하니라 만군의 여호와께서 말씀하시되 이는 힘으로 되지 아니하며 능력으로 되지 아니하고 오직 나의 영으로 되느니라(슥 4:6).

한번은 예배를 마친 후 어떤 자매가 가정 문제로 가슴이 답답하여 내게 기도를 받으려고 줄에 서서 기다리고 있는데, 자기 마음속에서 계속 사나운 음성이 들려왔단다.

"기도 받지 마라. 어서 네 자리로 돌아가라. 기도 받으면 넌 그 자리에서 죽을 것이다!"

그 자매는 가슴이 막 조여 오는 가운데 이런 음성과 싸우다가 거의 실신지경에 이르게 되었다. 내가 다음으로 기도 받을 순서의 사람을 맞이하려다 보니, 저 뒤쪽에 그 자매가 온 몸을 뒤틀며 몹시 괴로워하고 있는 것이 보였다.

나는 위급 상황이라고 느꼈다. 그래서 순서를 좀 건너뛰어 먼저 그 자매에게로 다가갔다. 그리고 그녀를 부축해 똑바로 서게 하였다. 그리고 즉각 예수 그리스도의 이름으로 귀신들을 명해 쫓아냈다. 그러자 그 자매는 신음소리와 같은 소리를 내면서 뒤로 쓰러졌다.

내가 몸을 굽혀 안수하고 성령 충만을 위해 기도했더니, 이 자매는 쓰러져 무의식중에도 방언을 말하기 시작했다. 그리고 잠시 후 일어났을 때는 그 자매의 얼굴이 환해진 것을 알 수 있었다. 그 자매는 자기에게 어떻게 이런 일이 일어날 수 있는지 도저히 믿을 수 없을 정도라고 말하면서

놀라워했다.[215]

　귀신 추방을 위해 기도를 해 줄 때, 기도해 주는 사람이 성령의 인도하심에 민감하지 않으면 안 된다는 사실은 두말할 나위 없다. 구체적인 기도로 들어가기 위해서는 간단한 형식적 기도만으로 끝내서는 안 될 것이다. 그리고 모든 경우에 반드시 눈을 감고 기도할 필요는 없다. 서로 대화하다가 자연히 기도로 들어갈 수도 있기 때문이다. 기도 받는 사람에게서 귀신들이 추방될 때는 눈이 감기고 몸이 뒤로 넘어가는 현상이 종종 있다. 그러나 꼭 넘어지지 않아도 귀신들을 쫓을 수 있고 또 성령도 받을 수 있게 된다는 점은 당연하다.

　성령께서 분별력을 주셔서 귀신의 영향을 감지할 수 있게 될 때, 사역자는 귀신들의 정체가 구체적으로 드러나도록 해야 할 경우도 있다. 이런 경우에 있어서 효과적인 것은 눈과 눈을 마주보면서 귀신을 드러나게 하는 일이다. 많은 경우에 있어서 갑자기 눈동자가 한 시선으로 고정되거나, 눈을 내리깔거나, 아니면 눈을 꽉 감아버리는 현상이 나타난다. 몸이 굳어지거나, 몸을 떨거나 하는 등의 반응이 일어날 수도 있다. 그렇지만 이런 예들은 어디까지나 부차적인 것이다. 중요한 것은 사역자가 믿음을 가지고 그리스도의 다 이루신 승리를 선포하는 일이다.

　일반적으로는 귀신의 정체를 구체화시키는 과정을 거치지 않아도 귀신들이 추방되곤 하지만, 어떤 경우에는 성령께서 그렇게 인도하실 때가 있다. 귀신들의 정체가 드러날 때는 여러 가지 육감주의적 현상들이 일어날 수도 있다. 물론 이때 귀신들은 최후까지 자신들의 거점을 뺏기지 않으려고 여러 가지 기만적 현상을 보일 수도 있다. 하지만 이런 현상이나 귀신들이 내뱉는 말에 너무 집착할 필요는 없다. 사역자는 오직 믿음으로 진리의 세계를 의식하면서 성령의 능력 안에서 귀신 추방을 수행하여야 한다.

215　배본철, 「다스리심」, 223-24.

원격적 추방 사역

　귀신을 추방하거나 결박하는 사역이 반드시 대상자가 앞에 있어야만 하는 것은 아니다. 또 반드시 추방의 명령을 언어를 통해서 해야만 하는 것도 아니다. 귀신들은 영적 존재이기 때문에 영적인 교감과 영향을 받는다. 따라서 귀신 추방을 영적인 영역에서 실행하면 된다.

　인간의 언어도 당연히 영적인 세계의 지배를 받는 영적 도구이지만, 언어 외에도 얼마든지 생각이나 신념 또는 상상의 기능을 활용하여 귀신 추방의 영적 사역을 할 수 있다. 중요한 것은 성령께서 어떤 길로 인도하시는가에 있다. 성령께서 인도하시면 심지어 귀신 추방은 꿈을 통해서도 이뤄질 수 있다.

　다음은 호주 시드니의 어느 교회에서 아내가 몇 주에 걸쳐 젊은 부부 커플 대상 가정사역 세미나를 시작하기 며칠 전, 하나님께서 아내에게 보여주신 꿈의 내용이다; 입이 큰 멧돼지가 있는데 몸집은 상대적으로 매우 작았다. 아내가 예수님의 이름으로 돌을 던졌는데, 죽지는 않고 코와 입이 작아졌다. 다음으로는 닭이 나타났는데, 이상하게도 주둥이가 길고 뾰죽했다. 부산하게 돌아다니는 모습을 보고 아내가 나가라고 소리쳤더니 그만 둥지 속으로 들어가 버렸다. 그 둥지 앞에는 사자 한 마리가 입구에 앉아 있었다. 머리가 크다. 그러나 이 사자는 입만 컸지 힘이 없었다. 아내가 나가라고 소리치면서 삽 같은 도구로 내리쳤더니 그만 주둥이가 문드러졌다.

　이 꿈을 꾸고 난 후 아내는 계속 그 세미나를 위해 기도하면서, 꿈속에서 이루어진 승리의 고백을 되새기면서 감사로 하나님께 영광을 돌렸다. 이 꿈을 통해 성령께서는 교인들이 대화로 인해 서로 상처를 주고 있는 것을 보여주신 것이다. 또 미리 꿈속에서 이러한 어둠의 세력들을 성령의 능력으로 제압하신 것이다. 정말 세미나가 시작되자마자 교인들 사이에 서로 말로서 상처를 주던 교회내의 문제 그리고 부부 간의 문제들이 해결

되는 일이 계속해서 일어났다. 성령께서 악한 영의 권세를 제압하시고 승리를 이루신 것이다.[216]

다음은 필자가 어느 교회 금요 심야집회에 강사로 초청 받았을 때의 일이다. 몇 주 전부터 초청을 받고 나서는 계속 그 교회 집회를 위해 기도하고 있었다. 그런데 그 집회 당일 새벽에 기도하는데 두 가지 영상(映像)이 내 마음에 떠올랐다.

하나는 어떤 여인이 앞줄 두 번째 자리에서 고개를 수그리고 엎드려 있었는데, 마침내 그 여인에게서 귀신이 쫓겨나는 영상이었다. 또 하나는 그 교회의 뒷좌석의 출입문 있는 부분에 마치 검은 곰 같기도 하고 검은 구름 같기도 한 어두운 세력이 크게 자리 잡고 있는 영상이었다. 나는 성령께서 그 교회를 방해하는 귀신들의 세력을 미리 보여주신 것으로 직감하고, 즉시 이 두 가지 세력을 추방하는 기도와 아울러 승리를 선포하였다.

그날 밤 그 교회 강단에 서자마자 나는 앞에서 두 번째 자리에 앉아 힘없이 엎드려 있는 여인을 보게 되었다. 나는 성령의 인도하심을 인식하면서 즉각 그 교회 담임목사님에게 정중히 부탁하였다.

"저 앞줄에 엎드려 있는 여자 분을 제 앞으로 좀 데려나올 수 있겠습니까?"

갑작스런 나의 부탁에 그 목사님은 잠시 당황하다가 답했다.

"아, 네? 어떤 분이요? 아 저 분이요? 네 알겠습니다."

그리고는 그 여인에게 다가가 잠시 앞으로 나올 것을 권유하였다. 그러자 그 여인은 마치 기다리고나 있었다는 듯이 두말 않고 따라 나왔다. 그런데 이게 웬일인가? 내 앞에 서자마자 그 여인은 부들부들 몸을 떨기 시작하는 것이다. 여인의 눈을 보니 눈동자가 이미 초점을 맞추지 못하고 풀려 있었다.

---

216 배본철, 「다스리심」, 220-21.

나는 오랫동안 그 여인과 마주 대하고 있을 이유가 없었다. 왜냐하면 이미 귀신은 묶여 있었던 것이고, 이젠 추방될 일만 남은 것을 알았기 때문이다. 내가 예수의 이름으로 귀신이 그 여인으로부터 떠날 것을 단 한 번 선포하자마자, 그 여인은 죽은 듯이 바닥에 쓰러졌다.

잠시 후 다가가 몸을 굽혀 안수하자, 그 여인은 매우 밝아진 얼굴로 자리에서 일어나 하나님께 영광을 돌렸다. 이 일로 인해 그 교회 집회는 시작 시간부터 강력한 회개의 영이 임하기 시작했다.

이어서 나는 검은 곰과도 같은 어둠의 세력으로 인해 눌려 있는 교회의 형편에 대해 선포하였다. 그러자 여기저기서 흐느껴 울면서 온 교회가 죄악을 통회 자복하는 일이 일어났다. 그리고 회개의 기도 시간 이후 나눈 하나님의 말씀을 통해 그 교회가 큰 힘을 얻게 된 것은 두말할 나위 없다.

귀신을 추방할 대상자를 직접 만나지 않고 행하는 원격적 추방 사역이 직접 만나서 하는 추방 사역보다 능력이나 효과 면에서 떨어질 것이라고 생각하는 것은 오해다. 오히려 귀신들은 영적으로 반응하기에 귀신이 추방될 조건만 갖춰지면 귀신들은 가까이 있으나 멀리 있으나 추방된다.

우리가 먼 이국땅에서 사역하는 선교사들의 선교 현장에 역사하는 귀신들을 제압하는 중보의 기도를 할 때도 그런 성격이다. 귀신 추방에 있어서 공개적 사역이든 개인적 사역이든 원격적 사역이든 그것은 성령의 인도하심을 따를 일이고, 그 결과에 대해서는 성령께서 하시는 일이니 그것 때문에 불안해 할 필요는 없다.

원격적 추방 사역은 사역자들 중에 귀신 추방에 대한 자랑이나 이것 때문에 교만해지는 일을 어느 정도 막아줄 수 있다. 예를 들어, 어떤 사역자들은 마치 자신의 능력으로 귀신을 추방하고 또 쓰러지는 것으로 자랑하고 싶은 마음에, 아예 이런 장면을 동영상으로 녹화하여 홈페이지나 유튜브에 올리는 경우도 있다. 그래서 우리가 마음만 먹으면 귀신을 추방하고 쓰러지는 모습들을 담은 동영상들을 여기저기서 어렵지 않게 볼 수 있다.

이런 영상을 보는 순진한 성도들 가운데는 이 영상에 나오는 사역자는 필경 대단한 능력의 종일 것이라고 생각하여 현혹될 사람도 있을 것이다.

그러므로 원격적 추방 사역은 쓸 데 없는 인간적 자랑의 근거를 막아준다. 왜냐하면 대상자도 만나지 않고 또 대부분의 경우 추방의 기도를 한다고 알리지도 않고 할 수 있기 때문이다. 필자는 원격적 추방 사역의 단계를 개인적 경험에 의존하여 다음과 같이 정리한다.

(1) 추방 사역자는 기도 중에 성령께 대상자의 환경이나 처지를 올려드린다.
(2) 대부분의 경우 성령께서는 문제가 있는 대상자들이 어떤 영역에서 어떻게 귀신의 영향을 받고 있는지 영분별의 지혜나 영상을 마음 속에 떠올려 주신다.
(3) 그러면 그 부분에 성령의 지배가 임하심을 고백하며 마음으로 바라본다.
(4) 그때 성령께서 주시는 영상이나 메시지가 있으면 믿음으로 받아들이고 그 영적 사실을 확신 있게 고백한다.

> 예수께서 그들에게 대답하여 이르시되 하나님을 믿으라 내가 진실로 너희에게 이르노니 누구든지 이 산더러 들리어 바다에 던져지라 하며 그 말하는 것이 이루어질 줄 믿고 마음에 의심하지 아니하면 그대로 되리라 그러므로 내가 너희에게 말하노니 무엇이든지 기도하고 구하는 것은 받은 줄로 믿으라 그리하면 너희에게 그대로 되리라(막 11:22-24).

그러면 영적 세계에서 이미 귀신들을 추방하거나 결박하는 일이 벌어지게 된다. 기도한 후에도 사역자는 계속적으로 이 믿음과 고백을 지속해야 할 것이다. 그러면 결국 성령께서 인도하시면 그 영적 사실이 현실의 경험 속에 반영되는 현장을 눈으로 확인하게 될 것이다.

추방 사역의 유의점

자유의지의 문제

귀신에 매여 고통당하는 자들을 위해 기도해 줄 때 무조건 예수의 이름으로 명령한다고 해서 귀신들이 다 떠나가는 것은 아니다. 특히 기도 받는 사람이 귀신의 영을 끌어안고 있을 때, 즉 귀신이 설정해 놓은 정서적, 신념적 영역에 대해 동정이나 연민 등의 집착을 하고 있을 때는 귀신이 잘 떠나질 않는다. 예를 들어, 범죄의 문제를 해결하지 않아 죄책감에 사로잡혀 있을 때, 용서해 주어야 할 사람을 용서하지 못하고 있을 때, 죄악에 대한 집착이나 연민 등에 빠져있을 때, 이런 경우들은 더러운 영을 끌어안고 있는 상태다.

귀신 추방의 문제는 근본적으로 고통 받는 자의 자유의지와 관련하여 귀신들이 어떤 경로로 침입했는지의 문제와도 깊은 관련이 있다. 첫 번째 경우는 사람이 자발적으로 자유의지를 활용하여 귀신을 불러들인 경우다. 이런 경우는 귀신의 세력이 매우 강하게 장악하고 있기 때문에, 철저하게 오컬트적 문화와 친숙했던 점을 회개하고 구체적으로 돌이킬 뿐 아니라 귀신으로부터 자유롭게 되기를 간절히 원하는 마음을 가져야 한다.

두 번째 경우는 자기도 모르게 귀신의 영향을 받은 경우다. 이런 경우는 자신의 의지와 상관없이 귀신에게 피해를 입고 있는 경우이기 때문에, 귀신에게 방심하여 내주었던 부분이 어떤 영역이었는지를 잘 살펴서 그 부분에 성령의 통치가 임하도록 기도하면 될 것이다.

그러므로 자신의 삶에서 귀신에게 용인해 주었던 부분들을 철저히 회개하고 예수의 보혈로 정결케 됨을 얻어야 한다. 그러고 나면 쉽게 귀신들이 축출되는 것을 경험할 수 있다. 필자가 전에 기도 받기 원하는 한 자매를 위해 기도해 준 적이 있다. 손을 그 자매의 어깨 위에 얹고 성령께 기도를 부탁드리고 나자, 곧 내 마음 속에 그 자매가 이성 관계에 있어서 해결을 보지 못하는 문제가 있다는 것을 느낄 수 있었다. 그 문제로 인해 신앙의 자유함도 누리지 못하고 늘 죄책감에 눌려 있었다.

나는 기도하는 가운데 그 부분에 대해 자매에게 조용히 말해 주었고, 그 자매는 눈물을 흘리며 괴로워하다가 마침내 부적절한 관계를 정리하겠다는 큰 회개와 결단을 하게 되었다. 그러자 이어진 기도 가운데 곧 귀신은 떠나가고 그 자매의 영혼에는 큰 평화와 기쁨이 임하게 되었다.[217]

기도 받는 대상자의 자유의지와 관련해서 두 가지 분류를 하게 되는데, 하나는 귀신을 제압하는 것이고 또 하나는 귀신을 추방하는 것이다. 귀신을 제압하는 것은 대상자의 내면적인 경향성에 있어서 아직 귀신의 영향으로부터 벗어나기를 결단하지 못하고 있는 상태와 관련된다. 이럴 경우는 귀신 추방에 대해 자유의지의 충분한 찬동이 안 된 상태이므로, 아직 근원적인 해결은 안 되고 다만 제압할 수만 있을 뿐이다. 이럴 때는 지속적인 제압의 기도가 필요할 수 있다.

완전한 귀신 추방은 자유의지의 적극적인 찬동을 필요로 한다. "즉 보이지 않는 어둠의 역사를 내쫓을 때도 성령과 협력하면서 사람의 의지를 사용해야 한다."[218] 이 말은 인간의 의지적 결단 때문에 귀신이 추방된다는 말은 아니다. 비록 대상자가 의지적 결단을 힘껏 하지 못하는 상황이라 하더라도 귀신 추방에 대한 최소한 찬동의 태도를 갖는 것은 매우 중요하다. 왜냐하면 성령께서는 인간 문제를 인격적으로 다루기 원하시기 때문에, 자유의지의 찬동을 먼저 그분께 보여드려야 한다는 것이다. 그럴 때는 단지 귀신이 제압될 때하고는 완전히 다르게, 귀신이 추방되고 나면 귀신에게 눌려 있던 모든 영역이 즉시 회복되기 시작한다.

217　배본철, 「다스리심」, 241-2.
218　Jessie Penn-Lewis, 「영을 분별하는 그리스도인」, 장택수 역 (서울: 예수전도단, 2010), 207.

귀신과 대화하는 경우

예수께서 귀신을 추방할 때, 어떨 때는 귀신에게 말하는 것을 중지시키고 잠잠하고 그 사람에게서 나오라고 하셨다(막 1:25). 또 어떨 때는 예수께서 귀신들이 자기를 알므로 그 말하는 것을 허락하지 않으신 경우도 있다(막 1:34; 막 3:12; 눅 4:41). 그런가 하면 귀신들과 대화하신 경우들도 많이 있다(막 3:11-12). 거라사의 귀신과 대화하신 경우가 대표적이다.

> 예수를 보고 부르짖으며 그 앞에 엎드려 큰 소리로 불러 이르되 지극히 높으신 하나님의 아들 예수여 당신이 나와 무슨 상관이 있나이까 당신께 구하노니 나를 괴롭게 하지 마옵소서 하니 이는 예수께서 이미 더러운 귀신을 명하사 그 사람에게서 나오라 하셨음이라 (귀신이 가끔 그 사람을 붙잡으므로 그를 쇠사슬과 고랑에 매어 지켰으되 그 맨 것을 끊고 귀신에게 몰려 광야로 나갔더라) 예수께서 네 이름이 무엇이냐 물으신즉 이르되 군대라 하니 이는 많은 귀신이 들렸음이라 무저갱으로 들어가라 하지 마시기를 간구하더니 마침 그 곳에 많은 돼지 떼가 산에서 먹고 있는지라 귀신들이 그 돼지에게로 들어가게 허락하심을 간구하니 이에 허락하시니(눅 8:28-32).

귀신들과 대화해야 할 상황에 임했을 때, 추방 사역자는 귀신으로 하여금 거짓된 정보를 말하지 못하도록 명령해야 한다. 그리고 귀신으로 하여금 예수 그리스도의 이름의 권세에 복종하고 자신의 정체에 대해서 말하게 할 수 있다. 때로는 귀신들로부터 정보를 듣는 일이 귀신 추방을 함에 있어서 유익할 수도 있다. 예를 들어, '왜 그 몸에 들어갔는지,' '얼마 동안 그 안에 있었는지,' 그리고 '구체적인 정체가 무엇인지' 등을 물어볼 수 있다.

이러한 질문에 대한 답변들을 참고로 하여 귀신 추방을 진행할 때 좀 더 깊은 치유와 회복으로 나아갈 수도 있다. 존 네비우스(John L. Nevius)는 귀신들린 사람의 입을 통해서 귀신들은 초월적인 지식에 관한 사실들을 말할 때도 있다고 선교 현장의 사례를 소개하였다.[219] 물론 이때 유의할 점은 귀신들이 말하는 내용을 모두 신뢰해서는 안 된다. 어디까지나 참고적으로만 사용해야 한다.

귀신 추방 이후

귀신 추방을 하는 사역자들이 반드시 잊지 말아야 할 교훈 중의 하나는 추방 사역자들에게는 절대적으로 성결의 은혜가 요청된다는 점이다. 그 이유는 사역자들의 심령이 청결하지 못하면 추방하는 과정 속에서 종종 귀신의 영에 의해 영향을 받을 수도 있기 때문이다. 그리고 또 하나의 이유는 심령이 청결하지 못하면 하나님의 구체적인 인도하심을 잘못 파악할 수도 있기 때문이다.

> 마음이 청결한 자는 복이 있나니 그들이 하나님을 볼 것임이요(마 5:8).

뿐만 아니라 사역자들에게는 영적 준비가 필요하다. 귀신들을 추방하는 사역에 있어서 효과적인 결과가 나타나지 않는다면, 어쩌면 그 일이 사역자들의 준비되지 못한 영적 상태에 달려 있을 수도 있다는 것이다.[220]

간질로 고생하는 아이를 위해 예수님의 제자들이 기도했으나 낫지 않았다. 그런데 그 아버지가 아이를 예수께 데려 왔을 때 즉시 치유를 받았다. 나중에 제자들이 예수께 와서 어째서 자기들은 귀신을 추방하지 못하

---

219 John L. Nebius, *Demon Possession and Allied Themes* (Westwood, N.J.: Fleming H. Revell Co., 1968), 22-34.
220 Grudem, 432.

였는지를 조용히 물었다. 그때 예수께서는 그들의 믿음이 신실하지 못한 까닭이었다고 답하셨다(마 17:14-20). 이러한 교훈과도 같이, 사역자들은 언제나 기도에 힘쓰며 성령 안에서 동행하는 삶을 살아가도록 노력해야 한다.

또 하나의 교훈은 추방 사역이 너무 느낌이나 현상 중심에 빠지지 않도록 주의해야 한다는 점이다. 어떤 특별한 육감적 현상을 기대해서도 안 될 것이고, 또 전에 나타났던 현상이 나타나지 않는다고 해서 조급해 하거나 불안해하지도 말아야 할 것이다. 중요한 것은 현상이 아니라 하나님 말씀의 본질이 능력으로 역사하도록 하는 일이다.

한편 귀신 추방을 받은 사람들은 이전에 귀신들에게 공격 받던 부분을 포함해서 자신의 삶을 주님께서 다스리도록 내어드려야 한다. 그렇지 않고 이전과 같은 삶으로 돌아가면 오히려 더 강한 귀신들에 의해 공격을 받아 전보다 상태가 더 악화될 수도 있다는 점을 주의해야 한다.

> 더러운 귀신이 사람에게서 나갔을 때에 물 없는 곳으로 다니며 쉬기를 구하되 얻지 못하고 이에 이르되 내가 나온 내 집으로 돌아가리라 하고 가서 보니 그 집이 청소되고 수리되었거늘 이에 가서 저보다 더 악한 귀신 일곱을 데리고 들어가서 거하니 그 사람의 나중 형편이 전보다 더 심하게 되느니라(눅 11:24-26).

그러므로 사역자는 그들에게 예수께서 그들의 주님이 되심을 고백하게 하며, "그 안에서 행하되 그 안에 뿌리를 박으며 세움을 받아"(골 2:6-7) 모든 삶의 영역에서 그분의 주되심을 결단하도록 해야 한다. 귀신들이 전에 장악하고 있던 사건이나 인물이나 상황이나 장소 등을 다시 만날 때면 그들에게 유혹이 다시 생길 것이다. 귀신들은 자기들이 잃어버린 영역을 다시 되찾고자 수단과 방법을 다 사용할 것이기 때문이다. 그러면 사역자는 그들에게 주님이 주신 승리를 선포하고 마귀를 대적하도록 해야 한다.

> 그런즉 너희는 하나님께 복종할지어다 마귀를 대적하라 그리하면 너희를 피하리라(약 4:7).

귀신 추방을 받은 자가 또 다시 유혹에 넘어져 범죄할 경우에는 즉각적으로 진심의 회개를 하고 죄 사함을 받아 영혼의 회복을 받도록 해야 한다(요일 1:9). 그리고 반드시 하나님의 말씀과 성령 안에서 강화되도록 해야 한다. 하나님의 말씀을 지속적으로 읽고 묵상하여 영혼의 양식으로 삼아야 할 것이다. 또한 복음적인 지도자로부터 말씀을 듣고 말씀으로 양육 받는 일을 가까이 해야 한다. 그리고 지속적으로 성령의 다스리심을 받는 성령 충만한 삶을 살기 위해 노력해야 한다(엡 5:18). 이를 위해서 가능한 은총의 수단들을 적극 활용하여 하나님께로 더 가까이 나아가는 삶을 살도록 결단해야 한다.

> 모든 성경은 하나님의 감동으로 된 것으로 교훈과 책망과 바르게 함과 의로 교육하기에 유익하니 이는 하나님의 사람으로 온전하게 하며 모든 선한 일을 행할 능력을 갖추게 하려 함이라(딤후 3:16-17).

제7장
귀신 추방과 성령의 나타남

성령의 인도하심에 의한 추방

최초의 귀신 추방 경험

성령께서는 어떻게 더러운 귀신을 제압하여 추방하는 사역을 나타내시는가? 먼저 예수께서는 말씀하시기를, "그러나 내가 하나님의 성령을 힘입어 귀신을 쫓아내는 것이면 하나님의 나라가 이미 너희에게 임하였느니라"(마 12:28)고 하셨다. 마찬가지로 사도들이 사역하던 초대교회 때는 귀신들로부터 사람들을 구출하는 성령의 사역이 많이 나타났다. 귀신들이 쫓겨나는 것은 성령의 능력으로 하나님 나라가 임하는 중요한 표적 중의 하나였다. 이러한 기사와 이적과 함께 하나님의 말씀은 권세 있게 전파되어갔다.

필자가 사역 초기에 최초로 귀신 추방을 하게 되었던 사례를 먼저 소개한다. 당시 나는 20대의 신학생으로서 교회의 교육 부서를 맡아 섬기고 있었다. 어느 주일 새벽에 꿈을 꿨는데, 꿈속에서 필자는 낮 예배가 끝나고 난 후 교회 좌석을 정돈하고 있었다. 성도들이 예배실에서 다 나가고 난 후였는데, 한 여자 성도님 한 분이 여전히 좌석에 앉아있는 것이다. 나는 그분에게 다가가서 왜 안가시고 자리에 계속 앉아계시냐고 물었다. 그런데 이 성도는 배를 움켜잡고서는 고통스런 얼굴로 내게 기도를 해달라고 부탁하는 것이었다.

나는 그 성도를 모시고 또 몇 분의 여자 성도들과 함께 아래층의 기도

실로 내려갔다. 잠시 찬송을 부른 후 그 성도를 위해 기도를 시작하는데, 갑자기 그분이 이상한 소리를 지르면서 헐떡이는 것이었다. 나는 예수의 이름으로 더러운 귀신이 떠날 것을 명했다. 그러자 그분은 힘없이 옆으로 쓰러지면서 마치 죽은 듯이 들어 누웠다.

찬송을 한두 절 부르고 난 후 기도해 주면서 일어나라고 했다. 그랬더니 곧 일어나 덩실덩실 춤을 추면서 좋아하는 것이 아닌가! 그렇게도 아팠던 배가 하나도 아프지 않다는 것이었다. 그런 꿈이었다.

나는 잠에서 깨어 '이상한 꿈도 다 있다' 하고 생각하면서 주일 아침 준비를 서둘렀다. 그날 낮 예배가 끝나고 조용해진 예배실을 내가 정리하기 시작했다. 아, 이런! 꿈에서 보았던 그 성도님이 바로 그 자리에 앉아 계신 것이 아닌가?

나는 순간 머리털이 주뼛 솟는 듯 했지만, 침착하게 다가가서 왜 안 가시냐고 물었다. 그러자 그 성도는 배를 부여잡고 고통스러워하면서 제게 기도를 요청하는 것이었다. 이 후의 일은 꿈에서 본 그대로의 일이 생생하게 전개되었다!

이런 일이 있고 난 후 나의 삶 속에서는 비슷한 일들이 계속해서 일어나게 되었다. 30년이 지난 지금까지도 역시 마찬가지다. 물론 나는 아무에게나 더러운 귀신을 추방하는 기도를 하지는 않는다. 그러나 성령께서 미리 감동을 주시거나 지시를 하실 때에는 반드시 이를 순종한다. 이러한 사역이 바로 성령의 나타남에 의한 귀신 추방이다. 그러기에 우리는 성령의 나타남을 기대하기 전에 먼저 우리의 삶과 사역 속에서 성령의 인도하심을 따르는 일이 무엇보다도 중요하다.[221]

---

221 배본철, 「52주 성령학교」 (서울: 문서선교 성지원, 2005), 168.

성령의 인도하심: 성경의 예

성령의 인도하심은 개인적으로 주어지는 성령의 지시 또는 교훈을 말하는데, 교회의 초기 활동을 기록한 사도행전에서 우리는 성령의 직접적인 인도하심의 많은 사례가 있음을 본다. 그 중에서 몇 가지 예만 든다면 다음과 같다.

성령께서 빌립 집사에게 지시하여 복음을 전하게 하셨다. 특히 성령께서는 빌립에게 에디오피아 내시가 타고 가는 수레로 다가가서 복음을 전하라고 구체적인 인도하심을 주셨다.

> 주의 사자가 빌립에게 말하여 이르되 일어나서 남쪽으로 향하여 예루살렘에서 가사로 내려가는 길까지 가라 하니 그 길은 광야라..... 성령이 빌립더러 이르시되 이 수레로 가까이 나아가라 하시거늘(행 8:26,29).

성령께서는 다메섹 도상에서 하늘의 빛을 받고 쓰러진 사울에게 다음과 같은 분명한 지시를 주셨다.

> 땅에 엎드러져 들으매 소리가 있어 이르시되 사울아 사울아 네가 어찌하여 나를 박해하느냐 하시거늘 대답하되 주여 누구시니이까 이르시되 나는 네가 박해하는 예수라 너는 일어나 시내로 들어가라 네가 행할 것을 네게 이를 자가 있느니라 하시니(행 9:4-6).

이 당시 사울은 자신에게 일어난 충격적인 일로 인하여 매우 당황스런 지경이었다. 그런데 성령께서는 이 일 이후 계속 사울, 즉 바울의 삶속에 주권적으로 인도하심을 주셨고, 그는 "다만 성령의 나타나심과 능력"(고전 2:4)만을 따라 복음을 전했다.

성령께서는 제자 아나니아에게 환상 중에 말씀을 주고받으신 후 행할 일을 일러주셨다. 당시 아나니아는 크리스천들을 박해하는 사울에 대한 나쁜 소문을 익히 들었던 터라 이 점에 대해 성령께 말씀드렸지만, 성령께서는 오히려 사울이 앞으로 얼마나 주의 복음을 위해 일할 것인가에 대한 예언까지 주심으로 아나니아에게 확신 가운데 행하게 하셨다. 바로 이때가 다메섹 체험 이후 성령께서 사울에게 말씀하신 바로 그 때였으니, 성령께서는 역시 당신의 주권적인 뜻에 따라 시간과 공간을 초월하여 역사하셨음을 알 수 있다.

> 그 때에 다메섹에 아나니아라 하는 제자가 있더니 주께서 환상 중에 불러 이르시되 아나니아야 하시거늘 대답하되 주여 내가 여기 있나이다 하니 주께서 이르시되 일어나 직가라 하는 거리로 가서 유다의 집에서 다소 사람 사울이라 하는 사람을 찾으라 그가 기도하는 중이니라 그가 아나니아라 하는 사람이 들어와서 자기에게 안수하여 다시 보게 하는 것을 보았느니라 하시거늘 아나니아가 대답하되 주여 이 사람에 대하여 내가 여러 사람에게 듣사온즉 그가 예루살렘에서 주의 성도에게 적지 않은 해를 끼쳤다 하더니 여기서도 주의 이름을 부르는 모든 사람을 결박할 권한을 대제사장들에게서 받았나이다 하거늘 주께서 이르시되 가라 이 사람은 내 이름을 이방인과 임금들과 이스라엘 자손들에게 전하기 위하여 택한 나의 그릇이라 그가 내 이름을 위하여 얼마나 고난을 받아야 할 것을 내가 그에게 보이리라 하시니(행 9:10-16).

성령께서는 환상 중에 고넬료에게 지시하여 시몬 베드로를 청하라고 하셨고, 역시 비슷한 시간 베드로에게도 고넬료를 만날 것에 대해 말씀하셨다.

> 하루는 제 구 시쯤 되어 환상 중에 밝히 보매 하나님의 사자가 들어와 이르되 고넬료야 하니 고넬료가 주목하여 보고 두려워 이르되 주여 무슨 일이니이까 천사가 이르되 네 기도와 구제가 하나님 앞에 상달되어 기억하신 바가 되었으니 네가 지금 사람들을 욥바에 보내어 베드로라 하는 시몬을 청하라 그는 무두장이 시몬의 집에 유숙하니 그 집은 해변에 있다 하더라(행 10:3-6).

특히 성령께서는 베드로에게 환상을 보여주시고 그 환상의 의미를 풀어주심을 통해(행 10:19-20), 베드로가 전부터 갖고 있던 유대 민족주의적인 편견을 깨고 이방인들에게까지 복음을 전하도록 깨달음을 주셨다. 우리는 종종 우리가 갖고 있는 어떤 편견이나 선입견을 깨뜨린다는 것이 얼마나 어려운 일인가를 절감할 때가 있다. 그런데 성령께서 초월적으로 일하시면 이 모든 일도 쉽게 해결되는 것을 우리의 사역 속에서 많이 경험하곤 한다.

옥에 갇힌 베드로가 기적적으로 감옥에서 풀려날 때에도 먼저 성령의 인도하심이 있었다. 이러한 일은 매우 신기한 일로 여겨지지만, 성령께서 인도하심을 주시고 또 우리가 그 인도하심에 따르기만 하면 당연하게 나타나는 일이다. 그러므로 성령의 인도하심이 어떻게 주어지느냐가 중요하다. 또 중요한 것은 우리가 그 인도하심을 잘 이해하고 따르느냐에 달려 있는 것이다.

> 홀연히 주의 사자가 나타나매 옥중에 광채가 빛나며 또 베드로의 옆구리를 쳐 깨워 이르되 급히 일어나라 하니 쇠사슬이 그 손에서 벗어지더라 천사가 이르되 띠를 띠고 신을 신으라 하거늘 베드로가 그대로 하니 천사가 또 이르되 겉옷을 입고 따라오라 한 대 베드로가 나와서 따라갈새 천사가 하는 것이 생시인 줄 알지 못하고 환상을 보는가 하니라(행 12:7-9).

성령의 인도하심: 경험

필자의 경험에 의하면 귀신 추방의 능력은 성령께서 주시는 영분별의 은사와 함께 나타날 때가 많다. 필자가 순회성령사역을 하는 중 미국 인디아나 폴리스에 있는 한 교회에서 말씀을 전한 적이 있다. 말씀을 전하고 나자 그 교회의 담임목사님이 내게 기도 받기 원하는 성도들을 위해 기도해 줄 것을 부탁해 오셨다.

나는 성령의 인도하심으로 받아들이면서 한분씩 가볍게 어깨에 손을 얹고 기도해 드릴 때, 어떤 분들에게는 영분별과 함께 귀신들을 추방하는 기도를 하게 되었다. 물론 나는 그분들의 신분이나 상황을 전혀 몰랐지만 오직 성령의 인도하심에만 따랐다.

기도 받을 사람이 내 앞에 와서 설 때, 성령께서 어떤 영감이나 메시지를 주시면 그대로 순종하며 기도한다. 어떨 때는 기도 받는 사람이 남을 원망하고 있는 마음을 내가 느끼게도 하시고, 또 어떨 때는 마음의 영상을 통해 기도 받는 분의 영적 상태를 보여주시기도 한다.

필자가 인도한 어느 집회에서는 기도를 받은 십여 명의 사람들이 모두 갑작스런 눈물과 함께 흐느끼며 울게 되었다. 어떤 사람은 주체할 수 없는 눈물과 함께 통곡이 터져 나왔다. 이는 회개케 하시는 성령의 사역이다. 귀신들이 쫓겨나기 전이나 또는 성령의 권능을 받기 전에 성령의 회개케 하심에 따라 흘리는 눈물이다.[222]

전에 어느 집회를 인도할 때, 개인적으로 큰 문제가 있는 사람들만 따로 줄서서 기다리다가 나의 기도를 받도록 안내했다. 한 사람씩 기도를 해주는 가운데, 어떨 때는 귀신들을 쫓아낼 것을 성령께서 지시하시곤 한다. 이럴 때는 성령께 순종하여 귀신들이 떠나갈 것을 명령하면 즉각적으로 귀신들이 묶음을 풀고 사라지곤 했다. 귀신들이 떠나갈 때, 어떨 때는

---

222 배본철, 「다스리심」 (서울: 도서출판영성네트워크, 2009), 222-23.

그 자리에 죽은 듯이 쓰러지는 사람들도 있다. 이럴 때면 얼마 후 다가가서 안수하며 기도해주면 다시 깨어 일어나곤 한다. 깨어날 때 방언을 하면서 깨어나는 사람들도 있다.

성령의 나타남

이처럼 귀신을 추방하는 일에 있어서 성령의 나타남을 의지하는 일은 매우 중대하며 또한 그 결과는 엄청나다. 생명이 다시 살아난다. 성령의 나타남에 대해 좀 더 이해하기 위해 성경 고린도전서 12장을 살펴보고자 한다.

> 은사는 여러 가지나 성령은 같고 직분은 여러 가지나 주는 같으며 또 사역은 여러 가지나 모든 것을 모든 사람 가운데서 이루시는 하나님은 같으니 각 사람에게 성령을 나타내심은 유익하게 하려 하심이라(고전 12:4-7).

이 본문에서 핵심 단어는 성령의 "나타남"($\varphi\alpha\nu\epsilon\rho\omega\sigma\iota\varsigma$)이다(7절). 여기서 '성령'도 '나타남'도 모두 단수로 표현되어 있다. 이 말은 성령의 은사를 별도의 은혜로서 받는 것이 아니라, 성령을 모시고 사는 자는 이미 성령의 나타남을 보유하고 있다는 점을 알려주고 있는 것이다. 왜냐하면 이 나타남은 한 성령에게서 나오는 것이기 때문이다. "성령은 같고"(4절), "주는 같으며"(5절), "하나님은 같으니"(6절), 이 밖에도 '같은 성령,' '한 성령'(8,9,11절)이라는 표현이 계속 나오는데, 이 의미는 성령의 나타남이 한 성령께서 하시는 일이라는 것을 강조하는 것이다.

우리는 종종 누구는 병 고침의 은사가 있고 또 누구는 예언의 은사가 있고 또 누구는 귀신을 쫓아내는 은사가 있다는 식으로 말할 때가 있다.

그러나 잊지 말 것은, 이 모든 성령의 나타남의 주체는 내가 아니라 성령이시라는 점이다. 그러면 왜 한 성령께서 각 사람에게 다양하게 나타남을 주시는 것일까? 그것은 성령께서 특정한 상황 속의 특정한 사람을 통하여 교회를 "유익하게"(7절) 하려고 다양하게 나타나시는 것이다.

그러면 교회의 유익이란 무엇일까? 그것은 교회를 굳게 세워나가는 것을 말한다. 즉 성령의 나타남은 전도하여 하나님의 나라를 확장해가고 또 교회의 신앙을 굳게 세우는 일을 하도록 하기 위함이다.[223] 그러므로 개인적인 불순한 욕망을 위해서 성령의 나타남을 사용한다고 하는 것은 그 자체가 마귀적이다. 그것은 이미 성령의 나타남과는 거리가 멀다.

우리는 그 열매를 보아 그 나무를 알 수 있다. 기사와 이적이 어떤 사람을 통해 아무리 나타난다 하더라도, 그 일의 결국이 자신의 사리사욕을 위해서 쓰인다면 그것은 성령의 역사가 아니다. 왜냐하면 성령의 나타남은 오직 교회를 굳게 세우는 일을 위해서 나타나기 때문이다.

그러면 어떤 사람에게는 성령의 나타남이 있고 또 어떤 사람에게는 나타나지 않는 듯이 보이는 것은 왜일까? 그것은 순전히 '교회의 유익'을 위한 동기를 가지고 전도하며 양육하는 자들에게만 나타나는 것이 성령의 나타남이기 때문이다. 이런 능력이 나타나기를 원하는가? 그렇다면 무엇 때문인가? 여러분의 자랑과 즐거움을 위해서인가? 그것은 그릇된 동기이므로 성령의 나타남은 주어지지 않는다.

그렇다면 여러분은 진정 불신 세계에 하나님의 살아 계심을 기적적 능력을 통해 증거하기 원함인가? 그러면 우선 믿고 행하라! 성령의 나타남은 이런 목적을 가지고 일하는 자에게 주님의 뜻하심에 따라 주어질 것이다.

성령의 나타남이란 단순히 "성령의 능력이 초자연적인 또는 초이성적

---

223 Robert Hillman, Coral Chamberlain & Linda Harding, *Healing and Wholeness* (Waynesboro, GA.: Regnum Books International, 2002), 48.

인 방식으로 나타나는 것"[224]을 말한다. 전도 현장과 교회를 굳게 세우는 일에 있어서 특히 성령의 나타남은 초이성적이고 초자연적인 능력으로 임할 때가 많다. 그러면 이제 고린도전서 12장과 기타 성경 본문을 통해 아홉 가지로 열거된 성령의 나타남에 대해 살펴보고자 한다.

> 어떤 사람에게는 성령으로 말미암아 지혜의 말씀을, 어떤 사람에게는 같은 성령을 따라 지식의 말씀을, 다른 사람에게는 같은 성령으로 믿음을, 어떤 사람에게는 한 성령으로 병 고치는 은사를, 어떤 사람에게는 능력 행함을, 어떤 사람에게는 예언함을, 어떤 사람에게는 영들 분별함을, 다른 사람에게는 각종 방언 말함을, 어떤 사람에게는 방언들 통역함을 주시나니(고전 12:8-10).

여기서 필연적으로 전제되는 것은 이 모든 성령의 나타남이 반드시 전도와 교회의 유익을 위해서 기도하거나 행하고 있을 때 주어진다는 것이다. 성령의 나타남은 내가 어떤 능력을 원한다고 해서 나타나는 것이 아니다. 성령의 나타남은 "그 뜻대로"(11절) 즉 성령께서 필요한 상황에 그분의 판단에 의해서 나타내 주시는 것이다. 그러므로 어떤 특정한 은사와 나타남이 나에게 나타났다고 해서 언제까지나 지속되는 것은 아니다. 그것은 교회의 유익을 위해서 내가 이를 활용할 때 그분이 원하시는 방향으로 나타나는 것이기 때문이다.

---

224 배본철, 「52주 성령학교」, 161.

깨달음을 통한 나타남

언급한 바와 같이 귀신 추방에 있어서 성령의 나타남을 잘 드러내는 일은 초자연적인 성령의 능력을 통하여 복음 증거의 결실을 맺게 하고 하나님 나라를 확장하는 중요한 일이다. 나는 귀신 추방과 관련하여 성령의 나타남이 구현되는 방식에 따라 세 가지로 분류해서 살펴보고자 한다. 그 중 첫째로 소개할 것은 깨달음을 통한 성령의 나타남이다.

지혜의 말씀

이 성령의 나타남은 하늘에 속한 지혜로서 경건과 삶에 있어서의 진리가 깨달아질 때를 말한다. 이 나타남은 귀신들에 의해 왜곡되고 가려진 영적 세계의 진리를 확연히 드러내는 매우 중요한 능력이다. 예를 들어, 오순절 날 베드로는 지혜의 말씀에 의한 복음 설교를 통하여 예루살렘에 큰 회개와 구원의 역사를 이루었다(행 2:14-41). 스데반이 지혜와 성령으로 말하는 것을 반대자들이 당할 수 없었다(행 6:10). 사울에게 다메섹 도상에서 말씀하신 성령에 대한 증거(행 26:13-18) 등을 들 수 있다.

성경 연구나 묵상 중이거나 말씀을 전할 때 또는 성도들에게 권면할 때 성령께서 주시는 지혜의 말씀이 잘 나타난다. 하나님의 말씀을 전하는 이들에게는 성령께서 주시는 지혜의 말씀을 받는 일이 필수적이라고 본다. 아무리 머리를 짜내고 미사여구를 동원하여 설교문을 만들었다 할지라도, 그 설교에 성령께서 주시는 지혜의 말씀이 없으면 그 설교는 죽은 설교라고 할 수 있다. 교회에서 상담과 양육을 하는 이들에게도 성령의 인도하심 속에서 지혜의 말씀을 통해 영적인 열매를 거두어야 할 필요가 있다.

지식의 말씀

사역 중에 초이성적으로 어떤 사물이나 환경 또는 사건의 가려진 내막이 깨달아질 때가 있는데 이럴 때 해당하는 나타남이다. 이런 지식의 말씀이 주어질 때는 종종 환상이나 직감적인 영상 또는 지울 수 없는 확신이 동반되곤 한다. 물론 이런 일은 논리적이거나 계산적으로 유추할 수 있는 일이 아니라 초이성적으로 주어지는 성령의 나타남이다.

인간의 지식이나 분별력에는 한계가 있기 때문에, 귀신들은 종종 인간의 유한성을 통하여 영적 사실에 대해 오해시키거나 또는 무지하게 한다. 이런 경우에 성령께서 지식의 말씀을 주시면, 비록 우리의 이성과 상식과 경험을 통해서는 알 수도 없고 또 설명할 수도 없지만, 그 가려진 비밀을 분명히 알 수 있게 된다. 아나니아와 삽비라의 경우가 좋은 예에 속한다(행 5:1-11). 아나니아와 삽비라가 교회 앞에 공개해야 할 물질에 대해 속여 감추고 그중 일부만 가져왔을 때, 사도 베드로에게 다음과 같은 지식의 말씀이 임함으로 그는 그들에게 다음과 같이 책망하였다; "베드로가 이르되 아나니아야 어찌하여 사탄이 네 마음에 가득하여 네가 성령을 속이고 땅 값 얼마를 감추었느냐"(행 5:3). 베드로가 성령으로부터 받은 지식의 말씀을 전했을 때, 이 말을 들은 아나니아와 삽비라는 큰 충격 속에 곧 쓰러져 죽게 되었다.

어느 날 어떤 여성이 교회로 나를 찾아왔다. 전에는 교회를 다닌 적이 있었으나 무슨 일인지 현재는 교회를 다니지 않는다고 했다. 나를 찾아온 이유는 극도의 우울증 속에서 자살에 대한 생각을 많이 하고 있는 가운데, 옆집에 사는 우리 교회 성도가 내게 와서 기도를 받아 보라고 권한 것이었다.

갑작스럽게 찾아온 이 여성에 대해 아는 것이라곤 아무 것도 없었지만, 나는 그 여성과 교회 쉼터에서 마주 앉았다. 그 여성이 울먹이며 자신의 얘기를 시작하는 중에, 내 마음 속에는 그 여성의 내면적인 문제가 어떤 연유로 시작되었는지에 대한 영적 지식이 점점 선명해져갔다.

한 동안 얘기를 듣고 있던 나는 적당한 기회를 봐서 그 여성에게 과거로부터 시작된 문제의 근원을 짚어 주었고, 그 여성은 깜짝 놀라면서 내 얘기에 귀를 기울였다. 설명을 마친 나는 그 여성과 함께 기도를 시작했고, 성령께서는 기도 속에서 그 여성의 내면적 문제의 근원을 내 입을 통해 표현하게 하셨다.

기도를 마치기 전 이 여성은 눈물의 회개 속에서 귀신들로부터 자유함을 받았고, 그 이후 극한 우울증에서 회복된 것은 물론 성실한 크리스천으로서 교회생활을 하게 되었다. 이처럼 성령께서 주시는 지식의 말씀에 의해 순식간에 귀신들이 추방되는 사례들이 많다.

영들 분별함

상대방이나 어떤 사물에 대한 영적 상태를 초자연적 성령의 나타남에 의해 분별하는 것을 말한다. 지식의 말씀과 영들 분별함은 비슷한 양상으로 주어지는데, 지식의 말씀이 전반적인 사건이나 상황에 대한 것이라면, 영들 분별함은 주로 인간의 영적 상태에 대한 조명이라는 점이 서로 구별된다.

우리가 어떤 이의 심령의 유익을 위해서 열심히 기도할 때 종종 그 사람의 영적 상태가 환상이나 상징 또는 예언을 통해 주어지곤 한다. 이런 성령의 나타남을 주실 때, 우리는 보여주신 그 부분을 위해 구체적으로 기도할 수 있게 된다. 베드로는 마술사 시몬의 심령을 다음과 같이 분별하였다; "내가 보니 너는 악독이 가득하며 불의에 매인 바 되었도다"(행 8:23).

어느 교회의 집회에 초청 받았을 때의 일이다. 예배 후에 그 교회 담임목사님께서 여러 명의 성도들을 데리고 내 앞으로 오셨다. 모두 한 사람씩 기도해 주라는 것이었다. 목사님은 옆에 앉아 나의 기도에 마음으로 함께 하고 계셨다. 그들은 전에 한 번도 뵌 적이 없는 분들이었지만 오직 성령을 의지했다. 심지어 나는 그들에게 기도의 제목도 물어보지 않았다. 그러나 내게는 한 분씩 기도해 드리는 일에 있어서 왠지 두려움이 없었다. 왜냐하면 나는 그때 성령께서 그들의 영혼에 대하여 주시는 영감을 느끼고 있었기 때문이었다.

나는 한 분씩 가볍게 그들의 어깨 위에 손을 얹고 기도해 주었는데, 성령께서 각 사람에게 주시는 명확한 성경 말씀들과 마음의 영상들이 있었다. 성령께서 주시는 메시지를 전달하자마자 한 사람 한 사람에게서 회개의 흐느낌이 터져 나왔다. 기도 받은 분 중 한 사람도 빠짐없이 모두들 눈물을 흘리며 기도를 받는 놀라운 시간이었다.

특히 마지막으로 이 목사님이 따로 데려 온 어떤 여성도가 있었다. 굉장히 정숙한 이미지의 여인이었는데, 기도를 받고나서는 큰 소리로 울며 회개했다. 이 여인은 기도 받기 전에 자신의 문제들을 먼저 내게 말하려 했으나, 나는 손을 저어 만류하였다. 그 대신 나는 곧 그 분의 어깨에 가볍게 손을 얹고 기도를 했는데, 이 분은 기도 중에 내 입을 통해서 나오는 메시지를 듣고 매우 놀라며 회개하게 되었던 것이다.[225]

이처럼 영들 분별함의 은사는 인간의 영혼을 다루는 목회자나 선교사나 교사 등 모든 영적 지도자들에게 필수적인 성령의 능력이다. 영들 분별함은 복음을 전할 때에도 죄인들의 구체적인 영적 상태를 파악하기 위해서 꼭 동반되어야 할 복음 증거의 능력인 것이다.

---

[225] 배본철, 「다스리심」, 242-44.

발성을 통한 나타남

성령의 나타남의 두 번째 방식은 발성을 통한 나타남이다. 이 방식의 특징은 성령께서 내면적으로 주시는 감동을 믿음을 가지고 발성으로 옮김을 통해서 성령의 나타남이 주어진다고 하는 점이다. 성령께서 발성을 통해 능력을 나타내실 때 귀신이 추방되는 사례가 많다. 여기에 속한 나타남에는 예언과 각종 방언 말함과 방언들 통역함을 들 수 있다.

예언함

이 예언은 믿는 자들을 위한 것이요 또한 교회의 덕을 세우기 위한 것이다(고전 14:3-4,22). 따라서 성도들은 신령한 것들을 사모하되 특별히 예언을 하려고 할 것이며(고전 14:1), 예언을 멸시해서는 안 된다(살전 5:20). 예언은 누군가를 위해서 기도할 때나 복음을 전할 때 또는 신앙상담 중에 나타날 때가 많다.

사도행전에서 우리는 예언에 대한 다음과 같은 예를 찾아볼 수 있다; 말세에 하나님의 자녀들이 성령을 받아 예언을 말한다(행 2:17). 아가보가 천하가 흉년들 것을 예언했다(행 11:28). 박수 엘루마가 바울의 예언으로 눈이 멀었다(행 13:9-11). 에베소 교인들에게 바울이 안수하니 그들이 성령을 받아 예언을 하였다(행 19:6). 빌립의 네 딸이 예언을 하였다(행 21:9-11). 배안에서 바울이 예언하였다(행 27:22-26).

그런데 오늘날 신유집회, 예언집회, 은사집회 등을 운운하면서 정작은 인간적 욕구와 필요를 채우기 위한 수단으로 거룩하신 하나님의 권위를 욕되게 하는 경우가 허다하다. 이런 집회에 성령의 권능이 임할지 의심할 수밖에 없다. 성령의 은사와 나타남은 교회의 유익과 하나님 나라의 확장을 위해서인데, 과연 기복주의에 만연되어 있는 모임 속에 성령의 주권과 인도하심이 나타날까? 오히려 성령을 가장한 귀신들의 영이 자리 잡고 있는 것이다.

성령의 나타남으로서의 예언은 특히 그 내용의 진위성을 분별하기가 쉽지 않다고 하는 점에서 특히 신중히 행해야 한다. 브루스 요컴(Bruce Yocum)은 말하기를, "예언이 정확하지 못할 수도 있다. 그것은 우리가 받은 메시지에 우리들 자신의 사상이나 관념들이 혼합될 수 있기 때문이다."[226]라고 하였다. 예언을 말할 때 성령께서 직접적으로 감동하신 메시지의 의미와 또 내가 그 메시지를 이해해서 표현하여 전달하는 것 사이에는 큰 차이가 있을 수 있다는 의미다.

성령께서 주시는 예언을 잘 전달하는 일은 영혼의 정결함과 함께 깊이 있는 복음적 분별력을 필요로 한다. 바로 이런 예언의 민감한 점을 악용하는 귀신들의 속임수가 교회 현장 속에는 매우 많다. 그러면 성령의 은사로서의 예언과 귀신들의 거짓 메시지를 분별할 수 있는 길은 무엇인가? 이를 위해 다음과 같은 참된 예언의 목적 세 가지 점을 유의한다면 쉽게 그 진위성(眞僞性)을 가려낼 수 있을 것이다.

(1) 참된 예언은 성경의 정신과 직결된다. 성령께서 주시는 예언은 성령의 인도하심 속에 주어지는 것이므로 당연히 성령께서 감동하셔서 기록된 성경의 정신과 언제나 일치한다. 그러나 마술적인 점괘, 무당적인 예언, 귀신들의 속삭임의 내용들은 성경의 정신과는 서로 대치되는 거짓된 것들이다.

(2) 참된 예언은 복음 증거의 목적에 닿아 있다. 예언이 성령의 나타남으로서 행해질 때 복음이 권세 있게 전달되는 것을 본다. 그러나 개개인의 사리사욕이나 명예욕을 채우기 위해 말하는 예언 현상은 복음 증거와 아무런 관련이 없으므로 거짓 예언이다.

---

226 Bruce Yocum, *Prophecy* (Ann Arbor: Word of Life, 1976), 79.

(3) 참된 예언은 하나님 나라의 확장과 교회의 유익을 위한 것이다. 참된 예언은 언제나 교회를 세우고 위로하며 사랑 안에서 튼튼하게 하는 목적을 지닌다. 그러나 예언 행위 때문에 교회에 파당이 생기고 분열이 일어난다면 그것은 교회의 유익과는 아무런 관련이 없는 귀신이 주는 거짓 예언이다.

각종 방언 말함

성경은 방언이란 성령의 감동으로 인간의 영이 하나님께 기도하는 것이라고 한다(고전 14:2). 즉 인간의 영이 성령의 감동을 따라 기도하게 되는데, 그럴 때 이해할 수 없는 음절이나 반복되는 단어들이 우리의 구강 구조를 통해 소리로 발성된다. 그러므로 방언은 근본적으로 인간이 알아들을 수 있는 일상생활 속에 사용하는 언어가 아니다. 그 대신 그것은 우리 내면속의 은밀한 영적 비밀을 하나님께 말하는 것이고, 이런 점에서 방언의 의미를 인간이 이해할 수 없는 것은 오히려 당연한 일이다.

그러면 누가 방언을 할 수 있을까? 성경의 사건들을 살펴보면 방언을 하게 되는 것은 성령의 충만 체험이나 성령의 감동과 관계있는 것을 볼 수 있다. 회개의 영이 터지거나 또는 성령을 충만히 받을 때 그 벅찬 감동 속에서 입으로 방언이 터져 나오게 되는 것이다. 그리고 단지 일시적인 사건으로만 끝나는 것이 아니고, 한번 방언을 경험하게 되면 그 후에도 성령의 감동이 있을 때마다 방언을 할 수 있게 된다. 크리스천들은 성령을 받은 사람들이기에 성령께서 그들에게 방언의 감동을 주실 때는 당연히 방언을 할 수 있게 된다.

그런데 바로 이 점에 있어서 방언과 관련하여 귀신들의 속임수와 유혹이 크리스천들에게 다가온다. 성령뿐만 아니라 귀신이 주는 방언도 있다고 보는 견해도 있다. 신성종은 "방언의 현상은 기독교만의 독특한 현상은 아니며 다른 종교와 철학에서도 찾아볼 수 있다는 점에서, 모든 방언의 기원을 성령에게 둘 수 없다."[227]고 한다. 왜냐하면 이 방언이 반드시 성령만은 아니고 심리적인 경우나 인위적 조작의 경우나 심지어 사탄적 기원도 있다는 점 때문이라는 것이다.[228]

어떤 크리스천들 사이에는 방언을 하는 자와 못 하는 자 사이에 우열(優劣)의 차를 두는 시각이 있다. 이런 시각의 근원은 두 가지다; 그 하나는 성령세례 받은 가장 뚜렷한 증거가 방언이라고 보는 오순절신학의 교리적 영향 때문일 수 있고,[229] 또 하나는 방언이 매우 중요한 성령의 은사이기 때문에 깊은 영성을 추구하는 크리스천이라면 꼭 방언을 해야 한다는 신념이다. 이러한 두 가지 요인은 성령께서 주시는 방언의 경험을 하지 못한 사람들을 매우 불안스럽게 한다. 심한 경우에는 방언을 못 한다는 것 때문에 심한 노이로제(neurosis)에 걸리기도 한다.

어떤 사람들은 방언을 받게 해 준다고 자기 방언을 따라 하라고 강요를 하거나 '할렐루야'를 반복해서 빠르게 발음하다 보면 방언을 하게 된다고 가르치는데, 이런 행위들은 인위적 조작과 모방에 근거한 것이지 성령의 감동과는 무관한 것이다. 왜냐하면 그런 식으로 방언을 할 수 있다면 그런 발성행위는 성령 받지 못한 안 믿는 사람들에게도 가능한 일이기 때문이다. 방언은 '성령이 말하게 하심을 따라'(as the Spirit enabled them) 하는 것이지 인간의 의도나 학습을 통해 되는 것이 아니기 때문이다.

---

227 신성종, "신약에 나타난 성령론 -특별히 방언 문제를 중심으로-,"〈신학지남〉 48-2(1981): 23.
228 신성종, 38.
229 전통 오순절주의에서는 방언이 성령세례를 받을 때의 표적일 뿐만 아니라, 더욱 최초의 증거로서 나타난다고 강조한다. 미국〈하나님의성회 신조〉제8조에는 '성령세례의 증거'에 대한 항목이 있다. "믿는 자들에게 임하는 성령세례는 하나님의 영이 주시는 대로 다른 방언으로 말하는 최초의 외적 표적(the initial physical sign)에 의하여 증거된다(행 2:4). 이 경우의 방언을 말하는 것은 그 본질에 있어서 은사로서의 방언과 동일하다(고전 12:4-10,28). 그러나 그 목적과 용도에 있어서는 서로 다르다"고 언급되어 있다.〈기독교대한하나님의성회 헌법〉에도, "신자들이 받은 바 성령세례의 증거는 성령이 말하게 하심을 따라 다른 방언으로 말하는 방언이 그 최초의 외적 표적으로 나타난다(행 2:4). 이 방언은 본질상 방언의 은사와 같으나(고전 12:4-10,28), 그 목적과 사용에 있어서는 다르다"고 되어 있다.

귀신들은 이런 인간 심리의 그늘진 영역을 통해 역사한다. 귀신 들린 사람이 자기도 모르는 언어를 귀신이 조종하는 힘에 의해 하게 되는 경우가 있다.[230] 어떨 때는 남들이 하는 방언의 발성을 생각 없이 따라 하게 한다거나, 아니면 아무렇게나 지어낸 의미 없는 소리를 남들 앞에서 발성하도록 유혹한다. 그래서 방언 하는 자로 남들이 알아주기를 바라는 것이다. 그러나 이것이 거짓 방언이라는 것을 자기 자신은 이미 잘 알기 때문에, 그의 양심은 정죄감으로 인해 편하지 않다. 이런 정죄감을 통해 귀신들은 더 깊은 요새를 인간의 영혼 속에 구축해 나갈 수 있다.

그러나 이 모든 것보다도 방언에 대한 귀신들의 가장 견고한 진이 있다. 그것은 매우 합리적으로 설득력을 지니는 이론인데, 즉 방언이 단지 인간의 내면속에서 우러나오는 이상한 소리에 불과하다는 주장이다. 그래서 예를 들어, 우리가 기쁠 때나 또는 슬플 때 웃음소리나 울음소리가 튀어나오듯이, 기도나 찬양 중에 내면의 격한 열정이나 감동으로 인해 튀어나오는 그런 일종의 소리라는 것이다.

다시 말해서, 인간의 내면세계에서 우러나오는 열정과 그걸 소리로 만들어내야 할 구강기능이 그걸 따라가지 못할 경우에 이상한 소리가 나오는데 그것이 방언이라는 것이다. 그러니까 방언이란 더 이상 기독교인들만의 경험도 아니고, 종교인이든 비종교인이든 간에 누구든지 경험할 수 있는 매우 일반적인 현상에 불과하다고 보는 것이다.[231]

이러한 방언에 대한 부정적 견해와 신념은 성경의 방언에 대한 진술과 정면으로 반대되는 매우 해로운 것이다. 이러한 부정론의 배후에는 방언의 영적 유익성을 차단하려고 하는 귀신들의 치밀한 궤계가 있는 것이다.

---

230 John L. Nebius, *Demon Possession and Allied Themes* (Westwood, N.J.: Fleming H. Revell Co., 1968), 58.
231 이러한 방언에 대한 합리주의적 부정론에 대한 비판은 배본철, 「교회사 속에서 찾는 성령론 논제」 (안양: 성결대학교 출판부, 2010), 164을 참조하라.

사실 방언은 우리의 영혼을 강건하게 유지함에 있어서 매우 요긴한 것이다. 방언을 하는 사람들은 말하기를, 방언을 깊이 하다 보면 자기도 모르게 영혼의 시름이나 무거운 짐들이 벗어지고 그 대신 상쾌하고 평안한 영혼을 되찾게 된다고 한다. 이렇게 본다면 요즘 같이 복잡하고 문제 많은 세상을 살아갈 때 여러 가지 스트레스를 이겨냄에 있어서도 방언으로 기도하는 일은 적지 않은 도움이 된다고 할 수 있겠다.

실제로 성경은 방언이 방언 말하는 자의 속사람에 큰 힘을 준다고 말한다. "방언을 말하는 자는 자기의 덕을 세우고 예언하는 자는 교회의 덕을 세우나니"(고전 14:4). 여기서 자기의 덕을 세운다는 말은 자기의 영혼을 강화시킨다는 의미로 해석할 수 있다. 그래서 사도 바울은 "내가 너희 모든 사람보다 방언을 더 말하므로 하나님께 감사하노라"(고전 14:18)고 하였으며, 더 나아가서는 방언 말하기를 금하지 말라고까지 했다.

> 그런즉 내 형제들아 예언하기를 사모하며 방언 말하기를 금하지 말라(고전 14:39).

오순절주의자인 윌리엄스(J. Rodman Williams)는 하나님과의 영적 교제에 있어서 방언의 중요성에 대해서 말한다. 즉 방언은 신자들의 삶에 있어서 놀랍고도 새로운 어떤 것에 대한 하나의 특별한 표적이다. 방언하는 사람들은 그들의 말 속에서 어떤 기적의 증거들을 갖게 된다. 방언하는 자들이 방언을 창제한 것이 아니었다. 도리어 모든 방언의 독특성 속에는 이렇게 방언하는 것이 하나님의 끊임없는 임재하심과 당신의 능력, 그리고 하나님이 특별히 인간사에 간섭하시는 표적으로 남아 있는 것이다.[232] 그리고 방언은 '하나님 나라에 접근하는 능력'으로 제시되기까지

---

[232] J. Rodman Williams, 「오순절 조직신학」, 명성훈 역 (군포: 순신대학교 출판부, 1993), 2:294.

한다. 우리가 현재의 육신 안에 거하는 한, 성령께서 말하게 하심을 따라 하나님께 드리는 말씀인 방언보다 더 직접적인 하나님과의 교통은 있을 수 없다고 강조하였다.[233]

종종 크리스천이 귀신들의 세력과 맞부딪칠 때도 방언은 발성을 통한 성령의 나타남으로서 매우 중요한 역할을 하는 것을 경험한다. 예를 들어, 크리스천이 꿈속에서 귀신들의 공격을 느끼면서 저항할 때 방언을 말할 때가 종종 있다. 그런가 하면 중보기도나 대적기도 등의 기도 유형에 있어서도 방언에 대한 감동이 많이 일어날 때가 있다. 그러나 무엇보다도 방언의 가장 신비스러운 면이 있다. 그것은 인간의 잠재의식 속에 귀신들의 영향을 받던 영역들이 성령에 의해 충만하게 다스림을 받게 될 때 방언을 돌발적으로 말하게 될 때가 많다는 점이다.[234]

방언들 통역함

방언들 통역함은 소리로서 표현된 성령의 메시지인 방언이 마음에도 열매 맺도록, 즉 현재의식이 깨달을 수 있도록 해석되어 발성되는 성령의 나타남이다. 방언 통역은 방언하는 자가 교회의 덕을 세우기 위하여 사용되는 것이다.

> 나는 너희가 다 방언 말하기를 원하나 특별히 예언하기를 원하노라 만일 방언을 말하는 자가 통역하여 교회의 덕을 세우지 아니하면 예언하는 자만 못하니라(고전 14:5).

---

233 Williams, 2:306.
234 성령의 능력으로 인해 돌발적으로 방언을 말하게 되는 사례들에 대해서는 필자의 「다스리심」, 54, 222, 224, 280-81을 참조하라.

교회의 덕을 세운다는 말은 내가 말하는 성령의 은사가 나에게서만 그치지 않고 교회 공동체에 유익을 준다는 말이다. 적절하게 방언 통역이 교회에 나타날 경우, 성령께서는 교회 내에 귀신들에 의해 기만과 억압을 당하고 있던 영역들을 복음의 진리 앞에 드러나게 할 수 있다. 그리고 교회와 성도들의 경건을 위로하고 소망을 주는 메시지를 힘있게 전달할 수 있게 된다.

방언하는 자가 통역하기를 위해 기도해야 할 이유는 교회에 덕을 세우기 위해서이다. 그러므로 통역을 해도 되고 안 해도 되는 것이 아니라 통역을 하기 위해 기도하라고 했다(고전 14:3). 방언의 기도는 우리의 영의 기도이지만, 통역을 하게 되면 우리의 마음에도 그 뜻이 깨달아지므로 하나님의 뜻을 깊이 이해할 수 있는 열매가 주어진다.

> 내가 만일 방언으로 기도하면 나의 영이 기도하거니와 나의 마음은 열매를 맺지 못하리라(고전 14:14).

현실적으로 방언 통역을 경험할 수 있는 방법은 무엇일까? 첫째, 그것은 우선 기도와 찬송하는 가운데 감동을 따라 방언을 하는 것이다. 그러면 방언과 함께 우리의 영으로 기도하며 찬송하는 상태가 된다. 물론 이럴 때 우리의 마음에는 의미가 전달되지 않는다. 둘째, 이렇게 방언을 하다 보면 마음속에 감동으로 주어지는 생각이나 느낌들이 있다. 이런 마음의 감동은 우리가 일반적인 언어로 표현할 수 있다. 셋째, 이런 방언의 기도와 마음에 깨달아지는 일반 언어의 기도를 번갈아 가면서 하다 보면, 전에는 방언의 기도를 할 때 아무런 의미가 깨달아지지 않던 일이 이제는 방언을 하는 동시에 마음에 깨달음이 주어지게 되곤 한다. 이처럼 그 마음의 감동이 우리의 발성 기관을 통해 일반 언어로 표현될 때 그것을 방언 통역이라 한다.

> 그러면 어떻게 할까 내가 영으로 기도하고 또 마음으로 기도하며 내가 영으로 찬송하고 또 마음으로 찬송하리라(고전 14:15).

방언 통역에 대해 가장 오해가 많은 부분은 방언 통역이 마치 우리가 외국어를 배워서 하는 그런 통역으로 생각하는 경향이다. 그러나 방언 통역은 어휘의 뜻을 알아내거나 말의 해석을 통해서 통역하는 방식이 아니라 직감을 통해 전달되는 초이성적인 은사이다. "여기서 통역(interpretation)이라는 말은 방언에 대한 단어적 해석이라기보다는 그 의미에 대한 해석이라고 봄이 좋을 것이다. 그러므로 방언 통역은 방언하는 시간의 길이하고 다를 수도 있음은 당연하다."[235]

그러므로 방언이 길다고 해서 반드시 통역도 길어지는 것은 아니다. 반대로 방언이 짧게 나왔다고 해서 통역도 반드시 짧은 것은 아니다. 방언의 어구나 음절 그리고 단어의 뜻을 해석해서 통역을 하게 되는 것이 아니라, 방언의 표현이 길든 짧든 그것에 관계없이, 통역은 자기나 또는 남이 방언하는 동안 나름대로 자기 마음에 깨달음을 주시는 성령의 감동을 입으로 표현한 것이다.

영적 은사 사용의 최고의 덕은 질서를 따라 행하는 일이다. "모든 것을 덕을 세우기 위하여 하라"(14:26)는 말씀은 모여서 예배하거나 기도할 때 덕을 세우기 위해 질서를 잘 따라 행할 필요가 있다는 것이다. 무조건 내게 감동이 생겼다고 해서 나의 발성 기관을 통해 사람들 앞에 방언하고 통역한다면 교회의 질서가 흐트러진다는 것이다. 아무 때나 함부로 방언을 말하는 것은 교회에 별 유익이 없다. 오히려 교회에 파당과 분열을 가져올 수 있는 위험요소가 된다. 믿지 않는 자들이 볼 때도 "미쳤다"(고전

---

[235] Guy P. Duffield & Nathaniel M. Van Cleave, *Foundations of Pentecostal Theology* (San Dimas, California: L.I.F.E. Bible College, 1987), 339.

12:23) 할 뿐이다.

일반적으로 우리의 예배 가운데 방언 통역의 은사는 설교자를 통해 나타나곤 한다. 기도회라고 하면 기도회 인도자에게 영적인 질서의 비중이 실리곤 한다. 물론 기도회에 따라서 이런 은사들이 여러 사람들에게서 표현될 경우도 있다.

그러나 일반적으로 성령의 발성의 나타남인 방언, 방언 통역 그리고 예언은 여러 사람들이 모인 자리에서는 질서 있게 진행되어야 한다. 아니면 모임이 여러 사람들이 함께 말함으로 어지러워질 수 있기 때문이다. 그러므로 설교자가 설교를 위해 준비하는 동안 방언으로 기도할 때 통역이 주어지면, 그는 방언 통역을 통해 주어지는 성령의 인도하심을 잘 기억하거나 메모하여 설교문에 반영할 필요가 있다.

모임 가운데서 누군가가 성령의 감동으로 방언을 말하게 되면, 옆 사람들은 잠시 기다렸다가 그 사람의 방언이 끝나고 난 후 성령의 감동이 있을 때 방언을 말하는 것이 교회의 영적 질서에 맞다(고전 14:27). 이럴 때 누군가에게 통역의 감동이 있으면 통역하면 된다. 그리고 만일 통역하는 자가 없으면 "교회에서는 잠잠하고 자기와 하나님께 말할 것"(고전 14:28)이라는 말씀은 교회의 유익을 위한 통역이 안 나타날 때는 예배 때나 기도회 가운데서 방언을 공개적으로 말할 필요는 없다는 뜻이다. 교회당에서 절대 방언하지 말라는 그런 의미가 아니다. 교회당에서도 자기와 하나님께 말하기 위해 방언은 필요하기 때문이다.

믿음의 행위를 통한 나타남

믿음의 행위를 통한 성령의 나타남이란 성령의 내면적인 감동이 일어날 때, 이에 대한 믿음을 행동으로 옮길 때 성령의 능력이 나타나는 경우를 말한다. 마치 아무리 내면적 감동이 있어도 발성으로 옮기지 않으면 성령께서 주시는 발성의 나타남이 표현되지 않듯이, 믿음의 행위를 통해서만 성령의 나타남이 확인되는 차원이 바로 이것이다. 귀신 추방 사역에 있어서도 성령께서 주시는 믿음의 행위를 통한 나타남은 매우 중요한 영역을 차지하고 있다. 고린도전서 12장에서 이러한 예는 믿음, 병 고치는 은사 그리고 능력 행함을 들고 있다.

믿음

믿음의 행위를 통한 성령의 나타남에 있어서 먼저 소개할 것은 믿음이다. 여기서 말하는 믿음이란 일반적인 믿음을 말하는 것이 아니라, 특별히 하나님 나라의 확장과 교회의 유익을 위해 성령의 은사를 나타내시려고 성령께서 주시는 초이성적 또는 초자연적인 믿음을 말한다.

사도행전 3장에 보면 베드로와 요한이 나면서부터 걷지 못하던 이를 걷게 한 기적이 있다. 날마다 사도들이 성전에 기도하러 올라가곤 했는데, 그때마다 걷지 못하는 그 사람이 구걸을 하며 앉아있는 것을 보았다. 그런데 어느 날 갑자기 성령께서 베드로와 요한에게 이 믿음의 은사를 주셨다. 그래서 그들은 성령의 감동을 따라 믿음으로 행동에 옮겼다. 단호하게 그를 잡아 일으키면서 주 예수 그리스도의 이름으로 걸을 것을 명령했다.

그 사람은 발과 발목에 곧 힘을 얻고 걷기고 뛰기도 하면서 하나님을 찬송하게 되었다. 이 기적으로 인해 이 사실을 안 모든 백성들이 놀라며 하나님께 영광을 돌렸다(행 3:6-10). 바울이 루스드라에서 걷지 못 하던 사람을 걷게 한 것도 역시 이 믿음의 은사였다(행 14:10).

한 가지 주의할 점은 일반적인 믿음과 성령께서 주시는 특별한 믿음을 구별해야 한다는 점이다. "모든 믿음이 본질상 같긴 하지만, 특별한 믿음의 은사는 일반 믿음과는 그 정도와 적용점에 있어서 구별된다."[236] 일반적인 믿음은 하나님의 말씀의 진리에 근거한 보편적 크리스천의 삶에 필요한 은총의 수단이다. 그런데 성령의 나타남으로서의 믿음은 다르다.

한 예를 든다. 오래 전에 세 명의 자매들이 산 속의 기도원으로 기도하러 갔다. 기도원에서 은혜 받고 내려오는 길은 뛸 듯이 기뻤다. 그런데 마침 때는 장마 때였고, 큰 비로 인해 물이 불어난 계곡은 매우 위험해 보였다. 올라올 때 건너왔던 징검다리도 이미 물에 잠겨 있었다.

계곡을 건너기 위해 잠시 망설이던 중 한 자매가 믿고 기도하자고 했다. 세 자매는 함께 통성으로 기도하고 난 후, 베드로가 바다 위를 걸었듯이 믿음으로 이 계곡을 건너게 될 것이라고 이구동성으로 외쳤다. 마침내 물속을 헤치며 계곡을 가로지르던 중, 안타깝게도 이 세 자매는 거센 물살에 휘말려 떠내려가 모두가 실종되고 말았다.

성령의 나타남으로서의 믿음은 이런 믿음과는 다른 특별한 믿음이다; 첫째, 이 나타남은 복음 증거와 하나님 나라 확장을 위한 직접적인 목적 속에 주어진다. 일반적인 삶 속에 아무 때나 적용할 수 있는 믿음과는 전혀 다르다. 둘째, 그것은 성령의 인도하심 속에 직관적으로 주어지는 믿음이다. 우리의 여러 가지 필요나 부족한 점을 놓고 믿음으로 기도해서 응답 받는 그런 성격이 아니라, 성령께서 당신의 뜻 가운데서 먼저 동기를 직관적으로 부여하시는 능력이다.

병 고치는 은사

믿음의 행위를 통한 성령의 나타남의 또 하나는 병 고치는 은사다. 병 고치는 은사는 믿음의 은사 그리고 능력 행함의 은사와 유사하지만 특히

---

[236] Duffield & Cleave, 332.

질병을 치유하는 일에 국한된다. 예를 들어, 죽은 자를 살리는 일이나 자연계에 나타나는 표적은 능력 행함에 관계되며, 나면서부터 걷지 못하던 자를 일으키는 경우는 믿음에 관계된다.

사도 베드로가 중풍병으로 8년 동안이나 누워있던 애니아를 낫게 한 경우라든가(행 9:33-35), 바울이 멜리데 섬에서 열병과 이질에 걸린 보블리오의 부친을 기도하여 낫게 한 경우(행 28:8-9) 등은 모두 병 고치는 은사에 해당된다.

그런데 모든 크리스천들이 하나님의 뜻을 따라 믿음으로 기도해서 병 고침을 받을 수 있다면 병 고치는 은사가 특별히 다른 점은 무엇인가? 약간의 차이점이 있다. 그것은 마치 모든 크리스천들이 복음을 전할 의무가 있지만 특별히 전도의 은사가 활발하게 나타나는 사람이 따로 있는 것과도 마찬가지라고 본다. 병 낫기를 위한 기도는 어떤 크리스천이라도 할 수 있으며 또 그 기도의 응답이 있다. 그러나 특별히 병든 자들에 대한 뜨거운 사랑을 가지고 기도하여 "더 자주 그리고 더 완전하게"[237] 질병을 치유하는 사례가 많은 사람이 있다.

이런 이들은 특별히 병 고치는 은사가 많이 나타나는 사람이라고 부르게 된다. 교회 목회자가 이런 은사를 지닌 사람을 치유 사역에 헌신하도록 권면하는 일은 지혜로운 일이 될 것이다. 그리고 이러한 병 고치는 은사는 단지 육체적 치유만이 아니라 필연적으로 정서적 치유 그리고 더 나아가서는 귀신들의 억압으로부터 인간의 몸과 영혼을 해방시키는 일까지 연결될 것이다.

한 가지 주의할 점이 있다. 어떤 이들은 주님의 도구로서 신유의 능력을 전하다가, 자기에게는 이미 병 고침의 은사가 임했으므로 자기가 원하

---

[237] Wayne Grudem, *Systematic Theology* (Norton Street, Nottingham: Inter-Varsity Press, 2011), 1067.

는 사람들에게는 얼마든지 병 고침이 나타나게 할 수 있다고 자신을 믿는 이들도 있다. 그러나 이러한 자기 믿음은 자신도 속이고 또 남도 기만하는 안타까운 결과를 곧 초래하게 된다.[238] 그러므로 개인적인 경건이나 능력으로 병을 치유시키는 것이 아니라, '나는 전적으로 무능한 자이기에 오직 주님이 원하실 때 사용하시는 통로에 불과하다'는 깨달음이 전적으로 필요하다.

능력 행함

믿음의 행위를 통한 성령의 나타남의 마지막은 능력 행함이다. 능력 행함은 복음을 전하는 자가 믿음의 행위를 통해 성령의 능력으로 일반적인 자연의 질서를 초월하는 기적을 나타내는 것을 말한다. 귀신을 추방하는 사역은 이 범주에서 설명될 수도 있지만, 그러나 귀신 추방의 다양한 양상을 생각할 때 반드시 능력 행함의 영역 속에 국한시키기는 곤란하다.

예루살렘 교회에는 사도들로 인해 기사와 표적이 많이 나타났다(행 2:43; 5:12). 사도들과 성도들은 복음이 힘있게 전파되도록 기사와 표적이 나타나게 해달라고 하나님께 간구했다(행 4:30). 스데반이 큰 기사와 표적을 행했다(행 6:8). 사마리아 성에서 빌립 집사도 큰 능력을 나타냈다(행 8:12-13). 베드로가 죽은 다비다를 살렸다(행 9:36-37,40). 바울과 바나바는 이고니온에서 큰 표적과 기사를 행함으로 전도하였다(행 14:3). 바울이 능력으로 점하는 귀신을 쫓아내었다(행 16:18). 하나님께서 바울의 손으로 희한한 능력을 행하게 하셨다(행 19:11-12). 바울은 말씀 듣다 떨어져 죽은 유드고를 살렸다(행 20:10-12). 멜리데 섬에서 바울은 독사에게 물렸어도 해를 받지 않았다(행 28:3-6).

---

238 배본철, 「21세기 예수부흥: 52주 영성훈련집」 (서울: 은성, 1998), 101-2.

사도 바울은 "내 말과 내 전도함이 설득력 있는 지혜의 말로 하지 아니하고 다만 성령의 나타나심과 능력으로 하여 너희 믿음이 사람의 지혜에 있지 아니하고 다만 하나님의 능력에 있게 하려 하였노라"(고전 2:4-5)고 하였다. 다시 말해서, 성령의 능력과 나타남은 특별히 복음을 전파하는 곳에서 불신 영혼들의 세계 앞에 하나님의 살아 계심을 증거 하기 위한 목적으로 성령께서 나타내시는 것이다. 바로 이 점이 성경에 나타난 모든 성령의 나타남에 의한 기적 사건들이 공통적으로 목표하고 있는 핵심이다.

이런 성령의 능력이 삶 속에 나타나기를 원하는가? 그렇다면 그 소원은 무엇 때문인가? 혹 자랑과 즐거움을 위해서인가? 그것은 그릇된 동기이므로 성령의 나타남은 주어지지 않을 것이다. 만일 그릇된 동기를 가지고 계속 초자연적 능력을 구한다면, 귀신들은 그러한 그릇된 동기에 유혹을 일으켜 성령의 능력 대신 마귀적 능력을 부여할 수도 있을 것이다.

그런 동기가 아니라면 진정 예수님을 모르는 이들에게 하나님의 살아계심을 기적적 능력을 통해 증거하기 원하는가? 또한 주님이 주신 능력으로 교회를 위해 힘껏 헌신하기 원하는가? 그러면 우선 능력을 주실 줄 믿고 기대하면서 성실히 행하라! 성령의 나타남은 이런 목적을 가지고 일하는 자에게 하나님의 필요에 따라 하나님이 원하시는 양상으로 나타날 것이다.

제8장
귀신들에 대한 궁극적 승리

복음적 세계관의 확립

이원론의 문제

현대 기독교 내에도 잘못된 귀신론의 영향을 받고 있는 교회나 신자들이 많다는 사실은 매우 안타까운 일이다. 어떤 목회자들은 성도들에게서 귀신만 쫓으면 그 어떠한 질병이나 어려움에서도 벗어날 수 있다고 가르치곤 한다. 이러한 신념은 편협한 기복주의(祈福主義)와 샤머니즘(Shamanism)적 사고로부터 나온 것이다. 그리고 이러한 신념이 신자의 의식 속에 젖어들 때 결국 비성경적인 이원론적 세계관을 만들어낸다.

'이원론'(dualism)이라는 말은 서로 대치하는 두 신들이나 두 원리로 나뉜 세계관을 말하는 것으로서, 문화나 종교 영역뿐 아니라 인간의 제반 삶과 세계 현상의 질서에 관여하고 있는 것으로 본다. 이원론은 극단적 이원론과 온건한 이원론으로 나눌 수 있는데, 극단적 이원론이 영존적 두 원리의 대립을 말한다면, 온건한 이원론은 근본 일자(一者)의 절대성에 다른 한 원리나 신이 굴복한다고 보는 체계다.[239] 예를 들어, 조로아스터교(Zoroastrianism)나 마니교(Manichaeism)의 투쟁적 이원론은 플라톤주의(Platonism)의 세계관과는 같은 이원론이면서도 대조를 보인다.

---

239 Mircea Eliade, *The Eliade Guide to World Religions* (New York, NY: Harper Collins Publishers, 1991), 95.

이원론적 세계관은 성경에 계시된 복음적 세계관하고는 매우 다른 것으로서, 고대교회와 중세시대에는 귀신론이 물활론(animism)적으로 또는 이원론적으로 해석되는 경향이 짙었다. 그러므로 당시에 있어서 성경에서 말하는 복음적 세계관에 입각한 귀신론을 표명한다는 것은 거의 불가능한 일이었다.

로마인들은 원래 비인격적인 정령(精靈) 신앙을 갖고 있었다. 이들 정령은 선악(善惡)과는 무관한 초도덕적인 존재이며 인간과 특별히 가까운 관계라고는 생각되지 않았다. 다만 그것을 어떻게 다루느냐에 따라서 인간에게 도움도 되고 해도 되는 그런 존재였다고 믿었다. 그들은 사람마다 수호신(守護神)을 지니고 있다고 믿었는데, 이들 수호신은 가족이나 가문의 남자에게만 깃드는 것으로 그 인간의 정신적인 분신(分身) 같은 것이라고 생각했다.

고대교회로부터 중세교회 세계관 형성에 중요한 바탕이었던 플라톤(Platon)의 사상 가운데는 이원적 세계(dual world), 즉 이데아(Idea)의 세계와 현상의 세계의 관념이 뚜렷이 나타나고 있다. 그래서 이데아의 세계만이 선의 세계이고, 이데아와 선의 세계의 정점(頂點)이 곧 신이라고 보았다. 그러나 플라톤의 사상 속에서 근본적인 악의 실체는 인정되지 않는다. 다시 말하자면, 악은 물질적인 것에 대한 참여이며, 비존재 곧 독립적인 존재의 힘을 가지지 않은 것에 대한 참여다.

악의 근본적인 실체를 인정하지 않는 점에 있어서는 어거스틴(Augustine) 역시 말하기를, "죄란 악한 존재를 따르는 것이 아니고 좀 더 나은 것을 버리는 것(desertion)"[240]이라 했다. 토마스 아퀴나스(Thomas Aquinas)도 역시 말하기를, "어떤 이들은 선한 신과 악한 신의 최고 지배

---

240 Augustine, "Nature of Good, Against the Manichaens," *The Nicene and Post-Nicene Fathers* (Grand Rapids, Michigan: Wm. B. Eerdmans Publishing Company, 1983), first series, 4:358.

자가 있다고 말하는데, 바로 이 점으로부터 고대의 여러 잘못된 교리가 솟아나는 것이다."[241]라고 하였다.

이에 비해 페르시아의 조로아스터교(Zoroastrianism)는 영원 전부터 선과 악이 공존해오고 있다고 가르쳤다. "전 세계의 모든 종교 사이에서 조로아스터교가 애당초 구별될 만한 특징은 선신과 악신이 서로 투쟁한다고 하는 근본적인 우주적 이원론의 교리이다. 이 두 가지 상반되는 우주적 세력은 영원 전부터 동등하였고, 세상 끝날까지 상호 간에 견제하기를 계속하게 된다는 것이다."[242] 이러한 세계관은 중국의 음양(陰陽) 사상에 나타난 이원론과 비교해 볼 때 본질적으로 대립적 구도의 이원론에 속하는 것이다.

영지주의(Gnosticism)는 근본적으로 조로아스터교 이원론의 영향을 받았다. 그래서 세계를 빛의 세계와 어둠의 세계로 나누어 생각하였다. 빛의 세계는 선한 정신의 세계요, 어둠의 세계는 악한 물질의 세계라고 했다. 영지주의는 죄악이 모든 물질성 속에 내재하고 있다고 보았다.

말시온(Marcion)에게 있어서 구약의 신은 세계의 창조주였고, 그는 또한 자기 백성인 이스라엘 민족만을 돌보는 공의의 신이었으며, 율법으로 자기 백성을 혹사한 신이었다. 그리고 선한 신 또는 최고의 신은 복음을 가져온 그리스도가 계시하신 긍휼의 신을 의미했다. 말시온은 신자의 죄악, 그리고 고난의 문제를 궁구하다가 이원론, 곧 이 세상의 신과 예수가 보이신 자비의 신을 대조시키게 되었다.

마니교(Manichaeism) 역시 조로아스터교에서 많은 영향을 받아 근본적으로 투쟁적인 이원론 체계의 특징을 지니고 있다. 마니교에서는 죄악으로 가득한 이 세상은 절대로 선한 신에 의해 창조된 것이 아니라고 주장

---

241 Thomas Aquinas, *St. Thomas Aquinas: Philosophical Texts*, tr. Thomas Gilby (London: Oxford University Press, 1951), 171.
242 Robert Ernest Hume, *The World's Living Religions* (New York: Scribner's, 1947), 203-4.

했다. 선한 신은 영계를 창조했으며, 악한 신은 물질적 세계를 창조했다.

> 이 두 가지 원리는 영구적인 갈등 속에 있다. 실제적 세상에 있어서 이들은 혼합되어 있다. 인간의 조직 속으로 이 두 가지 원리가 모두 개입되었다. 그러므로 인간은 빛의 왕국으로부터 부여받은 영을 소유하고 있으며, 또한 어둠의 왕국으로부터 부여 받은 신체와 함께 동물적 혼을 소유하고 있다. 이처럼 죄란 하나의 물질적 악(physical evil)이다.[243]

그러므로 모든 인간은 이 두 가지 빛과 어둠의 세력들 사이에서 갈등을 겪는다는 것이다. 어거스틴은 한때 마니교의 이원론적 사상에 깊이 심취한 적이 있었다. 그가 기독교로 회심한 이후 388년에서부터 404년에 이르기까지 마니교 반박에 있어서 일곱 편의 논문을 저술할 정도로 최고의 권위자가 되었다.[244] 그러나 그의 사상 속에 마니교도로서 받았던 신념의 잔재가 전혀 없는가에 대한 질문은 의심의 여지가 있다. 왜냐하면 적어도 어거스틴의 저술들에서 볼 수 있는 숙명론적 구원관이라든가 이중예정의 관점은 어거스틴을 거쳐 중세에 이르기까지 어느 정도 비관적인 인간관과 함께 이중적 세계관이 형성되는데 있어서 중요한 요인이 될 수 있었기 때문이다.

일반적으로 볼 때 고대교회와 중세교회의 세계관은 물질과 정신을 대비하는 이원론적 신념에서 완전히 자유롭지는 못했다. 복음적 세계관은 분명히 사랑의 하나님 안에서의 통일된 관점의 영적 세계를 제시하고 있

---

243 Charles Hodge, *Systematic Theology* (Grand Rapids, Michigan: Wm. B. Eerdmans Publishing Co., 1975), 2:132.
244 마니교를 대항한 어거스틴의 반박문 일곱 편의 제목과 저술 연대는 다음과 같다: *On the Morals of the Catholic Church* (388), *On the Morals Manichaeans* (388), *On Two Souls, Against the Manichaeans* (391), *Acts of Disputation Against Fortunatus the Manichaeans* (392), *Against the Epistle of Manichaeus Called Fundamental* (397), *Reply to Faustus the Manichaean* (400), *Concerning the Nature of Good, Against the Manichaeans* (404)

다. 그럼에도 불구하고 중세 이전뿐 아니라 현대교회에도 영속적 대립 관계로서의 이원론적 귀신론이 많이 전파되고 있는 실정이다. 현대교회에 있어서도 선한 세계와 악한 세계의 투쟁, 하나님과 마귀의 대립을 전제하는 "현 시대의 '영적 전쟁'의 개념은 심각한 신학적 오류로서 이원론의 위험성에 근접한 것이다."[245] 이러한 이원론적 세계의 숨 막히는 긴장과 불안감 속에서 신자는 영혼의 평강도 하나님께 대한 감사도 점차 잃어버리게 된다.

물론 귀신들이 질병과 시련을 가져다 줄 수는 있다. 그러나 사랑의 하나님 안에서 살고 있는 신자들에게는 이미 시련이나 질병도 이원론적인 어두움과 악에 속한 세계가 아닌 것이다. 이 모든 것은 하나님의 주권과 영광을 고백하는 신자들의 입술에서 당연히 '하나님의 선한 도구'로서 인정되어진다. 그러므로 귀신만 쫓으면 문제가 해결될 것이라고 믿는 신념은 하나님의 뜻과는 관계없는 비성경적이고도 이기적인 발상에서 나온 것이다.

세계관적 대립

복음적 귀신론의 내용은 중세시대에 이원론적 세계관에 의해 왜곡되어졌을 뿐 아니라, 종교개혁 이후 17세기부터 고개를 든 합리주의와 계몽주의의 영향에 의해서도 질식되어졌다. 그 중에서도 대다수의 진보주의자들은 기독교 역사관을 계몽주의적 진보사상과 일치시키려 노력하였다.

진보주의 또는 계몽주의의 주체(主體)는 인간이다. 이는 중세 기독교에 대한 하나의 반동(反動)으로서, 절대적인 하나님의 주권으로부터 인간

---

245 Robert Hillman, Coral Chamberlain & Linda Harding, *Healing and Wholeness* (Waynesboro, GA.: Regnum Books International, 2002), 79.

으로 그 권위가 이양된 것이라 볼 수 있다. 그리고 역사 진전의 수단이 되는 것은 중세시대에는 하나님의 섭리라고 보았지만, 이제는 인간 이성의 힘이라고 보게 되었다.

그리고 19세기의 토마스 아놀드(Thomas Arnold)는 기독교 역사관에 역사주의적 세계관을 포함시키려 하였다. 역사주의의 주체는 당 시대의 사회이다. 여기서 사회주의가 태동되게 된다. 역사주의에서도 역시 인간의 이성을 역사 진전의 수단으로 본다. 그러나 역사주의는 진보주의처럼 직선사관의 성격을 지닌 것이 아니고, 오직 당 시대의 사건성과 사실만이 강조되고 있는 점이 뚜렷하게 구별된다. 즉 각 시대의 성격은 그 시대의 상황과 문화에 맞춰서 나름대로 인정해 주어야 할 것이라는 것이다.

이러한 이성 중심의 세계 인식 속에서는 귀신론의 자리가 여지없이 침탈당하고 만다. 귀신론은 합리적으로 설명할 수도 없고 또 계몽주의적 사고가 유행하던 시대에서는 냉소의 대상이 될 수밖에 없었다. 18세기에 이르러 성서의 비합리적인 내용의 신비를 벗겨내는 식의 분석은 특히 개신교 내의 자유주의 신학자들 사이에서는 당연한 일로 되어 있었다.

마침내 이러한 자유주의 신학에 의해 귀신론은 기독교 신학 내에서 완전히 자리를 잃게 된다. 더 나아가 19세기 이후에는 심리학적, 정신분석학, 사회심리학적 관점에서 영적인 주제들을 조명해 감에 따라, 복음에서 말하는 귀신의 정체와 활동에 대해서는 전혀 언급되지 않거나 아니면 심하게 왜곡하여 다루게 되었다.

현대적 상황이 이런 점을 고려해 볼 때 복음적 귀신론에 대한 세계관적 방해 세력은 실로 엄청나다고 본다. 고대로부터의 물활론적 정신세계, 투쟁적 이원론의 세계관, 합리주의, 자유주의 신학, 그리고 현대의 심리학과 정신분석학의 연구 결과에 의존하는 세계관 등이 더욱 거세지는 조류를 형성하며 세계인들의 신념과 의식의 세계를 조종하고 있다. 이런 의식 세계를 가지고는 절대로 귀신들의 존재와 활동을 올바르게 인식할 수 없다. 오히려 이러한 무지를 틈타 귀신들은 자유롭게 인간 세계를 힘있게 장악해 가고 있다.

복음적 세계관

이렇게 본다면 결국 중요한 것은 세계관의 문제다. 다시 말해서 귀신들의 세력에 대한 궁극적인 승리는 복음적인 세계관으로 무장함에 있다는 말이다. 크리스천들이 올바른 복음적 세계관으로 무장해야만 귀신들의 궤계를 분별하고 또 영적 승리의 행진을 할 수 있는 것이다. 성경에 계시된 복음적인 역사관은 세속적인 역사관과는 뚜렷이 구별되는데, 그 중요한 특색을 들면 다음과 같은 세 가지를 들 수 있다.

(1) 하나님께서 직접 역사에 관여하신다; 고대 그리스인들은 역사를 순환적으로 이해하였다. 그러므로 그리스인에게 있어서 시간이란 항구적인 재현과 끝없는 순환이요, 역사란 완성이 없으며 영원히 재현하며 다시 되돌아오는 것이었다. 그러나 히브리인들의 역사관은 이와는 대조적이었다. 히브리인들은 역사 전반에 대한 투철한 인식을 가진 민족으로서, 역사는 창조, 에덴동산, 인간의 타락과 함께 시작되었으며, 또한 이는 모든 인류를 포함하는 것이었다. 히브리인들의 역사관은 자연스럽게 기독교 역사관에 반영되었으며, 이후 서구정신사(西歐精神史)에 있어서 '하나님의 개입'이라는 동기는 초대교회로부터 중세교회 시대를 거쳐 흐르던 하나의 역사관의 대전제였다.

그러나 17, 8세기 진보주의, 즉 계몽주의 이후의 철학사(哲學史)에 있어서는 역사의 주체가 하나님으로부터 인간으로 뒤바뀌는 것을 보게 된다. 이것은 중세 이전까지의 하나님의 주권 일변도로 역사의 주체로 보던 것에 식상(食傷)한 인본주의적 경향의 학자들이 문예부흥(Renaissance) 이후 역사의 반응체로서 하나님 대신 인간을 부각시킨 데 기인한 것이다.

그러나 복음주의자들은 전통적인 기독교 역사관에 굳게 서서 하나님께서 역사의 주체가 되심을 변함없이 고백하고 있다. 역사의 창조자이신 하나님을 고백하는 복음적 세계관 속에는 선한 신과 악한 신이 서로 투쟁하는 이원론적 세계관은 들어설 여지가 없다. 왜냐하면 마귀와 귀신들조차도 하나님의 주권에 종속되기 때문이다.

우리는 귀신들과 승패를 놓고 투쟁하는 것이 아니다. 오히려 우리는 예수 그리스도의 다 이루신 승리를 귀신들 앞에 대적하며 선포하는 것이다. 귀신들은 정해진 기간 동안 하나님께 반역하며 불순종하고 있지만 그러나 하나님의 창조 섭리를 벗어나지 못하는 존재들이다.

> 그런즉 너희는 하나님께 복종할지어다 마귀를 대적하라 그리하면 너희를 피하리라(약 4:7).

(2) 하나님은 역사를 직선적으로 이끄신다; 이는 일종의 히브리적 세계관을 대표하는 것으로서, 순환사관과는 완전히 대조되는 직선사관이다. 순환사관은 20세기 아놀드 토인비(Arnold Toynbee)의 「역사의 연구」에 나타난 대로 역사상 21개 문명의 생성, 발전, 쇠퇴, 그리고 몰락의 순환적 과정을 말한 것을 그 대표적 예로 들 수 있는데, 이 같은 사관 속에는 하나님 통치의 역사관을 받아들일 만한 공백이 있을 수 없다.

그러나 직선사관은 역사 속에 하나님의 섭리와 인도하심이 진행된다는 세계관을 제시해 준다. 귀신들이 시련과 질병을 가져와 우리를 고통스럽게 할 수는 있다. 그러나 무슨 일에도 하나님께 감사할 수 있고(살전 5:18) 또 믿음 안에서 감당치 못할 시험은 없다는 하나님의 섭리에는 변함이 없다(고전 10:13). 귀신들은 우리에게 연약함과 위험스런 일을 던져 주지만, 우리는 연약함 속에서 오히려 더욱 큰 하나님의 능력을 힘입을 수 있으며 또 우리가 그 크신 하나님의 사랑 안에서 인도 받으며 산다는 사실은 여전하며 변함이 없다.

> 나에게 이르시기를 내 은혜가 네게 족하도다 이는 내 능력이 약한 데서 온전하여짐이라 하신지라 그러므로 도리어 크게 기뻐함으로 나의 여러 약한 것들에 대하여 자랑하리니 이는 그리스도의 능력이 내게 머물게 하려 함이라(고후 12:9).

그러므로 귀신들의 궤계가 아무리 간교하여도, "만일 하나님이 우리를 위하시면 누가 우리를 대적하리요"(롬 8:31)라는 말씀처럼, 복음적 세계관을 지닌 자들이 찬양하는 하나님에 대한 고백을 꺾지 못하는 것이다.

(3) 하나님은 역사의 과정을 자신이 목표한 곳을 향해 인도하신다; 이는 종말론에 관계되는 것으로서, 하나님이 의도한 역사의 목표란 죄로 말미암아 타락한 인류와 세계에 대한 심판과 또 그 회복의 정점을 향하고 있다.

하나님은 선하신 분이기에 하나님이 의도하신 역사의 목표 지점 역시 선한 것이다. 결국 귀신들에 의한 질병이나 고통 중에도 크리스천에게는 변하지 않는 밝은 소망이 있다는 것을 말해준다. 그렇다면 복음적인 세계관을 지닌 깨어 있는 크리스천들을 향한 귀신들의 모든 공격은 다 수포로 돌아가고 다만 하나님의 더욱 크고 거룩한 뜻을 이루는 도구가 될 뿐이다.

> 다만 이뿐 아니라 우리가 환난 중에도 즐거워하나니 이는 환난은 인내를, 인내는 연단을, 연단은 소망을 이루는 줄 앎이로다(롬 5:3-4).

20세기 중엽까지 역사 서술에 있어서 이러한 하나님 주권적 요소를 포함시키는 경우는 매우 희박했다. 그러다가 제2차 세계대전 이후 라인홀드 니이버(Reinhold Niebuhr), 허버트 버터필드(Herbert Butterfield)

등이 새로운 계시적 요소를 역사 이해에 도입하는 것을 제안해 왔다.[246] 그러나 현재까지도 복음적 관점, 즉 하나님 주권의 관점에서 세계 역사를 이해하려는 시각은 일반적인 역사 이해의 관점으로 통용되지 못하고 있다. 바로 여기에 현대 기독교 역사가들의 큰 과제가 남아 있다.

그러나 비관적으로만 볼 것은 아니다. 하나님께서 직선적으로 인도하신다는 점과 뚜렷한 목표를 향해 하나님이 역사를 이끄신다는 점은 어떤 면에서 현대인들의 관심을 불러일으킬 요소도 갖고 있다. 왜냐하면 현대인들은 직선사관과 더불어 낙관적 미래주의에 대한 신념을 지니고 있는 이들이 많기 때문이다.

그러나 여전히 역사의 주체를 하나님으로 인정하느냐, 아니면 인간 자신의 힘으로 인정하느냐, 이 둘 중 어느 것을 신뢰하느냐에 따라 역사관의 근본부터 서로 다른 해석이 생겨날 수밖에 없는 것이다. 바로 이 점에서 우리는 모든 인류에게 복음을 증거해야 할 그 중요한 당위성을 다시 한 번 깨닫게 된다.

우리의 논의인 귀신론에 있어서도 세계관의 문제는 귀신에 대한 우리 의식의 위치 설정을 어떻게 할 것인가에 대한 매우 중요한 주제다. 그러므로 복음적 세계관의 확립이라는 주제는 매우 절실한 우리의 과제다. 인류의 정신사(精神史) 속에서 순환론적 세계관이나 이원론적 세계관으로부터 하나님 주권의 복음적 세계관으로의 전이(轉移)가 일어나는 일, 그것은 곧 이 세계 속에서 어둠에 속한 모든 장막을 걷어내고 하나님 나라의 충만한 도래의 길을 여는 일이 될 것이기 때문이다.

---

246 배본철, 「세계교회사: 성령, 일치, 선교」 (서울: 도서출판영성네트워크, 2009), 19.

미혹된 귀신론의 수정

귀신론의 문제

　루이스(C. S. Lewis)는 귀신론에 관한 현대 학계의 커다란 오류 두 가지를 다음과 같이 지적하였다. 그 하나는 사탄이나 귀신들의 현존을 부인하는 학설이다. 그리고 또 하나는 그들의 현존을 믿기는 하지만, 그러나 성경의 진술과는 판이하게 다른 극단적인 귀신론을 전개시키는 이론이다.[247] 그런데 이 두 가지 상반된 학설에는 나름대로의 치명적인 결점들을 갖고 있다.

　첫 번째 결점은 귀신을 부인하는 견해에 나타나는데, 그들은 귀신 문제는 더 이상 현대에 다룰 주제가 아니라고 보면서 아예 귀신의 존재를 부정하는 것이다. 어떤 이들은 귀신들림이라는 상태를 어떤 치료하기 어려운 질병을 상징적으로 인격화하여 표시하는 것뿐이라고 말한다. 또 어떤 이들은 귀신들림이란 단지 미신에 젖어 있던 사람들이 질병을 귀신에 의한 것이라고 단정하여 말하는 것이라고 한다. 현대 심리학적인 의미에서 귀신을 논할 때, 귀신 자체가 악한 인격적 존재라고 보기보다는 다만 악의 경향성으로 가정하게 되는 경우가 많다.

　심지어 폴 틸리히(Paul Tillich) 같은 신학자도 귀신을 실재하는 인격적 존재로 보기보다는 사회 속에 내재하고 있는 어떤 강한 힘이나 구조를 특성화(characterization)한 것으로 본다.[248] 안타깝게도 이들은 강력한 영적 실재로부터 자신들이 노출되어 공격 받고 있다는 사실 조차 인식하지 못하게 된다. 그 결과 인간적 차원의 문제 해결에만 의지하고 하나님께서 성령의 능력을 통해서 주시는 영적 해결책을 활용할 수 없게 된다.

247　C. S. Lewis, *The Screwtape Letters* (New York: Macmillan, 1948), 9.
248　Paul Tillich, *Systematic Theology* (Chicago: University of Chicago, 1957), 2:27.

두 번째 결점은 귀신은 어디에나 있다는 신념 속에 나타난다. 결국 사람들은 귀신에게 온통 마음을 빼앗기게 되는 반면, 그 동기와 행동 속에 깔려 있는 내면적 문제를 다루지 못하게 될 수 있다. 이러한 경우 그 근본적 해결에 대한 인식이 없기 때문에 귀신만 내어 쫓으면 다 될 것이라고 믿고 기다리게 된다.

세 번째, 결점은 귀신의 존재를 인정하긴 하지만 그 존재에 대해 너무 왜곡되어 소개하는 경우인데, 이것 역시 현대 사회의 심각한 문제다. 예를 들어, 귀신의 존재를 너무나 두렵고도 무서운 영으로만 인식할 때 벌어지는 일들을 들 수 있다. 수년 전에 외국의 어느 상점 가판대에 놓인 어느 잡지의 흥미로운 표지사진에 나의 눈길이 끌렸다. 귀신들린 어느 소녀의 침실을 기도해 주러 방문한 가톨릭교회 교황이 귀신의 힘에 떠밀려 주춤하며 쓰러질 뻔 했다는 기사 내용이었다. 마치 오맨(O-man)이나 엑소시스트(Exorcist)와 같은 무서운 영화를 떠올려주는 한 장면이었다. 바로 이런 귀신의 힘에 대한 과장된 두려운 관념들이 사람들을 귀신들의 활동 앞에 힘없이 주저앉게 만들어주는 것이다.

재래적 심성의 귀신론

얼마 전에 충격적인 사건을 접하게 되었다. 남편 속에 들어있는 귀신을 쫓아낸다고 해서 그의 아내를 포함한 여러 여신도들이 무리한 가혹행위를 가하여 결국 그가 숨지게 된 일이다.

한 TV 방송국에서 이 일에 대한 평론을 필자에게 의뢰했는데, 이 사건의 전후과정을 지켜보면서 필자를 더욱 경악케 만들었던 것은, 극단적인 안찰행위로 인해 사람이 숨지게 되었는데도 불구하고 정작 가해자들은 큰 반성의 빛도 없이 당연히 할 바를 했다는 태도였다는 점이다. 즉 자기들은 귀신을 쫓아내기 위해 모든 노력을 기울인 것뿐이며 그 과정에서 자기 남편이 숨진 것은 안타깝지만 어쩔 수 없다는 식이었다. 왜 이런 상식 밖의 일이, 그것도 크리스천들 사이에서 일어날 수 있단 말인가?

그 가장 커다란 이유는 우선 우리나라 사람들이 대부분 지니고 있는 재래적인 귀신 관념이 크리스천들 사이에도 별 여과 없이 통용되곤 한다는 점을 들 수 있다. 우리나라에 기독교가 들어오고, 그리고 한국적 상황 속에서 '귀신'이라는 성경의 용어가 처음 소개될 때, 그것은 한국인의 심성 속에 젖어 있던 전통적이고 무속적인 귀신 관념을 떠올리게 해주었다.

재래적인 귀신 관념에는 현세에서 원한을 품고 고통과 억울한 일을 당하고 죽은 영혼은 죽은 후에도 인간을 괴롭히는 악한 귀신이 되어 인간에게 병이나 재앙을 가져와 괴롭힌다는 신념이 있다. 또 제 명대로 살지 못하고 죽은 영혼도 귀신이 된다는 관념이 있다. 한국 교회 내에서 말썽을 빚고 있는 귀신에 대한 오해의 대부분은 바로 재래적인 귀신 관념을 교회 내에 그대로 도입함에서 비롯된 것이다.

이렇게 오용되고 있는 귀신 관념의 영향으로, 크리스천들 사이에는 예전부터 민간에 통용되고 있던 여러 가지 귀신 퇴치법들을 그대로 실행하는 이들이 많다. 귀신들은 휴식과 희열을 얻기 위해 인간의 몸에 거주하기를 힘쓴다고 보면서, 이때 가해진 육체적인 고통이나 희열이 귀신들에게로 전달된다고 보는 재래적 신념이 있다.

즉, 이는 고통과 불쾌함을 주면 귀신들이 떠날 것이라고 보는 이론이다.[249] 귀신은 괴롭게 해야만 떠나간다고 하면서 환자를 묶어 놓고 음식을 주지 않는다거나, 환자의 몸을 때리고, 묶고, 바늘로 찌르고, 불로 태우는 등의 극단적인 가해행위를 한다거나,[250] 심한 욕설로 귀신을 격동시켜 환자의 인격과 구분시키려 한다거나 하는 행위들은 모두 재래적 민간요법

---

249 John L. Nebius, *Demon Possession and Allied Themes* (Westwood, N.J.: Fleming H. Revell Co., 1968), 193-4.

250 Nebius, *Demon Possession and Allied Themes*, 50-4.

의 일종으로서 성경에서 말하는 귀신퇴치법과는 전혀 다르다.

한국의 재래적 귀신 관념의 영향을 받은 대표적인 경우는 김기동의 귀신론을 들 수 있는데, 그의 베뢰아 아카데미(Berea Academy)에서는 귀신이 곧 불신자의 사후(死後) 영혼이라고 가르친다. 즉 예수님을 믿지 않은 사람이 자기 자연 수명을 다하지 못하고 죽을 때는 그 자연 수명이 다할 때까지 음부(이 세상)에서 귀신으로 활동한다는 것이다. 그리고 모든 병은 불신자의 사후 존재인 귀신으로부터 온다고 본다.[251] 또 누구든지 병든 귀신을 추방하면 다 질병으로부터 나음을 받을 수 있다고 한다.[252]

김기동이 주장하는 귀신의 활동 기한에 대해서 천명원은 다음과 같이 소개하였다; "첫째, 사람의 수명은 보통 70-80세이나, 120년을 최고로 하여 90-120년을 자연 수명으로 잡을 수 있다. 둘째, 사람이 사고로 죽었을 때 그 연령부터 자연 수명의 햇수까지 귀신으로 활동한다. 셋째, 귀신이 사람의 몸에 들어와 있는 기간은 대략 1-2년에서 30년 가량이다. 넷째, 귀신은 가족이나 친척 등으로 전전하면서 남은 자연 수명 기간 동안을 사역한다."[253] 이러한 김기동의 귀신론은 한국적 재래 민속신앙과 자신의 체험에서 비롯된 비성경적인 신념이다. 어떤 주관적 체험이나 현상을 성경보다 우위에 둘 때는 언제나 이런 납득할 수 없는 그릇된 신념에 사로잡히게 되는 것이다.

안점식은 귀신이 죽은 자의 혼령이라고 보는 신념이 기독교 안에도 침투해 있다고 지적하면서 다음과 같이 말했다; "이러한 주장은 대체로 귀신을 쫓아낼 때의 경험에 입각한 것이다. 귀신들은 쫓겨날 때 자기가 언제 죽은 누구이며, 어디에서 어떻게 살았다고 말하면서 그 사람의 목소리

---

251 김기동, 「내가 체험한 그리스도인의 신유와 거룩한 이적」 (서울: 도서출판베뢰아, 1995), 267-71.
252 김기동, 235.
253 천명원, "김기동의 마귀론," 〈한국신학〉 (2002, 겨울): 129.

를 그대로 흉내 내기도 한다."[254] 그는 이어서 귀신들이 자신의 정체를 숨기고 속이는 첫째 이유로서 사탄이 무엇보다도 가장 먼저 노리는 것은 자신의 신분을 감추고 사람들과 접촉하려는 것이고, 둘째 이유는 하나님의 심판의 심각성을 약화시키고자 하는 것이라고 설명했다.[255]

성경에서 말하는 귀신은 오늘날 일반인들이 흔히 생각하는 귀신의 관념과는 판이하게 다른 것이다. 성경적 귀신 관념에 대해 철저히 무지할 때 결국 우리는 귀신들이 활개를 칠 수 있는 터전을 제공해 주게 되는 것이다. 왜냐하면 귀신들이 사용하는 가장 커다란 속임수는 그들 스스로의 존재를 우리에게 숨기는 일이기 때문이다.

육감주의 경계

귀신이 추방될 때 반드시 겉으로 드러나는 현상이 있어야만 추방되는 것은 아니다. 그렇지만 기도 받는 사람에게 신체적으로 어떤 현상들이 나타날 경우에는 일반적으로 다음과 같은 것들이 있다; 몸을 뒤틀거나 부들부들 떤다. 입에서 거품을 낸다. 이를 간다. 몸이 굳어진다. 나무토막처럼 쓰러진다. 눈동자가 고정되어 움직이지 않는다. 소리를 지르며 운다. 자신의 정체를 말로서 노출시킨다. 안 나가겠다고 버틴다. 울면서 사정을 한다. 몸을 지탱하지 못한다. 갑자기 심하게 웃는다.

그러나 귀신을 추방할 때 귀신들이 나타내는 이러한 육감주의적(肉感主義的) 현상에 너무 신경을 쓸 필요는 없다. 이런 육감주의에 너무 치중하다 보면 본질적인 귀신 추방 사역의 중심을 잃어버릴 수 있게 된다.

기도 받던 사람에게서 귀신이 추방될 때 그 사람이 쓰러지는 현상에

---

254 안점식, 「세계관과 영적 전쟁」(서울: 죠이선교회출판부, 1996), 142.
255 안점식, 143-44.

대해서는 어떻게 보아야 하는가? 이미 언급한 바와 같이 귀신이 추방될 때 쓰러질 수는 있다. 그런데 기도 받다가 쓰러지는 일은 왜 일어나는가? 이에 대해 가톨릭교회 은사갱신운동의 지도자인 프란시스 맥너트(Francis MacNutt)는 성령 안에서 쓰러지는 현상은 그 자리에서 하나님의 능력이 우리의 약함을 통해 분명하게 드러남을 깨닫게 되는 체험이라고 설명하였다. 성령의 권능에 의해 넘어뜨려지는 모양이 좀 우스꽝스럽게 보일지라도, 그것은 어떤 면에서 우리의 삶에 대한 통치권을 그분께 양도하라고 요구하시는 일종의 예언적 행위로서 우리의 발을 넘어뜨리심을 믿는다고 그는 주장하였다.[256]

그러나 기도나 예배 중에 이런 현상이 있다고 해서 다 귀신이 추방된 것이라고 말해서는 안 된다. 성령의 권능으로 귀신의 추방될 때 현상적 차원이 나타날 수 있다는 것은 당연한 말이지만, 그러나 쓰러지는 현상 모두가 귀신 추방 자체는 아니라는 점을 우리는 확실히 해야 한다. 사람을 쓰러트리는 일은 최면암시(hypnotic suggestion)를 통해서도 얼마든지 가능하며, 더군다나 교회 같은 신념 공동체 속에서는 한꺼번에 여러 사람을 집단 최면으로 쓰러트릴 수도 있다. "왜냐하면 집회 인도자가 기도하기 전에 어떤 육감적이거나 가시적인 현상을 회중에게 미리 강조해서 신념화 시켜 놓으면, 결국 예외 없이 그런 현상이 기도 받는 사람들 중에서 나타나게 되는 것이다."[257]

실제로 잘 쓰러지는 집회에 참석한 이들의 증언을 토대로 해 보면, 집회 시작 전에 이미 이러한 육감적 현상에 대한 기대를 갖고 있는 이들이

---

[256] Francis MacNutt, 「성령의 권능이 임할 때」, 예영수 역 (서울: 예루살렘, 1995), 177-8. 한편, 예영수와 형제지간인 예태해는 미국 뉴저지의 엠마오선교회교회(Emmaus Mission Church)의 목사이자 목양세계선교회의 강사이다. 그가 인도하는 집회에 참석한 신자들이 안수 받고 쓰러지는 현상이 많이 나타났다. 이 일이 예장개혁, 예장합동, 기장 등 장로교 총회때 1992년부터 문제점으로 계속 지적을 받았다. 대한예수교장로회총회, 사이비이단대책위원회, 사이비이단문제상담소 (편), 「사이비이단연구 보고집」 (서울: 한국장로교출판사, 2001), 246.

[257] 배본철, "성경적 관점에서 살펴보는 성령사역," 〈교회성장〉 (2012.10): 27.

대단히 많으며, 집회 중에는 하나의 집단적인 최면과 유사한 연쇄적인 현상이 번져가게 된다는 점을 알 수 있다. 그래서 대부분의 사람들은 자기도 모르게 육감적인 행동에 빠져들게 되며, 아무런 반응도 나타나지 않은 자는 심한 정죄감에 시달리기도 한다는 것이다.[258] 그리고 귀신들은 이런 종류의 잘 쓰러지는 집회 속에서 얼마든지 자신들의 정체를 은닉하면서 활동할 수 있다. 왜냐하면 쓰러지기만 하면 귀신이 떠나갔다고 믿는 사람들이 너무 많기 때문이다.

진정으로 귀신이 추방되었는지 아닌지를 알 수 있는 방법은 쓰러지고 안 쓰러지고의 문제가 아니다. 먼저 추방 사역 직후 검증할 수 있는 방법은, 귀신이 추방되고 난 후 그 사람의 영혼에 뚜렷한 신앙적 변화가 생긴다는 것이다. 하나님을 찬양한다든지 감사의 기도를 드리는 등의 하나님께로 향하는 예배의 소원이 일어난다. 정서적인 면에 있어서나 의지적인 면에 있어서도 갑작스런 호전이 일어난다. 몸이 아팠던 사람에게서 질병의 고통이 즉각적으로 사라지는 일도 있을 것이다. 이렇게 직접적 검증법과 함께 시간을 두고 지켜보는 지속적인 검증 방법이 있는데, 그것은 그 사람의 삶과 인격의 변화 그리고 사역의 열매를 보아서 확인할 수 있다.

그러므로 사역자가 귀신을 추방할 때 기도 받는 사람이 쓰러지는 것을 너무 기대하는 것은 유익하지 못하다. 왜냐하면 그렇게 되면 다음번에는 사역자가 더 강도 높고 자극적인 육감주의적 현상을 기대하게 되기 때문이다. 그리고 이를 지켜보는 사람들에게도 꼭 쓰러져야만 귀신이 떠나가는 것으로 오해하게 할 수 있기 때문이다. 그리고 가장 해로운 것은 기도 받는 사람이 쓰러지지 않으면 귀신을 완전히 추방한 것이 아니라고 사역자 스스로도 그렇게 믿게 될 수 있다는 점이다.

그러므로 그런 육감주의 현상 자체에 마음을 빼앗겨서는 안 된다. "악

---

258 배본철, 「한국 교회사: 성령, 일치, 선교」 (서울: 도서출판영성네트워크, 2009), 362.

한 자의 나타남은 사탄의 활동을 따라 모든 능력과 표적과 거짓 기적과 (in all kinds of counterfeit miracles, signs and wonders)"(살후 2:9)라는 말씀을 NIV 영어성경을 따라 그대로 직역하면, "악한 자는 모든 거짓된 기적과 기사와 이적으로 사탄의 활동을 따라 나타난다"로 된다. 사탄도 자기의 목적을 따라 기적과 기사와 이적을 일으킬 수 있다는 것이다. 그런데 그것은 거짓된 것이다.

그리고 11절, 12절에 보면, "이러므로 하나님이 미혹의 역사를 그들에게 보내사 거짓 것을 믿게 하심은 진리를 믿지 않고 불의를 좋아하는 모든 자들로 하여금 심판을 받게 하려 하심이라"(살후 2:11-12)고 되어 있다. 결국 이런 불의한 거짓 기적 현상을 좋아하는 사람들은 심판을 받게 된다. 하나님께서 하나님의 살아계심을 증거하기 위해 기사와 이적을 베푸시곤 하는 것처럼, 사탄도 자기의 종들을 만들기 위해 거짓 미혹과 기적을 나타낸다는 것이다.

존 한나(John D. Hannah)는 기적적이고 초자연적인 육체적 나타남의 현상이 제아무리 예언적 환상을 가져오고 초자연적인 능력이 나타난다 해도, 그것들은 참 종교의 근본적인 내용은 아니라고 보았다. 그래서 조나단 에드워즈(Jonathan Edwards)도 역시 참된 거룩한 은총은 일반적인 은사들을 통해서 주어지는 것이므로 신자들은 이 같은 기적적인 은사들을 너무 기대하지 말아야 한다고 경고했다.[259]

모든 기독교계가 비록 에드워즈와 일치한다고는 볼 수 없으나, 적어도 에드워즈의 강조는 육감적인 신앙 체험보다는 객관적인 계시에 더욱 강조점을 두는 복음주의의 일반적인 노선을 분명히 보여주고 있다.[260] 그리

---

259 John D. Hannah, "Jonathan Edwards, The Toronto Blessing, and the Spiritual Gifts: Are the Extraordinary Ones Actually the Ordinary Ones?" *Trinity Journal* (Fall, 1996): 17:181-82.

260 Jonathan Edwards, *Religious Affections*, ed. John E. Smith, *The Work of Jonathan Edwards* (New Haven and London: Yale University Press, 1959), 2:230.

고 이러한 교훈은 귀신 추방을 하는 사역자들이 언제나 명심해야 할 중요한 사항이다.

전인적 구원의 길

이분설과 삼분설

전통적으로 신학자들은 인간론을 이분설(二分說; Dichotomism) 또는 삼분설(三分說; Trichotomism)에 입각하여 이해해 왔는데, 어떤 신학 노선에서는 이분설을, 또 어떤 노선에서는 삼분설을 더 지지하기도 한다. 대개 개혁주의 신학의 전통에서는 삼분설보다는 이분설을 지지하고 있다. 그리고 비록 일반적이진 않지만 이분설과 삼분설 대신 영혼과 육체를 분리해서 볼 수 없다고 보는 일원설(Monism)을 주장하는 신학자들도 있다.[261]

이 중에서 이분설이란 인간을 영혼과 육체로 구분하는 것이고, 삼분설은 영과 혼과 육으로 구분하는 것이다. 그런데 이분설은 보편적으로 누구에게나 이해가 가능하지만, 삼분설은 좀 까다롭게 여겨지는 것 같다. 그 이유는 영과 혼의 기능이 어떻게 명백히 구분될 수 있는가 하는 것 때문이다. 그리고 또 한 가지 이유는 만일 삼분설을 받아들일 경우, 신구약 성경에 더욱 보편적으로 나타난 이분설적 이해를 해석하는 데 어려움이 생긴다는 점이다.

그런데도 불구하고 까다로운 삼분설을 말하게 되는 이유는 이러한 구분이 이분설과 마찬가지로 성경에 "영과 혼과 몸"(살전 5:23), "혼과 영"(히 4:12) 등으로 세분되어 나타나 있기 때문이다. 밀라드 에릭슨(Millard

---

[261] 일원설에 대한 자세한 이해를 위해서는 다음의 자료를 참조하라: H. Wheeler Robinson, "Hebrew Psychology," *The People and the Book*, ed. Arthur S. Peake (Oxford: Clarendon, 1925), 362-66; John A. T. Robinson, *The Body* (London: SCM, 1952), 9-33.

J. Erickson)은 이 외에도 고린도전서 2장과 3장에 나오는 육에 속한 사람과 영에 속한 사람의 구분, 그리고 고린도전서 15장 44절의 육의 몸(natural body)과 신령한 몸(spiritual body)에 대한 구분 등이 삼분설적인 구도를 바탕으로 한 것으로 보인다고 했다.[262]

귀신 추방과 관련하여 인간의 전인적 구원의 문제를 다룰 때 이분설이든 삼분설이든 다 도입이 가능하리라 본다. 그런데 인간 구조를 기능적으로 세분화하여 접근함에 있어서는 삼분설이 좀 더 용이할 수 있겠다. 그러나 이 말은 귀신론을 해설함에 있어서의 세분화의 편리성을 말하는 것이지, 삼분설이 이분설보다 더 타당한 인간론이라는 강조를 하려는 것은 절대 아니다.

오히려 이 두 가지 설은 공통적인 신학적 난점을 갖고 있는데, 그 한 가지 이유는, 인간의 구성 요소가 그 요소 간의 구별이 그렇게 명확하다기보다는 서로 유기적으로 결합되어 있다는 데 있다. 그 다음 이유는, 또한 하나님과의 관계에 있어서도 인간은 인간으로서의 전인적인 상태로 하나님을 마주 대하고 있는 것이지 영혼과 육체, 또는 영과 혼과 몸이 각각 반응하고 있는 것이 결코 아니라는 점이다.

그러므로 이분설과 삼분설 사이의 긴장관계를 해소하고 이 두 가지 설을 함께 조화시키고자 하는 어거스투스 스트롱(Augustus Hopkins Strong)의 다음과 같은 설명은 상당히 설득력을 지닌 것으로 보인다; 인간은 영혼과 육체로 구성되어 있다. 그런데 이 중 영혼은 두 차원을 향해 함께 기능을 가진다. 먼저 하나님과 영적 세계를 향한 영혼의 차원이 영의 기능이고, 세계와 인간의 오감을 향해 열려있는 차원이 혼의 기능이다.[263]

---

262 Millard J. Erickson, *Christian Theology* (Grand Rapids, Michigan: Baker Book House, 1992), 521.
263 Augustus Hopkins Strong, *Systematic Theology* (Valley Forge, Pa.: Judson Press, 1976), 486.

이러한 스트롱의 설명에는 이분설과 삼분설 사이의 균열을 메워보려는 노력이 엿보인다. 그러면서도 신학적 주제를 다룸에 있어서 이분설적 또는 삼분설적으로 설명의 차원을 폭넓게 할 수도 있다는 장점이 있다. 언급한 바와 같이, 개혁주의 신학에서는 영혼의 삼분설에 대해서 우려하는 시각이 일반적이다. 하지만 스트롱의 설명은 이분설의 구조를 보존하고 있다는 장점이 있다. 그러므로 영과 혼을 날카롭게 구분하여 각자의 기능을 차별화하기보다는, 하나님을 향한 그리고 세계를 향한 영혼의 두 차원적 기능의 입장에서 이해한다면 이분설적 영혼 관념에 입각한 좀 더 풍요로운 해석을 가져올 수 있을 것이다.

영혼의 해방

인간은 누구나 "하나님을 알 만한"(롬 1:19) 영적 지각이 있기 때문에, 이 기능을 통해 하나님의 존재를 인식하게 된다. 이처럼 하나님을 알 수 있는 생래적(生來的)인 지각이 인간에게는 내재(內在)하고 있는 것이다. 그러나 이러한 지각이 있음에도 불구하고 하나님이 없다고 말하는 것은, 그들의 교만과 죄악 또는 무신론 등으로 인해 혼이 혼미해진 까닭에 영의 지각을 인식하지 못하기 때문이다. 그러나 그렇다고 해서 그들이 심판 날에 하나님을 몰랐다고 평계치는 못할 것이다.

이처럼 마귀의 유혹을 받아 범죄한 아담으로부터 물려받은 죄성으로 인해 인간은 총체적으로 병들어 있는 존재이다. 이 극한 질병은 인간 존재의 전 영역에 미치고 있으나, 안타깝게도 인간은 스스로의 힘으로는 자신을 구원하지 못한다. 하지만 하나님께서는 예수 그리스도의 대속의 공로를 마련하시고 이 은혜를 성령을 통해 역사하심으로 인간을 구원하여 치유하기를 원하신다.

너희는 그 은혜에 의하여 믿음으로 말미암아 구원을 받았으니 이것은 너희에게서 난 것이 아니요 하나님의 선물이라 행위에서 난 것이 아니니 이는 누구든지 자랑하지 못하게 함이라(엡 2:8-9).

구원하시되 인간을 전인적으로 구출하기 원하신다. '전인적 구원'(Holistic Deliverance)이란 죄와 사망의 세력에 의해 억압당하고 있는 인간의 영혼과 육체, 또는 삼분설적으로 말해서 영(spirit)과 혼(soul)과 육(body) 전체를 온전히 회복시키시는 것을 말한다. 하나님께서 인간을 보실 때는 이미 언급한 바와 같이 전체(wholeness)로서의 인간, 다시 말하면 전인적으로 대하시는 것이다. 그러므로 구원 역시 인간 구성 요소에 따라 개별적으로가 아니라 전체적으로 임하는 것이다.[264] 그 전체적인 전인적 구원의 역사는 인간이 예수 그리스도의 은혜로 거듭나는 순간부터 성령의 능력에 의해서 각 구성 요소에 전체적으로 시작된다.

성령께서 베푸시는 인간 구원과 치유의 과정은 인간의 영혼으로부터 시작된다. 논리적으로 보자면 그 순서는 인간의 영혼이 먼저 해방되어야 마음도 치유되고 그리고 몸도 구속될 수 있다고 볼 것이다. 그러나 경험적으로 보자면 인간의 전체적 영역이 구원의 은혜로 인해 변화되기 시작함을 볼 수 있다. 이 중에서 구원 받는 순간 가장 뚜렷하게 확인할 수 있는 것은 영혼의 해방이다. 영혼의 해방은 인간이 성령의 감화 감동을 통해 자신의 죄를 깨닫고 회개하여 죄와 사망의 법인 귀신의 법으로부터 벗어나 하나님의 자녀로 거듭나는 순간에 이루어진다.

그러므로 이제 그리스도 예수 안에 있는 자에게는 결코 정죄함이 없

---

[264] G. C. Berkouwer, *Studies in Dogmatics. Man: The Image of God* (Grand Rapids: Eerdmans, 1962), 195-96.

나니 이는 그리스도 예수 안에 있는 생명의 성령의 법이 죄와 사망의 법
에서 너를 해방하였음이라(롬 8:1-2).

진정한 회개란 어그러진 길을 가던 사람이 돌이켜서 바른 길을 행하는
것을 말한다. 즉 예수님 없이 자기중심적이고 죄악된 인생을 살던 사람이
돌이켜서 예수님을 믿는 삶으로 변화되는 것을 말한다. "그가 와서 죄에
대하여, 의에 대하여, 심판에 대하여 세상을 책망하시리라"(요 16:8)는 말
씀에서, 세상이란 거듭나지 못한 인간의 영혼을 가리키기도 한다. 그리고
성령께서 세상을 책망하신다는 것은 성령께서 거듭나지 못한 인간의 영
혼에게 역사하여 그들이 깨닫고 회개케 하신다는 의미이다.

이 구절을 통해서 볼 때, 성령께서 인간을 회개시키는 길은 크게 다음
세 가지 방법을 사용하신다; 첫째, 성령께서는 자기중심적이고 정욕적인
삶을 살아왔던 죄에 대하여 깨닫게 하심으로서 회개케 하신다. 둘째, 성
령께서는 오직 구원의 의로움은 예수님께만 있다고 하는 진정한 의에 대
하여 깨닫게 하심으로서 회개케 하신다. 셋째, 성령께서는 죽음 이후에
반드시 있게 될 심판의 두려움을 깨닫게 하심으로서 회개케 하신다.

그러므로 거듭남의 순간이란 죄와 사망의 질병에 놓여 있던 인간의 영
혼이 성령의 역사로 인해 해방되는 순간을 의미한다. 거듭나기 전에는 하
나님께 영광도 돌리지 않고 감사치도 않고 오히려 그 생각이 허망하며 미
련했으나(롬 1:21), 인간의 영혼은 성령의 능력으로 인해 비로소 귀신들
의 세력으로부터 해방되어 하나님을 똑바로 인식하게 되고 하나님께 감
사하며 사랑을 드리는 존재로 변화되는 것이다.

마음의 치유

인간의 마음은 인간과 세계를 인식할 뿐 아니라, 생각하고 느끼고 뜻

하는 지정의(知情意)의 기능을 지니고 있다. 성령께서는 인간의 영혼만 해방시킬 뿐 아니라 마음도 치유하기 원하신다. "하나님께서는 신자들이 그리스도의 형상을 닮아가기를 원하시지만, 종종 우리의 마음과 행동은 세상의 풍조와 귀신들의 억압에 조종될 때가 많다."[265] 마음이 죄와 사망의 세력으로부터 치유되어갈 때 비로소 인간은 자신의 모든 기능을 통해 성령의 통치에 협조하면서 하나님을 바르게 섬기며 일해 나갈 수 있기 때문이다.

그런데 영혼의 해방은 단번에 일어나서 해방 받은 후에는 즉각적으로 하나님을 향해 살아가는 변화가 일어날지라도, 마음의 치유는 시간을 요하는 지속적인 과정을 거치게 된다는 점이 서로가 지닌 시간상의 차이점이다. 우리의 경험상으로 볼 때도, 순간적으로 은혜 받는 경험들이 요구될지라도, 역시 마음의 치유는 일생에 걸쳐 점진적으로 진행되는 것이라고 볼 수 있다.

영혼이 죄로부터 해방되어 거듭난 신자들에게는 "하나님께로서 난 자마다 죄를 짓지 아니하나니 이는 하나님의 씨가 그의 속에 거함이요 저도 범죄치 못하는 것은 하나님께로서 났음이라"(요일 3:9)는 말씀처럼 하나님의 뜻을 따라 살고자 하는 내적 경향성이 생긴다. 그런데 마음속에 아직도 죄 된 본성이 거하고 있기 때문에, 바로 여기에서 중생한 자에게는 마음속에 하나님의 뜻을 따르고자 하는 동기와 죄성 사이의 싸움이 시작되는 것이다.

이처럼 거듭난 신자의 마음속에는 죄를 짓도록 하는 내적 동기, 즉 죄의 유혹을 수용하기 원하는 죄의 뿌리가 잠재하고 있다. 이것은 원죄(Original Sin) 즉 죄의 뿌리에 속하는 것이다. 이것은 원래 사탄이 하나

---

265 Gregory A. Boyd, *Satan and the Problem of Evil: Constructing A Trinitarian Warfare Theodicy* (Downers Grove, Illinois, 2001), 39.

앞에 대적하던 죄악이었는데, 또한 아담의 범죄로부터 전 인류가 생래적으로 이어받은 성품이다. "믿음으로 좇아 하지 아니하는 모든 것이 죄니라"(롬 14:23)고 성경에 기록된 바와 같이, 원죄란 하나님을 의지하지 않고 자력(自力)에 의해서 살고자 하는 의지요 동기인 것이다. 그러므로 이러한 종류의 교만은 자연인 속에 내재하고 있을 뿐 아니라, 거듭난 자들 속에도 있어서 종종 하나님을 향해 고개를 쳐들게 되고, 또 자기중심적인 사고와 행위를 통해서 결국 죄의 열매를 거두게 만든다.

죄의 세력에 의해 지배 받던 마음의 치유를 위해서 근본적인 것은 성령께서 깨닫게 하시는 모든 죄를 철저히 회개하는 것이다. 진실한 뉘우침과 돌이킴 없이는 그 아무도 치유와 정결의 은혜를 받을 자 없다. 우리가 고의적이든 비고의적이든지 간에 귀신들에게 침입구를 마련해 놓았다면 반드시 봉쇄해야 한다. 그 길은 하나님께 우리의 죄를 반드시 고백하고 뉘우쳐야 하는 일이요, 또한 예수 그리스도께서 베푸시는 사죄의 은총을 믿음으로 받아들이는 일이다.

> 여호와께서 말씀하시되 오라 우리가 서로 변론하자 너희의 죄가 주홍 같을지라도 눈과 같이 희어질 것이요 진홍 같이 붉을지라도 양털 같이 희게 되리라"(사 1:18); "만일 우리가 우리 죄를 자백하면 그는 미쁘시고 의로우사 우리 죄를 사하시며 우리를 모든 불의에서 깨끗하게 하실 것이요(요일 1:9).

또 필요한 것은 죄악과 귀신으로부터 공격당했던 환경으로부터 돌이켜야 하고, 하나님의 말씀에 대한 복종과 함께 나의 전 존재를 온전히 하나님께서 기뻐하시는 산 제물로 드리도록 결단하는 일이다(롬 12:1). 온전한 헌신의 다짐이 있어야 하나님께서도 나를 통치하실 수 있기 때문이다. 이러한 진실한 회개와 헌신이 수반될 때 성령께서는 우리에게 순간적인 정결의 은혜를 체험케 하신다. 이러한 체험은 비록 순간적이지만, 그러나 마음의 치유는 일생 동안 계속해서 일어나야 한다. 이러한 과정을 통해서 신자는 날이 가면 갈수록 더 깊은 마음의 치유를 지속적으로 경험해 가는 것이다.

> 그러므로 우리가 낙심하지 아니하노니 우리의 겉사람은 낡아지나 우리의 속사람은 날로 새로워지도다(고후 4:16).

지속적인 마음의 치유를 경험하기 원한다면 생활 속에서 늘 '그리스도와의 연합'(Union with Christ)의 복음적 진리를 묵상하며 고백하는 일이 매우 중요하다. 존 칼빈(John Calvin)이 말하기를, "성령이 우리를 함께 결속시켜 주면, 마치 배관과도 같이 모든 그리스도의 실재 및 그리스도가 지닌 것들을 우리에게 전하여 준다."[266]고 했듯이, 그리스도와의 연합의 진리는 크리스천이 영적인 성화의 삶으로 나아가기 위한 필연적 조건이다.

특별히 마음의 치유를 위해 "그리스도 예수의 사람들은 육체와 함께 그 정과 욕심을 십자가에 못 박았느니라"(갈 5:24)는 고백은 필수적이다. 그리고 십자가 죽음을 겪으신 그리스도와의 연합을 통해 우리는 "죄의 몸이 멸하여 다시는 우리가 죄에게 종노릇 하지 아니하려 함"(롬 6:6)에 대한 모든 능력이 준비되었다는 것을 고백해야 한다. 이처럼 마음의 치유는 십자가상에서 다 이루신 예수 그리스도의 십자가 희생의 공로에 근거한다. 성령께서는 예수 십자가의 공로가 우리의 마음에 치유의 역사를 통해 나타나도록 일하시는 분이다.

우리가 전 인격을 다해 주님을 사랑하기 위해서는 먼저 우리의 깊은

---

266 John Calvin, *Institutes of the Christian Religions*, John T. McNeill (ed.) (Spring Arbor Distributors, n. d.), IV:17:12.

감정과 기억의 치유가 수반되어야 함을 깨닫게 된다. 죄책감, 우울증, 멸시감, 열등감, 수치심과 두려움 등으로 우리를 끌고 가는 괴로운 과거의 기억과 상처받은 감정으로부터 자유로워져야 한다. 특히 오랫동안 지속되는 죄책감은 떨쳐버리기가 매우 어렵다. 그것은 크리스천이 하나님의 용서에 대한 약속을 믿고 용서받는 은혜를 체험한 후까지도 계속 남아 있을 때가 많다. 또 남을 용서치 않는 것은 자신의 내면에 감옥을 만드는 것과도 같다. 따라서 용서치 않을 때 우리의 마음은 무질서와 억압감뿐 아니라 심지어는 몸의 기능까지도 부정적인 영향을 받게 된다.

마음의 치유는 주로 자기 자신이나 또는 타인에 대한 아픈 기억과 상한 감정을 용서함을 통해서 일어난다. 치유의 과정은 일반적으로 고백과 용서의 단계를 거친다. 먼저 어떤 대상이나 사건에 대한 상한 감정을 솔직히 주님 앞에 고백해야 한다. 그 후에는 성령의 인도하심을 따라 이를 용서하는 과정을 밟게 된다.

마음의 치유의 충분한 효과를 위해서는 너무 시간적으로 서두르지 말고 여유를 갖고 성령의 인도하심을 따라야 할 것이다. 마음의 치유의 실제와 필요성에 대해서는 성경의 거의 모든 부분에서 그 기본 원리들을 제시하고 있다. 그러므로 마음의 치유의 원동력은 성경에 기초를 두고 있어야 한다. 그 적용 방법은 실제 사역 현장에서 성령의 인도하심 속에서 배우게 된다.

성령의 역사로 나타나는 마음의 치유는 기도를 통하여 이루어지는 것으로서, 기도할 때 마음속에 있던 죄가 사라지고 정서가 순화되고 새로운 가치를 소유하게 된다. 성령은 기도를 통하여 우리의 마음속 깊은 곳에 있는 것들을 드러내시고 하나님과 정상적인 관계를 맺을 수 있도록 역사하신다.

우리가 동일한 죄를 계속 짓는 경우가 있는데, 그 이유는 우리의 깊은 곳에 있는 죄를 드러내시는 성령의 역사를 아직 체험하지 못하기 때문이다. 습관적인 범죄나 중독적인 행위의 저변에는 언제나 귀신들이 만들어 놓은 함정이 있다. 그러나 자신을 하나님 앞에 솔직히 내어놓고 성령의 역사를 간구하며 기도하면, 그 기도 속에 성령이 역사하여 진정한 회개를 하게 되고, 그런 회개는 행동을 변화시키게 된다. "은혜는 세상에서 가장 강력한 힘이다. 은혜는 억압과 중독 그리고 그 밖에 모든 인간의 마음의 자유를 억압하는 내적 혹은 외적 힘들을 능가할 수 있다."[267] 진실한 회개가 이루어지고 성령의 새롭게 하시는 역사가 나타날 때 귀신들은 더 이상 우리를 주장하지 못 하고 추방된다.

용서의 확신을 방해하면서 순간마다 우리를 괴롭히려고 따라다니는 귀신들의 궤계를 깨달을 때 즉시 그것을 대적하여 떠나가도록 명해야 한다(약 4:7; 벧전 5:9). 그리고 주님께 의지하여 하나님을 찬양하고, 하나님이 예수님 안에서 우리를 위하여 행하신 일과 하나님의 성품을 기억하며, 예수님이 모든 권세를 소유하셨으며 또 그 분이 "정사와 권세를 벗어버려 밝히 드러내시고 십자가로 승리"(골 2:15)하셨음을 떠올려야 한다.

성화의 과정

성령께서는 신자를 감화시키고 훈련시켜서 온전한 하나님의 사람을 만들기 원하신다. 사도 바울도 하나님께로부터 큰 연단을 받아 결국 하나님만 전적으로 의지하는 자로 세워지게 되었다는 것을 말해주고 있다. 바울이 당한 고통의 목적은 하나님께 대한 전적인 의뢰와 사랑을 단련받기 위한 것이었다. 하나님께서는 이러한 연단을 통해 신자들로 하여금 온전한 마음의 치유를 경험하여 하나님만 섬기는 이들로 변화시키려 하시는

---

267 Gerald G. May, 「중독과 은혜: 중독에 대한 심리학적, 영적 이해와 그 치유」, 이지영 역 (서울: IVP, 2002), 15.

것이다.

> 형제들아 우리가 아시아에서 당한 환난을 너희가 모르기를 원하지 아니하노니 힘에 겹도록 심한 고난을 당하여 살 소망까지 끊어지고 우리는 우리 자신이 사형 선고를 받은 줄 알았으니 이는 우리로 자기를 의지하지 말고 오직 죽은 자를 다시 살리시는 하나님만 의지하게 하심이라(고후 1:8-9).

어떤 이들은 우리가 크리스천으로 거듭나면 이제는 더 이상의 마음의 문제와 고통은 없으리라고 생각하곤 한다. 그러나 전혀 그렇지 않다. 하나님께서는 거듭난 신자를 온전히 주님만 사랑하고 의지하는 자로 만들기 위해 이런 시련의 막대기를 즐겨 사용하시는 것이다.

> 내 형제들아 너희가 여러 가지 시험을 만나거든 온전히 기쁘게 여기라 이는 너희 믿음의 시련이 인내를 만들어 내는 줄 너희가 앎이라 인내를 온전히 이루라 이는 너희로 온전하고 구비하여 조금도 부족함이 없게 하려 함이라(약 1:2-4).

마음의 치유란 소극적으로는 귀신들의 영향 속에 있던 마음의 기능들이 복음의 능력 안에서 점차적으로 치유되어 가는 과정이며, 적극적으로는 성령의 역사 속에 크리스천의 삶 전반을 통하여 하나님을 알아감으로 일어나는 거룩한 성화의 과정이라고 할 수 있다. 그러므로 마음의 치유는 거듭난 신자가 온전히 그리스도를 닮은 자로 변화되어가기 위해 거쳐야 할 필수적인 과정인 것이다. 이것은 더 깊은 성화의 삶으로 크리스천을 초청하는 것이다. 이런 점에서 본다면 크리스천은 하나님 앞에 마음이 치유된 만큼 하나님의 통치의 영역을 내어드릴 수 있게 된다고 말할 수 있다.

몸의 구속

인간의 몸은 영혼과 매우 긴밀히 연결되어 있다. 그러므로 영혼의 상태가 몸에 반영되어 나타나는 것은 매우 자연스러운 일이다. 영혼이 기쁘고 평안하게 지낼 때와 불안하고 두렵게 지낼 때의 몸의 상태를 비교해본 사람이라면 누구나 영혼과 몸의 밀접성을 이해할 것이다. 인간의 몸에 질병이 생기는 이유는 여러 가지 차원을 들 수 있겠으나, 그러나 질병요인의 대부분은 영혼의 부조화와 병적 현상이 몸의 여러 조직에 반영되는 경우라 할 수 있다.

하나님과의 영적인 조화와 건강이 곧 바람직한 마음의 건강과 신체적 건강의 주된 동기가 된다는 사실을 현대 의학계의 연구를 통해서도 많이 발견되고 있다. 영적인 건강은 심리적 불안, 두려움, 우울증 등의 문제뿐만 아니라, 만성 통증, 혈압 상승 등의 신체 기능의 부조화 차원도 근원적으로 해결할 수 있다는 점은 이미 보편적으로 소개된 연구 결과다.[268]

그러므로 신체적 질병의 치유를 위해 단지 드러난 몸의 질병만 치료하는 것은 일시적일 수밖에 없다. 따라서 무엇보다 질병의 원인이 된 영혼의 병적 현상을 근본적으로 치유해야만 한다. 바로 이 점에 있어서 질병의 치유와 귀신의 영향 또는 귀신의 억압의 관계성이 나타난다. 즉 귀신들은 영혼에 나쁜 영향을 주어 죄악의 병적 현상을 일으키며, 또 그 영향은 종종 몸에 여러 가지 질병뿐 아니라 언어나 행동의 이상을 유발시킬 수도 있기 때문이다.[269]

그러므로 성령의 능력에 의해서 귀신이 추방되어 인간의 영혼이나 마

---

[268] 신체의 질병과 영혼의 질서에 관련된 이해를 위해 다음 자료를 참조하라: Craig W. Ellison, "Spiritual Well-Being: Conceptualization and Measurement," *Journal of Psychology and Theology*, (1983.11): 330-40; David B. Hawkins, *Interpersonal Behavior Traits, Spiritual Well-being and Their Relationships to Blood Pressure* (Portland, Ore: Theological Research Exchange Network, 1986).

[269] Hobart E. Freeman, *Deliverance from Occult Oppression and Subjection* (Claypool, Ind.: Faith Publications, 1968), 44-5.

음이 치유될 때 몸의 질병이나 이상 현상들이 회복되는 것은 결코 이상한 일이 아니다. 영혼이 거듭날 때 여러 가지 고질적인 병들로부터 즉각적으로 치유 받은 사람들을 우리는 주위에서 흔히 찾아 볼 수 있기 때문이다. 그런가 하면 거듭난 이후 마음의 치유 과정 속에서 여러 질병들로부터 해방 받는 경우도 많이 있다. 평강의 하나님께서는 우리의 온 영과 혼과 몸을 '흠 없이 완전하게 지켜 주시기를'(be kept sound and blameless, RSV) 원하고 계신다.

> 평강의 하나님이 친히 너희를 온전히 거룩하게 하시고 또 너희의 온 영과 혼과 몸이 우리 주 예수 그리스도께서 강림하실 때에 흠 없게 보전되기를 원하노라 너희를 부르시는 이는 미쁘시니 그가 또한 이루시리라(살전 5:23-24).

적극적인 신유를 강조하는 어떤 지도자들 가운데는 무조건 질병에 걸리는 것은 귀신들이 역사한 것이므로 모든 질병은 반드시 고쳐지는 것이 하나님의 뜻이라고 강조하는 이들이 있다. 실제적으로 이러한 너무도 극단적인 가르침이 교계(敎界)에 널리 퍼져 있는 실정이다.[270] 예를 들어, 하긴(Kenneth Hagin)은 단호하게 이렇게 말한다: "아픔이 우리를 위한 하나님의 뜻이라고 그 어느 누구에게도 말하지 말라. 그렇지 않다! 치유와 건강은 인류를 위한 하나님의 뜻이다. 만일 아픔이 하나님의 뜻이었다면, 천국은 아픔과 질병으로 가득 찼을 것이다."[271]

또 어떤 경우에는 의약이나 의술을 사용해서 질병을 고치는 일은 신앙

---

[270] 하나님의 뜻은 질병이 깨끗이 치유되는 것이라고 주장하는 다음의 글을 참고하라: T. J. McCrossan, *Bodily Healing and the Atonement* (Seattle, Wash.: T. J. McCrossan Publisher, 1930), 91-100.

[271] Kenneth E. Hagin, *Redeemed from Poverty, Sickness, and Death* (Tulsa, Okla.: Faith Library Publications, 1983), 16.

적인 길이 아니라고 믿는 경우도 있다. 이러한 신념 역시 너무 극단적인 경우로서, 자칫하면 주님의 선하신 인도하심과는 관계없이 어떤 일정한 신념이나 교리에 매여 치유에 대한 잘못된 신앙관으로 우리가 이끌려가기 쉽다. 의술을 인정하지 않는 것은 하나님의 일만 은총의 영역을 부인하는 것으로서 매우 위험하다.

어떤 이들은 주님의 도구로서 신유의 능력을 전하다가, 자기에게는 이미 신유의 은사가 임했으므로 자기가 원하는 사람들에게는 얼마든지 병고침이 나타나게 할 수 있다고 자신을 믿는 이들도 있다. 그러나 이 같은 자기 믿음은 자신도 속이고 또 남도 기만하는 안타까운 결과를 곧 초래하게 될 것이다.

> 베드로가 이것을 보고 백성에게 말하되 이스라엘 사람들아 이 일을 왜 기이히 여기느냐 우리 개인의 권능과 경건으로 이 사람을 걷게 한 것처럼 왜 우리를 주목하느냐(행 3:12).

특별히 귀신들이 질병을 치유하거나 고통을 덜어주는 경우들도 있다는 점에 유의해야 한다. 이처럼 병고침은 강신술이나 귀신들에 의해서도 가능하기 때문에, 병이 나으면 무조건 하나님이 고치셨다고 보는 것은 위험할 경우가 있다. 왜냐하면 귀신들은 분명한 목적을 가지고 질병을 치유하기 때문이다. 귀신들이 육체의 질병을 고치려 할 때는 그들의 희생자들을 억압, 불안, 거짓 신념의 노예가 되게 한다.[272] 이럴 경우에 귀신들은 고통을 경감시키거나 치유의 대가로서 자기 앞에 복종하기를 요구한다.[273]

---

[272] Raphael Gasson, *The Challenging Counterfeit* (Plainfield, N. J.: Logos International, 1966), 61-5.
[273] John L. Nebius, *Demon Possession and Allied Themes* (Westwood, N.J.: Fleming H. Revell Co., 1968), 26.

크리스천들에게 있어서 가장 기본적으로 요구되는 믿음은, 내안에 하나님의 생명과 능력이 거하는 이상 나의 몸은 귀신들에게 노략질 당할 이유가 없는 하나님의 능력 있는 병기요 하나님의 성전이라는 점을 고백하는 일이다. 알버트 심슨(Albert B. Simpson)은 하나님께서 당신의 자녀들의 질병과 고통으로부터 얼마나 구해내시기를 원하는지를 그의 가르침을 통해 보여 주었다.[274] 그러므로 특별히 하나님의 뜻을 알지 못하는 질병이나 고통을 얻게 되었을 땐, 이런 적극적인 믿음을 고백하는 것이 중요하다.

그렇게 하지 못하고 있을 때 귀신들은 종종 우리를 이유도 없는 고통과 질병 가운데로 이끌어 들여, 하나님의 자녀들로 하여금 거룩한 사역을 방해하도록 한다. 많은 경우에 있어서 귀신들은 크리스천들이 이 같은 다 이루어 놓으신 진리에 눈이 어두움을 통하여 얼마나 우리의 몸을 도적질하고 있는지 모른다. "도적이 오는 것은 도적질하고 죽이고 멸망시키려는 것뿐이요 내가 온 것은 양으로 생명을 얻게 하고 더 풍성히 얻게 하려는 것이라"(요 10:10).

그러므로 하나님의 뜻이 분명히 내 속에 깨달아지기 전까지는 이 같은 질병과 고통의 증세를 인정해 줄 필요가 없다. 질병에 걸렸다고 생각될 때 무엇보다도 선행(先行)되어야 할 것은 우선 이 사실에 대해 주님께 맡겨드리는 일, 그것은 하나님께 감사함으로 아뢰는 일이다.

> 아무 것도 염려하지 말고 오직 모든 일에 기도와 간구로, 너희 구할 것을 감사함으로 하나님께 아뢰라 그리하면 모든 지각에 뛰어난 하나님의 평강이 그리스도 예수 안에서 너희 마음과 생각을 지키시리라(빌 4:6-7).

---

274 Albert B. Simpson, *The Gospel of Healing* (New York: The Christian Alliance Publishing, 1955), 155-74.

무엇보다도 질병의 증세나 통증에만 온 신경을 쓰지 말고 성령의 인도하심을 얻기 위하여 영혼을 자유롭게 할 필요가 있다. 이때 성령의 인도하심이 내 마음속에 주어질 수 있다. 만일 그 인도하심이 질병과 나의 영적 상태에 관한 어떤 교훈일 수도, 또는 육체적인 과로나 환경적인 개선을 위한 깨달음을 주실 수도 있을 것이다. 만일 성령께서 나에게 치유의 은혜를 나타내기 원하신다고 하는 것을 깨닫게 해주신다면, 마땅히 우리는 확신을 가지고 기도해야 할 것이다. 우리는 그리스도의 다 이루어 놓으신 병 고침의 은사를 믿음으로 주장하며 마귀의 궤계와 정면으로 맞설 필요가 있다(약 4:7).

> 믿음의 기도는 병든 자를 구원하리니 주께서 저를 일으키시리라 혹시 죄를 범하였을지라도 사하심을 얻으리라 이러므로 너희 죄를 서로 고하며 병 낫기를 위하여 서로 기도하라 의인의 간구는 역사하는 힘이 많으니라(약 5:15-16).

우리의 나약한 힘으로는 결코 마귀의 권세를 이길 수 없다. 그러나 십자가에서 다 이루어 놓으신 그리스도의 능력이 지금 내 안에 계심을 인정하고 고백하자. 예수께서 채찍에 맞음으로 우리는 나음을 얻었음을 담대히 주장하자(벧전 2:24). 이렇게 끈질기게 우리의 믿음을 고백하고 있는 동안 귀신들은 자기들 일이 실패로 돌아간 것을 알고 모든 고통과 질병의 증세를 가지고 물러가게 된다.

> 내 이름을 경외하는 너희에게는 의로운 해가 떠올라서 치료하는 광선을 발하리니 너희가 나가서 외양간에서 나온 송아지 같이 뛰리라(말 4:2).

하나님께서는 의약이나 의술의 도움을 통해서 치유의 역사를 하시기를 원하실 수도 있다. 그런가 하면 의약의 도움이 없이 오직 기도만으로 하나님이 치유하시기를 원할 때도 있다. 그러나 의약을 사용하건 오직 기도만으로 하건, 그것은 전적인 하나님의 뜻과 인도하심에 달려 있다. 병을 근원적으로 치료하시는 분은 언제나 하나님이시다.

몸의 부활

이 세상에서의 몸의 구속은 치료하시는 하나님의 역사를 통해 부분적으로 맛보지만, 그러나 가장 완전한 몸의 구속은 부활 사건 속에서 일어날 것이다. 기독교 복음에 있어서 부활 사상은 매우 분명하게 강조되었다. 초대교회 당시 유대인들의 전승 가운데 부활에 대한 신념은 일정하지 않았다.[275] 플라톤적 이원론에서는 물질성을 지닌 인간의 몸은 부활 관념에 있어서 절대로 배제되었다. 또한 영지주의 역시 영혼만의 부활을 강조했다는 점에서는 플라톤 사상과 다를 바 없었다.

그러나 기독교의 부활 복음은 이 모든 철학과 타종교의 영향에도 불구하고 강렬하게 계시되었다. 오순절 날 성령 강림 사건이 있고 난 후 크리스천들의 신념 속에는 부활하신 그리스도에 대한 강한 확신이 주어진 것이다. 사도들은 담대하게 예수님의 부활을 전했으며, 이 사실이 바로 기독교 복음의 핵심이 되었다.

---

275 바리새파 사람들은 구전(口傳)으로 내려오는 전승(傳乘)을 중시하는 가운데, 죽은 자의 부활 문제는 구전을 존중하여 공식적인 교리로 발전시켰던 것을 본다. 여기에 비해 사두개파는 토라(모세오경)만을 표준으로 생각하여 구전을 인정치 않았고, 초월적 세계를 불신하여 천사의 영들을 믿지 않았고, 죽은 자의 부활도 믿지 않았다(막 12:8; 눅 20:27; 행 23:8). 그런가 하면 엣세네파는 바리새파보다 율법을 더 엄격히 강조하면서, 인간 영혼의 감옥은 육체라고 보고, 비록 영혼의 불멸은 믿었지만 육체의 부활 교리는 거부했다.

> 그의 아들에 관하여 말하면 육신으로는 다윗의 혈통에서 나셨고 성결의 영으로는 죽은 자들 가운데서 부활하사 능력으로 하나님의 아들로 선포되셨으니 곧 우리 주 예수 그리스도시니라(롬 1:3-4).

사도들이 전한 부활의 교리는 매우 선명했다. 크리스천의 부활의 근거는 바로 예수 그리스도와 성령을 통해 연합된 능력 안에서 주어지는 것이다(롬 6:5). 크리스천의 부활은 플라톤적인 영혼만의 영적 부활(spiritual resurrection)의 성격을 배제하고, 명백히 몸과 영혼이 함께 부활하는 육체적 부활(physical resurrection)이다.

> 예수를 죽은 자 가운데서 살리신 이의 영이 너희 안에 거하시면 그리스도 예수를 죽은 자 가운데서 살리신 이가 너희 안에 거하시는 그의 영으로 말미암아 너희 죽을 몸도 살리시리라(롬 8:11).

이 부활의 몸은 육의 몸(natural body)이 아닌 신령한 몸(spiritual body)이다(고전 15:44). 그리고 이 육의 몸과 신령한 몸은 그 능력이나 질적인 면에 있어서 다음과 같이 서로 비교가 된다; "죽은 자의 부활도 그와 같으니 썩을 것으로 심고 썩지 아니할 것으로 다시 살아나며 욕된 것으로 심고 영광스러운 것으로 다시 살아나며 약한 것으로 심고 강한 것으로 다시 살아나며"(고전 15:42-43).

마귀와 귀신들의 공격에 대한 크리스천의 궁극적인 승리의 개가는 죽음을 이기는 부활의 확신 속에서 주어지는 것이다. 영혼만의 부활이 아니라 육체와 함께 하는 부활이 몸의 완전한 구속에 대한 우리의 소망이다. 예수께서 죽음에서 부활하심을 통해 마귀에 대한 궁극적인 승리의 확증을 온 세상에 드러내셨듯이, 크리스천은 죽음을 이기고 성령의 능력으로 부활함을 통해 마귀에 대한 최종적인 승리의 종지부를 찍게 될 것이다.

> 또 그들을 미혹하는 마귀가 불과 유황 못에 던져지니 거기는 그 짐승과 거짓 선지자도 있어 세세토록 밤낮 괴로움을 받으리라(계 20:10).

회고와 전망

돌이켜 볼 때, 인간 영혼 속에 내재하는 부패성과 악을 향한 경향성은 이 세상에 실재하는 마귀 세력의 변함없는 터전이었다. 그런가 하면 죄악의 결과로 인해 신음하고 있는 피조계의 어두운 형상은 마귀의 미혹으로 가려진 하나님 본체의 왜곡된 반영이었다. 그러나 예수 그리스도를 통한 영광스런 구원의 복음은 인간의 전인적 구원을 가져다 준다. 그리고 그 복음은 온 세계에 드리운 어둠의 장막을 걷어내는 회복의 시대를 열어가는 강력한 동인이 되었다.

교회는 그리스도 안에 있는 영적 부요함과 거룩함의 실상을 현상계 속에 자랑스럽게 계시하며, 또한 세계 속에 거하는 그리스도의 몸으로서 그분의 남은 고난을 이어간다. 성령의 권능으로 빛이 비추는 곳마다 어둠은 걷혀져 가며, 창세 이후 줄곧 교만과 불순종으로 하나님을 대적하며 인류를 미혹하던 마귀의 모든 역사는 마침내 종결을 고하게 될 것이다. 그리고 영광의 그 날이 오면 하나님의 주권과 통치를 인정하는 지식으로 가득 찬 성도들이 하나님께 드리는 찬양과 감사가 온 땅과 하늘에 넘치게 될 것이다.

> 다시 밤이 없겠고 등불과 햇빛이 쓸 데 없으니 이는 주 하나님이 그들에게 비치심이라 그들이 세세토록 왕 노릇 하리로다(계 22:5).

참고문헌

Allison, R. & Schwarz, T. *Minds in Many Pieces*. New York: Rawson, Wade, 1980.

American Psychiatric Association. *Diagnostic and Statistical Manual of Mental Disorders*. Washington, D. C.: American Psychiatric Association, 1987.

Aquinas, Thomas. "Whether a man can will or do good without grace," *Aquinas: On Nature and Grace*, A. M. Fairweather (ed.). Philadelphia: The Westminster Press, 1965.

_____. St. *Thomas Aquinas: Philosophical Texts*. tr. Thomas Gilby. London: Oxford University Press, 1951.

Arminius. "A Letter Addressed to Hippolytus A Collibus," *The Works of James Arminius*. Kansas City, Missouri: Beacon Hill Press of Kansas City, 1986.

Augustine. "Nature of Good, Against the Manichaens". *The Nicene and Post-Nicene Fathers*. Grand Rapids, Michigan: Wm. B. Eerdmans Publishing Company, 1983.

Bach, Paul J. "Demon Possession and Psychopathology: A Theological Relationship". *Journal of Psychology and Theology* (1979.7)

Bauer, Paul. *Wizards That Peep and Mutter*. N. J.: Fleming H. Revell Co., 1967.

Baxter, J. Sidlow. *The Divine Healing of the Body*. Grand Rapids, Michigan: Zondervan Publishing House, 1979.

Bay, Bonjour. "The Pyongyang Great Revival in Korea and Spirit Baptism". *Evangelical Review of Theology*. World Evangelical Alliance (January 2007)

_____. *Pneumatology in Historical Perspective*. Anyang: Sungkyul University Press, 2007.

Benn, Wallace. & Burkill, Mark. A Theological and Pastoral Critique of the

Teachings of John Wimber," *Churchman* (1987)

Berkouwer, G. C. *Studies in Dogmatics. Man: The Image of God*. Grand Rapids: Eerdmans, 1962.

Betty, Starfford. "The Growing Evidence for Demonic Possession: What Should Psychiatry's Response Be?" *Journal of Religion and Health 44* (2005)

Blaney, P. H. "Implications of the medical model and its alternatives," *American Journal of Psychiatry* (1975)

Boardman, W. E. *The Higher Christian Life*. Boston: Henry Hoyt, 1859.

Boyd, Gregory A. *Satan and the Problem of Evil* : Constructing A Trinitarian Warfare Theodicy. Downers Grove, Illinois, 2001.

Brown, Arthur Judson. *Mastery of the Far East*. New York: Fleming Revell Company, 1919.

Bultmann, Rudolf. "New Testament and Mythology," in *Kerygma and Myth*. ed. Hans Bartsch. New York: Harper and Row, 1961.

Calvin, John. *Institutes of the Christian Religions*. John T. McNeill (ed.). Spring Arbor Distributors, n. d.

Campbell, Alexander. *Popular Lectures and Address*. Philadelphia: James Challen and Sons, 1863.

Carter, Charles W. *A Contemporary Wesleyan Theology*. Grand Rapids, Michigan: Zondervan Publishing House, 1983.

Charter, Lewis Sperry. *Satan: His Motive and Methods*. Grand Rapids, Michigan: Zondervan Publishing House, 1964.

Cohen, Charles Lloyd. God's Caress: *The Psychology of Puritan Religious Experience*. New York: Oxford University Press, 1986.

Cyprian. *Letters* 69:15. Rose B. Donna (tr.). *Fathers of the Church*. New York: Catholic University of America Press.

_____. *That Idols Are Not Gods* 7. R. J. Deferrari (tr.), *Fathers of the Church*. New York: Catholic University of America Press, 1958.

Darby, John N. *Review of R. Pearsall Smith on 'Holiness Through Faith'*. Boston: F. G. Brown, 1873.

Dickason, C. Fred. *Demon Possession and the Christian: A New Perspective*. Chicago: Moody, 1987.

_____. *Angel, Elect and Evil*. Chicago: Moody, 1975.

Duffield, Guy P. & Cleave, Nathaniel M. Van. *Foundations of Pentecostal Theology*. San Dimas, California: L.I.F.E. Bible College, 1987.

Dupre, Louis. & Saliers, Don E. (eds.). *Christian Spirituality*. London: SCM Press, 1989.

Edersheim, Alfred. *The Life and Times of Jesus the Messiah*. Grand Rapids: Eerdmans, 1945.

Edwards, Jonathan. *Religious Affections*, ed. John E. Smith, *The Work of Jonathan Edwards*. New Haven and London: Yale University Press, 1959.

Eliade, Mircea. *The Eliade Guide to World Religions*. New York, NY: Harper Collins Publishers, 1991.

Ellenberger, Heri. *The Discovery of the Unconscious*. New York: Basic Books, 1970.

Ellison, Craig W. "Spiritual Well-Being: Conceptualization and Measurement". *Journal of Psychology and Theology* (1983.11)

Erickson, Millard J. *Christian Theology*. Grand Rapids, Michigan: Baker Book House, 1992.

Farah, Charles. Jr. "A Critical Analysis: The 'Roots' and 'Fruits' of Faith Formula Theology," paper presented to the Society for Pentecostal Studies, Tulsa, Oklahoma (November 1980)

Felix, Minucius. Octavius 27:5, trans. by G. H. Rendall, *Loeb Classical Library*. London: SPCK, 1919.

Ferguson, Everett. *Backgrounds of Early Christianity*. Grand Rapids, Michigan: William B. Eerdmans Publishing Company, 2003.

Findlay, James F. Jr. *Dwight L Moody: American Evangelist*, 1837-1899. Chicago & London: The University of Chicago Press, 1969.

Finn. T. A. 'Ritual Process and the Survival of Early Christianity', *Journal of Ritual Studies* (1989)

Freeman, Hobart E. *Deliverance from Occult Oppression and Subjection*. Claypool, Ind.: Faith Publications, 1968.

Frey, Lulu E. "Revival Meetings in the Girl's School of the M. E. Church". *The Korea Mission Field 8-1* (1912.1)

Garrett, Susan. *The Demise of the Devil: Magic and the Demonic in Luke's writings*. Minneapolis: Fortress, 1989.

Gasson, Raphael. *The Challenging Counterfeit*. Plainfield, N. J.: Logos International, 1966.

Geiselmann, Josef R. "Scripture and Tradition in Catholic Theology," *Theology Digest 6* (1958)

Goodwin, Thomas. *The Works of Thomas Goodwin*. ed. by John C. Miller. Edinburgh, 1861.

Gordon, Adoniram Judson. *The Ministry of the Spirit*. Philadelphia: American Baptist Publication Society, 1896.

Green, Michael. *I Believe in Satan's Downfall*. Grand Rapids: Eerdmans, 1981.

Grenz, Stanley J. *Revisioning Evangelical Theology* : A Fresh Agenda for the 21st Century. Downers Grove, Ill.: Inter Varsity, 1993.

Grudem, Wayne. *Systematic Theology*. Norton Street, Nottingham: Inter-Varsity Press, 2011.

Hagin, Kenneth E. *Redeemed from Poverty, Sickness, and Death*. Tulsa, Okla.: Faith Library Publications, 1983.

Hannah, John D. "Jonathan Edwards, The Toronto Blessing, and the Spiritual Gifts: Are the Extraordinary Ones Actually the Ordinary Ones?" *Trinity Journal* (Fall, 1996)

Hastings, James. (ed.). *Encyclopaedia of Religion and Ethics*. New York: Charles Scribner's Sons, 1981.

Hawkins, David B. *Interpersonal Behavior Traits, Spiritual Well-being and Their Relationships to Blood Pressure*. Portland, Ore: Theological Research Exchange Network, 1986.

Herbermann, Charles. *The Catholic Encyclopedia*. New York: The Universal Knowledge Foudation, Inc., 1913.

Hillman, Robert & Chamberlain, Coral & Harding, Linda. *Healing and Wholeness*. Waynesboro, GA.: Regnum Books International, 2002.

Hodge, Charles. *Systematic Theology*. Grand Rapids, Michigan: Wm. B. Eerdmans Publishing Co., 1975.

Hume, Robert Ernest. *The World's Living Religions*. New York: Scribner's, 1947.

Irenaeus. *Irenaeus: Against Heresies*. Christian Etheral Library, 2007. David Dalrymple (tr.). *The Address of Tertullian of Carthage to Scapula, Proconsul of Africa*. Edinburgh: Murray & Cochrane, 1790.

Ironside, Henry. *Holiness: The Fails and The True.* New York : Leizeaux Brothers, 1912.

Jacobs, Cindy. "Dealing with Strongholds," in C. Peter Wagner. *Breaking Strongholds in Your City.* Venture, CA: Regal Books, 1993.

Jüng, Carl G. *The Psychology and Religion: West and East. Princeton*: Univ. Press, 1977.

Kallas, James. *The Significance of the Synoptic Miracles.* Greenwich, Conn.: Seabury, 1961.

Kelsey, Morton. Dreams: *The Dark Speech of the Spirit.* New York: Doublday, 1968.

Kirsopp Lake, *The Apostolic Fathers.* London: William Heinemann Ltd., 1976.

Koch, Kurt. *Between Christ and Satan.* Grand Rapids: Kregel Publications, 1961.

_____. *Christian Counseling and Occultism.* Grand Rapids: Kregel Publications, 1965.

_____. *Demonology: Past and Present.* Grand Rapids: Kregel, 1973.

_____. *Occult: Bondage and Deliverance.* Grand Rapids: Kregel, 1970.

Kurian, George Thomas. (ed.). *Nelson's Dictionary of Christianity.* Nashville, Tennessee: Thomas Nelson Pub., 2005.

Ladd, George Eldon. *A Theology of the New Testament.* Grand Rapids, Mich.: Eerdmans, 1974.

Langton, G. Edward. *Essentials of Demonology.* London: The Epworth Press, 1949.

Larbi, Kingsley. *Africa Bible Commentary.* Tokunboh Adeyemo (ed.). Nairobi, Kenya: Word Alive Publishers, 2006.

Lewis, C. S. *The Screwtape Letters.* New York: Macmillan, 1948.

Lewis, Donald M. "An Historian's Assessment," in *Wonders and the Word: An Examination of the Issues Raised by John Wimber and the Vineyard Movement.* J. R. Coggins and P. G. Hiebert (ed.). Winnipeg: Kindred Press, 1989.

MacDowell, Josh. & Stewart, Don. *Handbook of Today's Religions.* San Bernardino, CA: Here's Life Publishers, 1982.

MacNutt, Francis. 「성령의 권능이 임할 때」. 예영수 역. 서울: 예루살렘, 1995.

Maddox, Randy L. "Reconnecting the Means to the End: A Wesleyan Prescription for the Holiness Movement". *Wesleyan Theological Journal* (Fall, 1998)

Mahan, Asa. *The Baptism of the Holy Ghost.* New York: Palmer and Hughes, 1870.

Martin, Walter R. *The New Age Cult.* Minneapolis: Bethany House, 1989.

Martin, Walter. *The Kingdom of the Occult*. Nashville, Tennessee: Thomas Nelson, 1989.

Martyr, Justin. *Dialogue with Trypho* 76, *The Writings of Saint Justin Martyr*. trans. by T. B. Falls, Fathers of the Church. New York: Catholic University of America Press, 1948.

May, Gerald G. 「중독과 은혜: 중독에 대한 심리학적, 영적 이해와 그 치유」. 이지영 역. 서울: IVP, 2002.

McConnell, D. R. *A Different Gospel*. updated ed. Peabody, Mass.: Hendrickson, 1995.

McCrossan, T. J. *Bodily Healing and the Atonement*. Seattle, Wash.: T. J. McCrossan Publisher, 1930.

Meyendorf, John. "The Christian Gospel and Social Responsibility", E. F. Church & T. Geroge (eds.), *Continuity and Discontinuity in Church History*. Leiden: E. J. Brill, 1979.

Nebius, John L. *Demon Possession and Allied Themes*. Westwood, N.J.: Fleming H. Revell Co., 1968.

Neuman, H. Terris. "Cultic Origins of Word-Faith Theology within the Charismatic Movement," *Pneuma* 12:1 (Spring 1990)

Neve, J. L. 「기독교 교리사」. 서울: 대한기독교서회, 1990.

Nygren, Anders. *Agape & Eros*. Philip S. Watson (tr.). Chicago: The University of Chicago Press, 1953.

Oropeza, B. J. *A Time to Laugh*: The Holy Laughter Phenomenon Examined. Peabody, Massachusetts: Hendrickson Publishers, 1995.

Ott, Ludwig. *Fundamentals of Catholic Dogma*, Patrick Lynch (tr.). Rockford: Tan, 1960.

Packer, J. I. *A Quest for Godliness*. Wheaton, Illinois: Crossway Books, 1990.

Palmer, Edwin H. 「성령론」. 최낙재 역. 서울: 한국개혁주의신행협회, 1977.

Penner, Joice J. & Penner, Clifford L. 「성 상담」. 김의식 역. 서울: 두란노, 1995.

Penn-Lewis, Jessie. 「영을 분별하는 그리스도인」. 장택수 역. 서울: 예수전도단, 2010.

Placher, William C. *A History of the Christian Theology*. Philadelphia: The Westmeinster Press, 1983.

Pohle, Joseph. The Sacraments: *A Dogmatic Treatise*. ed. Arthur Preuss. St.

Louis: B. Herder, 1942.

Program for November, 1968. The United Lodge of Theosophists (Nov. 1968)

Roberts, Alexander & Donaldson, James. (eds.). *The Ante Nicene Fathers*. Grand Rapids, Wm. B. Eerdmans Publishing Company, 1979.

Robinson, H. Wheeler. "Hebrew Psychology". *The People and the Book*. ed. Arthur S. Peake. Oxford: Clarendon, 1925.

Robinson, John A. T. *The Body*. London: SCM, 1952.

Runge, Albert. "Exorcism: A Satanic Ploy?" *His Dominion* (1987)

Sanders, Oswald. *Satan Is No Myth*. Chicago: Moody Press, 1975.

Sanford, John A. *Dreams: God's Forgotten Language*. New York: Lippincott, 1968.

Schaibles, Cynthia. "The Gospel of the Good Life," *Eternity* 32:2 (February 1981)

Shelton, R. Larry & Deasley, Alex R. G. *The Spirit and the New Age*. Wesleyan Theological Perspectives. Anderson, Indiana: Warner Press, 1986.

Simpson, Albert B. *The Gospel of Healing*. New York: The Christian Alliance Publishing, 1955.

Smith, Timothy. "The Doctrine of the Sanctifying Spirit: Charles Finney's Synthesis of Wesleyan and Covenant Theology", *Wesleyan Theological Journal* (Spring, 1974)

Southard, Samuel E. "Demonizing and Mental Illness, part 2. The Problem of Assessment", *Pastoral Psychology* (1986)

Strauss, David Friedrich. *Das Leben Jesu*. Tübingen: Verlag Von C. F. Osiander, 1836.

Strong, Augustus Hopkins. *Systematic Theology*. Valley Forge, Pa.: Judson Press, 1976.

Strong, James. *The New Strong's Expanded Dictionary of Bible Words*. Nashville, Tennessee: Thomas Nelson, 2001.

Swearer, Lillian May. "The Working of the Spirit in Choong Chung Province". *The Korea Mission Field* 11-5 (1915.5)

Synan, Vinson. *The Holiness-Pentecostal Movement in the United States*. Grand Rapids, Michigan: Wm. B. Eerdmans Publishing Co., 1981.

Tertullian. To Scapula 4, Rudolph Arbesmann (tr.). *Fathers of the Church*. New York: Catholic University of America Press, 1950.

The Manila Manifesto. "The Uniqueness of Jesus Christ"; J. D. Douglas(ed.). Proclaim Christ Until He Comes. Minneapolis, Minnesota: Worldwide Publications, 1990.

Thiessen, Henry. *Lectures in Systematic Theology*. Grand Rapids: Wm. B. Eerdmans Publishing Company, 1975.

Thorndike, Lynn. *A History of Magic and Experimental Science*. New York: Macmillan Co. and Columbia University Press, 1941.

Tillich, Paul. *Systematic Theology*. Chicago: University of Chicago, 1957.

Torrey, R. A. *The Baptism with the Holy Spirit*. New York: Revell, 1897.

Townsend, L. T. *Satan and Demons*. Cincinnati: Jennings and Pye, 1902.

Trevett, Christine. *Montanism: Gender, Authority and the New Prophecy*. Cambridge: Cambridge University Press, 1996.

Unger, Merrill F. *Biblical Demonology*. Wheaton, Ill.: Scripture Press, 1952.

Walker, Benjamin. *Gnosticism: Its History and Influence*. Wellingborough, Northamptonshire: The Aquarian Press, 1983.

Warner, Timothy M. *Spiritual Warfare*. Wheaton, Ill.: Crossway, 1991.

Wesley, John. 'Satan's Devices, *John Wesley's Forty-Four Sermons*. King's Lynn, Norfolk: The Epworth Press, 2005.

_____. "Of Evil Angels". *The Works of John Wesley*. Grand Rapids, Michigan: Baker Book House, 1984.

_____. *The Letters of the Rev. John Wesley*, A.M. ed. John Telford. London: Epworth Press Letters, 1931.

Williams, J. Rodman. 「오순절 조직신학」. 명성훈 역. 군포: 순신대학교 출판부, 1993.

Wimber John. & Springer, Kevin. *Power Point*. San Francisco: Harper, 1991.

Wimber, John. *Power Healing*. San Francisco: Harper & Row, 1987.

Yocum, Bruce. *Prophecy*. Ann Arbor: Word of Life, 1976.

Zuendel, Friedrich. *The Awakening*: One Man's Battle with Darkness. Rifton, NY: The Plough Publishing House, 2011.

"성폭행 혐의 JMS 정명석씨 1심보다 무거운 징역 10년". 〈동아일보〉 (2009.2.15)

"손 빙의가... 살인 부른 사령카페 충격 진실," 〈중앙일보〉 (2012.5.4)

"예장 통합 제 80회 사이비이단대책위원회의 연구보고서". 〈교회와 신앙〉 (1995.12)

"정명석 JMS 총재 징역 6년 선고". 〈조선일보〉(2008.8.15)
"통일교 합동결혼식으로 교통체증 극심". 〈중앙일보〉(1995.8.25)
"호소문-대통령께 올리는 글". 〈중앙일보〉(1996.12.21)
「제2차 바티칸공의회 문헌」. 성 베네딕도 수도원 역. 서울: 한국천주교중앙협의회, 1981.
김기동. 「내가 체험한 그리스도인의 신유와 거룩한 이적」. 서울: 도서출판베뢰아, 1995.
김세열. 「기독교 경제학」. 서울: 도서출판 무실, 1990.
김영배. 「성경으로 본 악령론」. 서울: 웨스트민스터출판부, 2000.
김영한. "성령의 역사인가, 사탄의 미혹인가". 〈목회와 신학〉(1995.6)
김진. 「정신병인가 귀신들림인가」. 서울: 생명의 말씀사, 2006.
김해연. 「한국 교회사」. 서울: 성광문화사, 1993.
노윤식. 「종교다원주의 사회 속의 기독교 선교」. 서울: 한국학술정보, 2012.
대한예수교장로회총회, 사이비이단대책위원회, 사이비이단문제상담소 (편). 「사이비이단연구 보고집」. 서울: 한국장로교출판사, 2001.
박영돈. 「일그러진 성령의 얼굴: 한국 교회 성령운동 무엇이 문제인가」. 서울: IVP, 2011.
배본철 (공저). "나를 완전히 죽여주옵소서," 「그 순간: 성결은혜기」. 서울: 사랑마루, 2012.
배본철. "성령적 관점에서 살펴보는 성령사역". 〈교회성장〉(2012.10)
_____. "성령의 구출 사역(Deliverance Ministry of Holy Spirit)". Evangelism. 국제전도훈련연구소 (2010.12)
_____. "Catholic 연옥설의 형성 요인의 대한 연구," 〈성결대학교 교수논문집〉(1991)
_____. 「21세기 예수부흥: 52주 영성훈련집」. 서울: 은성, 1998.
_____. 「52주 성령학교」. 서울: 문서선교성지원, 2005.
_____. 「교회사 속에서 찾는 성령론 논제」. 안양: 성결대학교 출판부, 2010.
_____. 「다스리심」. 서울: 도서출판영성네트워크, 2009.
_____. 「성령 보고서: 사역, 운동, 상담」. 서울: 이레서원, 2001.
_____. 「성령, 그 위대한 힘」. 서울: 넥서스 Cross, 2013.
_____. 「세계교회사: 성령, 일치, 선교」. 서울: 도서출판영성네트워크, 2009.
_____. 「한국 교회사: 성령, 일치, 선교」. 서울: 도서출판영성네트워크, 2009.

_____.「한국 교회와 성령세례」. 안양: 성결대학교출판부, 2004.
변선환. "Other Religions and Theology," 〈신학과 세계〉(1985)
세계기독교통일신령협회.「원리강론」. 서울: 성화사, 1986.
신성종. "신약에 나타난 성령론 -특별히 방언 문제를 중심으로". 〈신학지남〉 48-2 (1981)
안상홍.「선악과와 복음」. 안양: 멜기세덱출판사, 1996.
_____.「하나님의 비밀과 생명수의 샘」. 안양: 멜기세덱 출판사, 1997.
안점식.「세계관과 영적 전쟁」. 서울: 죠이선교회출판부, 1996.
윗트니스 리.「그리스도냐 종교냐」. 서울: 한국복음서원, 1987.
이만희.「계시록의 진상 2」. 도서출판 신천지, 1988.
_____.「성도와 천국」. 도서출판 신천지, 1995.
이성봉.「말로 못하면 죽음으로」. 서울: 임마누엘사, 1970.
이윤호.「가계의 복과 저주전쟁에서 승리하라」. 서울: 베다니출판사, 2002.
_____.「내 안의 적을 추방하라」. 서울: 베다니출판사, 2006.
이장림.「1992년의 열풍」. 서울: 광천, 1991.
_____.「경고의 나팔」. 서울: 광천, 1990.
_____.「다가올 미래를 대비하라」. 서울: 다미선교회 출판부, 1989.
이초석.「길을 찾아라 첩경은 있다」. 인천: 도서출판 에스더, 1988.
_____.「내 백성이 지식이 없어 망한다 -귀신론」. 서울: 복음문서선교회, 1987.
이항녕 외.「통일 원리에 대한 학문적 조명」. 서울: 성화사, 1981.
정동섭. "지방교회를 왜 이단이라 하는가?" 〈성경과 신학〉(1992)
_____.「그것이 궁금하다」. 서울: 도서출판 하나, 1994.
정명석. "(27) 타락론," 〈30개론〉
_____. "(30) 역사," 〈30개론〉
정일웅.「2000년대를 향한 한국 교회의 전망과 과제」. 서울: 로고스 연구원, 1991.
천명원. "김기동의 마귀론". 〈한국신학〉(2002, 겨울)
탁명환.「기독교이단연구」. 서울: 국종출판사, 1994.
_____.「한국의 신흥종교 - 기독교 편」. 서울: 성청사, 1976.